KB242891

국어학총서 88

동국정운식 한자음 연구

차익종

태학사

머리말

소리를 나타내는 한자에는 성(聲)과 음(音)이 있지만, 동아시아 옛사람들은 이를 구분하였다.

> 무릇 음(音)이란 마음에서 생겨난다. 사람의 마음[心]이 사물[物]에 닿아 움직여 형상을 갖추어 소리[聲]가 되고, 이 소리[聲]들이 서로 응하여 변하면 기틀이 생기니 이를 음(音)이라 일컫는 것이다. (예기 악기편)

성(聲)은 인간의 마음이 자연에 작용하여 산출된 1차 산물이다. 음(音)은 성(聲)이 어울려 생성된 2차 존재다. 그러기에 음(音)은 곧 인문적 영역에 속한다. 예기(禮記)는 여기서 곧바로 나아가 음(音)이 군왕의 영역에 속하는 악(樂)의 근본을 이룬다고 풀이한다. 그렇지만 음은 군자들이 익혀야 할 필수 영역이기도 했다. 경전을 읽고 시운을 짓기 위한 토대가 되기 때문이다. 일찍이 수많은 운서(韻書)가 "벌떼처럼 나왔다(절운 切韻 서)."는 증언은 결코 과장이 아니다.

운서란 심음(審音) 즉 한자의 정확한 음을 가려내어 표시하고 시운(詩韻)에 편리하도록 성모, 운모, 성조를 기준으로 엮은 책을 말한다. 동국정운은 조선에서 최초로 간행된 운서로서, 여느 운서처럼 반절로 주음하는 대신 오로지 훈민정음만으로 음을 표시하였다. 운모와 성모의 짜임새가 중국에서 전래된 운서와 전혀 계통을 달리한다는 점에서도 그 독자성이 뚜렷하다. 동국정운의 이러한 특징은 훈민정음과 함께 '바른 소리[正音]'를 구현하기 위한 세종의 언어 정책의 정수를 이룬다고 할 수 있다.

그렇다면 동국정운은 어떤 운서인가? 현실한자음(전승한자음)과는 주음은 물론 표기까지 달랐던 동국정운 수록 한자음의 음운체계는 어디서 기원하여 어떻게 정립된 것인가? 동국정운식 한자음은 운서 동국정운에 수록된 한자음과 완전히 동일한가? 1448년 반포되어 불경언해 전반에 엄격히 적용되었던 동국정운식 한자음이 불과 50여 년 후 실제 문헌에서 사라져 버린 이유는 무엇인가? 이러한 물음은 거의 백 년동안 국어학계를 사로잡은 난제(難題) 중 하나로서, 세종을 위시한 운학가들의 사상은 물론 15세기 한국어의 풍경을 이해하기 위해서는 마땅히 넘어야 할 산맥인 셈이다. 홍기문, 김철헌, 남광우, 이동림, 유창균, 그리고 강신항까지 국어학사의 선학들께서 이 연구의 우뚝한 봉우리로 서 있다. 이 책은 저자의 박사학위 논문을 바탕으로 하여 선학들의 연구를 잇기 위한 노력의 결과로, 동국정운 연구의 끝자리라도 차지할 수 있을지 부끄러움과 두려움을 느낀다.

책은 내용 면에서 크게 두 부분으로 나누어진다. 제1장에서 3장까지는 연구의 바탕을 이루는 부분으로, 연구 방법과 연구 자료를 풀이한 뒤 운서 동국정운의 발간 취지와 음운체계를 살펴본다. 제4장과 5장은 운서 동국정운의 한자음을 실제 문헌에 적용한 동국정운식 한자음을 분석한 부분으로 이 책의 중심을 이룬다. 전통적인 연구가 운서 동국정운을 세밀히 이해하는 데 중심을 두었다면, 이 책은 실제 문헌에 적용된 한자음에 집중함으로써 동국정운 미수록자, 동국정운 불일치음은 물론 동국정운 복수음의 실제 문헌 표기 양상까지 밝히려 시도하였다는 점에서 차이가 있다.

이 책은 큰 틀에서는 2014년 박사학위의 내용과 체제를 유지하지만 몇 가지 중요한 지점에서 입장과 해석을 달리하기 때문에 별개의 연구서임을 강조하고 싶다. 동국정운식 한자음의 정의에 대해서는, 특정한 음운체계에 의존하지 않고 중국어와 구별되는 우리나라 말소리[我國語音]에 바탕을 두면서도 '칠음사성청탁(七音四聲淸濁)'과 '개합(開合)'의 개념을 언어보편적 원리로 적용하여 개신된 한자음 체계라는 입장을 명시하였다. 2014년 연구 중 '한어중고음을 반영한다'는 표현이 혼재되어 있던 문제를 수정한 것이다. '앓난(阿難)', '밝야(盤若)' 등 운서 동국정운에서 찾을 수 없는 특수한 표기의 근거를 법화경언해 한문부 속 반절에서 발견하여, 이 표기를

4

동국정운식 한자음의 범주에 포함한 점도 중요한 수정 사항에 속한다. 마지막 부록은 이 책을 위해 새로 덧붙였다. 동국정운식 한자음 문헌을 이중 문자 텍스트라는 관점에서 분석한 내용이다. 동국정운식 한자음 문헌이라 하더라도 한자가 병기되지 않은 한자의 음에는 매우 규칙적으로 15세기 현실한자음(전승한자음)을 채택하고 있다는 점에 주목한다.

미흡한 연구를 책으로 펴내기까지 많은 분들의 도움을 받았다. 일일이 그분들을 떠올리며 깊은 감사의 말씀을 올리고자 한다.

지도교수로서 아낌없는 사랑을 베풀어주신 송철의 선생님께 우선 머리 숙여 감사드린다. 선생님께서는 석사학위부터 박사학위까지 연구 주제와 연구 방법을 고민하던 저자를 때로는 기다려주시기도 하고 때로는 따끔한 질책을 베풀어 주셨다. 또한 연구자로서의 환경과 전망까지 앞서 고민해 주셨으니, 선생님의 가르침에는 어떻게도 보답할 수 없을 것이다.

국어학이라는 형극의 길을 어찌 뒤늦게 선택하였는가 하며 걱정의 눈길과 함께 격려의 말씀을 내어주셨던 송기중 선생님과 이현희 선생님께 머리 숙여 감사드린다. 음성학의 세계에서 외롭게 노닐고 있던 저자에게 역사언어학의 문을 열어주셨던 이승재 선생님께도 특별한 인사를 올린다.

학위 논문 심사를 맡아주셨던 권인한 선생님, 김성규 선생님, 정승철 선생님, 신용권 선생님께 감사의 말씀을 드린다. 운서 동국정운과 문헌 속 동국정운식 한자음이라는 두 세계에서 끙끙대던 저자에게 운서 전반에 대한 넓은 시각과 함께 세세한 한자 하나하나에 대한 구체적인 지적까지 균형을 잃지 않도록 따끔한 지적을 해주셨다.

한자음운사는 연구자를 손으로 꼽을 만큼 외로운 분야다. 한국한자음 연구회의 선구를 자임하셨던 김무림 선생님, 무더운 여름날에 시경부터 사성통해, 고금운회거요까지 한자음의 세계를 함께 거닐었던 곡효운, 안영희, 한경호 선생님이 계셨기에 저자는 연구공동체의 열기를 느낄 수 있었다. 특히 꾸준히 '논문발전소'를 지켜주신 동학(同學) 조운성, 임다영, 송재한, 유근선 선생께도 감사의 말씀을 잊을 수 없다.

　이 책을 국어학총서로 선정해 주시고 오랜 시간 기다려주신 국어학회의 여러 선생님들께 머리 숙여 감사드린다. 끝으로, 게으른 저자의 한정 없는 마감 연기로 애를 태우시면서도 이 책의 간행을 흔쾌히 맡아주신 태학사 김연우 대표님과 조윤형 주간님께 감사의 말씀을 올린다.

2026년 1월 28일
차익종 삼가 씀

[일러두기]

- 한자어는 한글(한자) 방식으로 병기하는 것을 원칙으로 한다.

- 다만 『동국정운(東國正韻)』, 『고금운회거요(古今韻會擧要)』와 같은 문헌의 이름은 각 장에 처음 출현할 때에만 '한글(한자)' 병기를 하고 그 이후에는 한글로만 표시한다.

- 한어음운학 전문용어 역시 각 장 처음에는 '한글(한자)' 방식으로 병기하고 그 이후에는 한글로만 쓰기를 원칙으로 한다. 다만 한 음절짜리 용어, 한자음의 운모, 성조 명칭, 한어 시기의 명칭은 한자로만 표기할 수 있다. 韻, 等, 攝, 平, 上, 去, 入, 東韻, 江韻, 中古 (중고 한어) 따위가 그러하다.

- 중국 문헌 속의 한자음은 平(평성), 上(상성), 去(거성), 入(입성)으로 표시한다. 한국 문헌 속의 한자음은 방점 표기로만 구분한다. 무방점은 L, 방점 하나는 H, 방점 둘은 R로 표시한다. 한국 문헌 속에서 방점 하나는 거성과 입성을 두루 아우른다. 이는 훈민정음 해례본에서 "중국 한자음의 입성이 한국 한자음의 거성과 같다."고 기술한 바에 따른 것이다.

- 선행 연구를 언급할 때 한국어 논저는 특별한 경우를 제외하면 한글로만 표시하며, 외국인 논저는 한자 혹은 알파벳으로만 표기한다. 논저 역시 한국어 논저는 한글로만, 외국인 논저는 해당 언어의 문자로만 표기한다.

차례

제1장 서론

1.1. 연구 목표와 의의

'동국정운식 한자음'이란 무엇인가? 그것은 운서(韻書)인『동국정운(東國正韻)』속 한자음을 그대로 따른 것을 말하는가? 운서『동국정운』에 대한 연구가 곧 동국정운식 한자음에 대한 연구인 셈인가? 이 연구는 이렇게 지극히 기본적인 질문을 던지는 데서 출발한다. 실제 문헌 속에 나타난 한자음의 양상을 분석함으로써 동국정운식 한자음에 대한 정의 및 이해를 새롭게 시도하는 것, 이것이 이 연구의 목적이다.

세종 29년(1447)에 완성되어 세종 30년(1448)에 반포된 운서인『동국정운』[1]은 조선의 표준 한자음을 제정함으로써 이상적 음, 즉 정음(正音)을 구현하려는 세종 시대 언어정책의 핵심 도구였다. 표준 한자음을 제정한다는 것은 곧 그 추진자들이 한국과 중국의 언어 실태에 대하여 일정한 연구를 성취하였다는 자신감의 표현이라고 할 수 있다. 따라서 동국정운에 대한 연구는 세종 및 조선 초 음운학자들의 언어관에 관한 이해에 직결된다.

동국정운에 대한 연구는 15세기 조선의 현실한자음은 물론 중국어의

---

1) 운서로서의 동국정운을 특별히 가리킬 때『동국정운』이라 표기한다.

중고(中古), 근고(近古) 및 근대(近代) 중국어 음운사에 대한 이해가 없이는 성립하기 어렵기 때문에 짧은 시일 안에 성과를 쌓기 어려운 과업이다. 다행히 최근까지 꾸준히 이어져 온 연구들 덕분에 동국정운이 어떤 음운체계를 바탕으로 성립하였는지 어느 정도 개관할 수 있게 되었다(남광우 1966, 유창균 1966가, 이동림 1966가, 강신항 1997, 강신항 2009, 조운성 2011나, 林茶英 2019 등). 그런데 앞선 연구들은 주로 운서로서의『동국정운』을 중국 운서와 대비함으로써『동국정운』수록 한자음의 연원을 밝혀내는 데에 집중하였기 때문에 실제 문헌 속의 한자음에 대한 관심은 적은 편이었다. 연구의 초점을『동국정운』에만 국한하게 되면 자칫 "동국정운식 한자음 =『동국정운』수록 한자음"이라는 인식을 가지게 될 수 있다.

그러나『동국정운』속 한자음과 동국정운식 한자음은 구별되어야 한다는 것이 이 연구의 입장이다. 그 이유는 실제 문헌 속 한자음의 양상에서 찾을 수 있다.

첫째, 이른바 동국정운식 한자음을 채택했다고 인정되는 문헌들에서『동국정운』에 수록되지 않은 한자들이 발견된다. 이들을 '『동국정운』미수록자(未收錄字)'라 일컬을 수 있는데, 그 음이 15세기 현실한자음과 명백히 다른 경우가 많다. '菩(L뽕), 眯(H흫)' 등이 대표적이다.[2] 전탁(全濁) 성모(聲母) 'ㄲ, ㄸ, ㅃ, ㅆ, ㅉ, ㆅ', 순경음(脣輕音) 종성 'ㅱ' 등『동국정운』의 주음(注音) 양상에 대응하는 면이 많음을 고려하면 이들도 넓은 의미의 동국정운식 한자음으로 포함시킬 수 있을 것이다.

둘째,『동국정운』에 수록된 음과 실제 문헌에 주음된 한자음이 일치하

---

2) '『동국정운』미수록자' 주음(注音)의 예(상세한 것은 제4장에서 다룬다. SK=15세기 현실한자음).
　　菩 L뽕(월석, 석상 등)　　 : L보(SK)
　　眯 H흫(월석, 석상 등)　　 : R후(SK)
　　你 R닝(석상)　　　　　　 : H니(SK)
　　囑 H쪽(석상, 법언 등), H속(남명) : 入쵹(SK)
　　鉐 H썩(법언)　　　　　　 : H셕(SK)

지 않는 '『동국정운』불일치(不一致) 한자음'[3]이 발견된다. '巍, 耨, 琥, 堀' 등
이 그 예로서, 이들은 『동국정운』 속의 음과 일치하지는 않지만 현실한자
음과도 다르다. 오히려 전탁 성모의 사용, 종성 ㅱ·ㅭ 등 『동국정운』 속
표기 양상과 가깝게 여겨지기 때문에 동국정운식 한자음의 범위에 포함
시킬 수 있는 경우가 적지 않다.

　셋째, 『동국정운』 수록 복수음 중 어느 것이 실제 문헌 속에 사용되는가
하는 점도 연구 대상이 된다. 『동국정운』은 그때까지 각종 운서 속에 있던
한자음을 집대성한 것이므로[4] 수록자마다 복수음이 많다. 그런데 실제
문헌에서는 대체로 동자다음다의(同字多音多義), 특히 파음자(破音字)[5]를
제외하고는 거의 하나가 대표음으로 선택되는 정연함을 보인다. 가령 '甓'
은 상동자(上同字)[6] 7개(H퍅, R병, H빙, H밍, L삥, H뼝, H펭)를 포함하여 'H
빅, H벽, H뼉' 등 독음(讀音)이 모두 10개인데, 이 연구가 조사한 문헌에서
는 모두 'H벽'으로 주음하고 있다. 그렇다면 『동국정운』 속의 복수음 중에
서 특정 음을 문헌 속의 음으로 선택하는 원칙은 무엇인지 관심의 대상이
된다. 그리고 비록 빈도는 낮지만 문헌 속의 음이 복수로 나타나는 경우까
지도 분석의 가치가 있다.[7]

---

3) '『동국정운』 불일치 한자음'의 몇 가지 예(밑줄 친 부분이 불일치 한자음임. 동운=동국정운).
　巍 L윙(동운) : L윙(월석), L외(월곡) : L외(SK)
　耨 H늏(동운) : H녹(석상, 법언 등) : R누~H녹(SK)
　琥 R홍(동운) : H홍(석상) : R홍(SK)
　搏 L똰(동운) : L돤(능엄) : L단(SK)
　卯 R묳(동운, 석상, 월석) : R묳(월석) : R묘(SK)
　昭 L죻(동운, 월석) L쑇(동운, 월곡), R죰(동운) H죻(동운) : L쇻(남명상) : L쇼(SK)
4) 흔히 『동국정운』의 저본(底本)이라 여겨 온 『고금운회거요(古今韻會擧要)』부터 그러한 성격
　을 가진다.
5) 의미 혹은 문법적 기능에 따라 독음(讀音), 특히 성조가 달리 나타나는 경우를 가리킨다. 가령
　'相, 爲, 上' 등.
6) 『동국정운』은 복수음 중 이체 관계로 인한 음에는 '上同 X'라 표시하여, 'X'의 이음(異音)임을
　나타냈다. '甓'은 수록음 10개 중 7개가 상동음(上同音)이므로, 나머지 음 3개가 '甓'의 고유 독
　음이라 할 수 있다.
7) 예컨대 '昭'는 『동국정운』에서 복수음 4개(L죻, L쑇, R죰, H죻)를 가지는데, 문헌에서는 'L죻'

이 연구는 위와 같은 경우를 고려하여 '『동국정운』한자음' 즉 '운서『동국정운』에 수록된 한자음'과 실제 문헌에 주음된 '동국정운식 한자음'을 구별하자는 문제제기에서 시작한다. 그리하여 문헌 속의 실제 한자음의 양상을 분석함으로써 '동국정운식 한자음'의 정의를 내리고 이해를 깊이 하려 한다.

지금까지의 동국정운 연구는『동국정운』서문에서 밝힌 편찬 원리가『동국정운』수록 한자음에 어떻게 관철되었는가를 중심으로 이루어진, 일종의 연역적 연구라 할 수 있다. 이 연구는 이와 달리 문헌 속 실제 한자음의 양상을 바탕으로 하는 귀납적 연구를 지향한다. 그 특징의 일각만 미리 밝힌다면, 문헌 속 한자음의 양상에서 가장 두드러진 것은 운모 개합(開合)의 이원 대립 중 '합(合)' 방향으로 일관되게 주음하는 양상이었다. 이는『동국정운』서문에서 명시되지 않은 원리로서, 심지어 현실한자음이 일정 부분 반영되었다고 평가받아 온 문헌(『개간법화경언해(改刊法華經諺解)』)에서도 눈에 띄게 유지된다.[8] 그밖에도 문헌 속 한자음이 보이는 구체적인 양상을 소상하게 살피고 논의함으로써, 이 연구가 동국정운식 한자음의 특징, 각 문헌 편찬자들의 음운학적 인식 등을 이해하는 데 기여할 수 있으리라고 기대한다.

1.2. 앞선 연구의 검토

이 연구의 주된 관심은 실제 문헌에 나타나는 동국정운식 한자음 표기에 있다. 따라서 앞선 연구에 대한 검토도 동국정운식 표기에 관한 연구와 그 밖의 연구(주로 운서로서의『동국정운』과 관련된 연구)로 나누어 고찰

(월석 序, 월석 권2), ㄴ흂(월곡)이 대부분이다. (다만 불일치음인 ㄴ흂도 별도로 발견된다.)
8) 자세한 것은 본문 5.2를 참조.

하고자 한다. 다만 동국정운식 표기에 관한 연구는 앞에서도 잠깐 언급한 대로 극히 미미한 실정이라, 연구사 검토의 실제 분량은 표기 이외에 대한 주제, 즉 운서『동국정운』과 관련된 연구에 할애될 수밖에 없다.

1.2.1. 동국정운식 한자음 표기에 관한 연구

문헌 속에 나타난 동국정운식 한자음 표기에 관한 연구로는 먼저 이동 림(1959)가 있다.『석보상절(釋譜詳節)』권6·9·13·19 주해(註解) 과정에서 확인된 한자음을 정리하여 부록으로 첨부한 연구다. 문헌 속의 주음에 주목했다는 점에서 의미가 있다. 당시 권1과 권6만 전해진 상황에서 전권(全卷)을 재구하겠다는 점에 목적을 두었기 때문에[9] 한자음 자체의 특성에 대한 논의는 별도로 없다. 가령 동국정운 미수록자인 '唅'는『석보상절』권6, 9, 13에서 빈번히 출현하므로『동국정운』권6에 마땅히 수록되어야 하는데 다루지 않았다.[10]

남광우(1966)은 15세기 동국정운식 표기 문헌 전반을 대상으로 한자음을 수집하고 정리했다는 점에서 주목할 만하다. 다만『동국정운』의 전권 복원을 위한 목적에서 이루어진 연구인 까닭에 주음의 실제와 특징에 대한 논의는 적은 편이다.

안병희(1974)는『석보상절』초간본 권6·9·13·19에 나타난 교정 양상을 살펴봄으로써, 동국정운식 한자음이 실제 문헌 속에 정착되는 과정에서 상당한 시행착오가 있었음을 입증하였다. 정우영(1999)는 15세기 표기법 전반을 살펴보는 가운데, 동국정운식 한자음의 도입과 폐기 과정을 기술하였다. 그 과정에서 '앓난'(阿難), '밣샹'(般若)[11] 등 특이한 한자음이 있

---

9) 부록에서 '동국정운식 한자만을 조사하였다'고 밝히고 있다(이동림 1959:203).

10) '唅'의『석보상절』주음은 'ㄴ뽕'이며, 이는『동국정운』권6에 수록되어야 한다. 그러나 해당 권에서는 'ㄴ뽕'에 해당하는 한자로 '蒲莆蒱酺匍扶艀瓿'만 있을 뿐이다.

11) 모두『능엄경언해(楞嚴經諺解)』목판본,『법화경언해(法華經諺解)』에 나타났다.

음도 지적하였다. 안병희(1974)와 정우영(1999)는 동국정운식 한자음 표기의 실제를 관찰한 연구로서 가치가 있다.

1.2.2. 운서『동국정운』과 관련된 연구

운서『동국정운』과 관련된 연구는 1972년 전후로 나누어 고찰할 수 있다. 1972년 전권 완질(完帙)이 발견되기 이전까지는 실전(失傳)된 권(卷)의 복원을 위한 연구가 중심일 수밖에 없었기 때문이다.

1) 1972년 이전의 동국정운 연구

초기 연구로는 홍기문(1946), 김철헌(1958 · 1959)를 들 수 있다.

홍기문(1946)은 운회 번역 사업의 귀결이 곧『동국정운』이되,『동국정운』은 단순히 운회의 번역에 그치지 않고 일정한 원칙에 따라 교정을 가한 결과로 성립한 것임을 지적하였다. 곧『고금운회거요(古今韻會擧要)』(이하『거요』)를 표준으로 하되, 성모에서는『거요』에 새로 분립(分立)된 어 · 요 · 합모(魚 · 幺 · 合母)를 반영하지 않았으며 치두(齒頭) · 정치음(正齒音)과 순중(脣重) · 순경음(脣輕音)의 분화도 인정하지 않았음을 지적하였다. 또 중성은『거요』권두의「칠음삼십육모통고(七音三十六母通攷)」에 제시된 자모운(字母韻)을 기준으로 삼아 일정한 교정을 가한 것이며, 특히 '윙, 웽'(支韻), '옝'(霽韻, 卦韻)와 '욍 , 웽'(庚韻, 先韻)' 등과 같이 특이한 중성으로 주음한 것도「칠음삼십육모통고」를 참고하였기 때문이라고 판단하였다(홍기문 1946:172-177). 이러한 논의는『거요』의 영향 및 그 한계를 지적하였다는 점에서 선구적인 성과라 할 수 있다. 다만 어모(魚母) 중 중고 喩3계 성모가『동국정운』의 업모(業母, ㆁ)로 주음된 특징이나, 순음에서 개합이 중화(中和)된 사정을 언급하지 않았으며,『동국정운』중성과『거요』자모운과의 차이점까지 세밀히 관찰하지는 않았다.

김철헌(1958 · 1959)는 董同龢(1968)과 藤堂明保(1957)의 중국어 음운사 연구를 소상히 소개하면서 이를 동국정운 연구와 결합시키려 하였다. 그 결과로서 "동국정운은 중국 고운서(古韻書)에 의한 일종의 복고 운동의 산 물(김철헌 1958:130)"이라 주장하였다. 구체적으로, 초성에서는 고운서(古 韻書)의 음을 엄격히 복원하되, "발음이 지극히 곤란하거나 당시의 중국 실 재음에서도 명확히 판명하여 사용하지 못했던 음들은 제외했다(김철헌 1958:131)"고 하고, 운모에서는 『동국정운』 음이 중고음적 특색을 많이 보 이되 중세음(中世音)[12]과 유사한 점도 있음을 정리해 보였다. 그러나 『거 요』는 물론 현실한자음은 거의 고찰하지 않고 『광운』, 평수운(平水韻), 『홍 무정운(洪武正韻)』, 『운경(韻鏡)』의 추정음을 바탕으로 논의를 전개했다 는 점에서 한계가 있었다. 동국정운 업모(業母, ㆁ)가 중고음 喩3 합구 성모 를 포함하는 등의[13] 문제를 설명할 수 없었던 것이 대표적인 약점이다. 그 렇다 해도 일본 한음(漢音)과 오음(吳音), 범어(梵語) 대역음은 물론 중국 방언까지 참고하고 여러 운서와 『운경』의 추정음과 동국정운 음을 일일 이 대비한 노력은 오늘날까지도 귀중하다.

후기 연구로는 단연 유창균(1966가 · 나), 이동림(1967가 · 나)를 들 수 있다. 유창균(1966가)는 『동국정운』 91韻의 대표자[14]와 『거요』의 자모운

---

12) '중세음'이란 김철헌(1959)의 용어다. 명확한 정의는 없으나 황극경세도(皇極經世圖)와 연 관하여 언급하는 대목(김철헌 1959:86)으로 미루어 송대(宋代)의 음을 가리킨다고 생각된다.

13) 이것은 중고(中古) 유모3등(喩3) 합구를 『거요』에서 의모(疑母)와 함께 아음(牙音) 불청불 탁(不淸不濁)에 포함시킨 결과를 『동국정운』에서 'ㆁ'(업모 業母)으로 반영하였기 때문이다.

14) 전통적인 중국 운서 속에 韻이란 주요모음, 운미, 성조가 같은 한자음의 집합이다. 운서는 각 운을 일정한 차례에 따라 배열하였는데, 이 때 배열된 각 운을 운목(韻目)이라 하고, 특별히 그 대표자를 운목자(韻目字)라 부르기도 한다. 하나의 韻은 성모 및 개음(介音)의 종류에 따 라 다시 하위 집합으로 나뉘는데, 이 하위 집합에 속하는 한자는 완전한 동음(同音) 관계를 이룬다. 이들을 소운(小韻)이라 하며, 소운을 대표하는 첫째 글자를 소운자(小韻字)라 한다. 『동국정운』은 그 서문에서 '91韻 23母'로 구성되어 있다고 밝히고 있는데, 이때의 91韻은 전 통적인 중국운서의 韻에 대응할 수 있기는 하지만 완전히 일치하지는 않는다. 중국 운서에 서 한 韻 안에서는 성모, 요개음(拗介音), 합구(合口) 개음의 차이만 있을 뿐이지만, 『동국정 운』은 'ㆍ, ㅡ, ㅣ' 등을 결합하여 한 韻 안에 배열하고 있기 때문이다. 가령 평성인 揯韻에는 '궁(揯:긍)' 계열뿐 아니라 '잉(徵:딩)', '잉(庚:깅)' 계열도 포함되어 있고, 평성 貲韻에는 'ㆆ

이 상당한 대응관계를 가지는 것을 결정적 근거로 삼아『거요』를『동국정운』의 저본으로 판단하고 음운체계의 대응을 분석하였다. 특히『홍무정운』과『몽고자운(蒙古字韻)』등 이전까지는 소홀히 되었던 원·명대 운서와 송대 운도를[15] 세밀히 다룸으로써 논의의 깊이를 더하였다. 유창균(1966가)에 이르러 비로소 동국정운에 대한 종합적인 연구가 개척되었다고 할 수 있을 것이다.

그러나『홍무정운』,『몽고자운』,『절운지장도(切韻指掌圖)』,『거요』반절 및 자모운 등의 원리 혹은 체계가『동국정운』운서 안에 모두 실현되어 있다고 본 핵심 논지는 오늘날 그대로 받아들이기 어렵다.『동국정운』의 발간 취지는『홍무정운』을 반영하며, 음운체계는『거요』의 반절과 자모운에 따라 수립되었고, 반절상자와 성모가 일치하지 않는 경우, 특히 합모(合母), 어모(魚母), 요모(幺母)의 출현은 몽고자운음의 반영이고,『동국정운』91韻의 배열은『절운지장도』의 등운(等韻) 원리에 따르며 그 밖에 해명되지 않는 점은 현실음을 고려한 결과라는 것이 유창균(1966가)의 골자라고 할 수 있다. 이러한 논의는 서로 다른 시기와 편찬 원리를 반영하는 운서와 운도를 동시에 수용한 셈이라는 점에서 약점을 안고 있었다. 가장 큰 한계는『거요』의 성격에 대한 이해가 미흡했다는 점이다.『거요』는 반절하자(反切下字)는『집운(集韻)』에 주로 의거한 복고적 체계를 제시하되, 실제 현실음을 표시하기 위해 자모운 체계를 이중으로 도입한 운서였다. 또 반절상자(反切上字) 다음에 오음(五音)을 별도로 표시하였는데, 이들이

(貹:중)', '잉(知:딩)', '잉(眙:팅)', '읭(軆:킹)' 계열이 함께 포함되어 있다. 이들을 중국 운학에서처럼 단순히 개음과 주요모음의 결합이라고 부르기는 어려운 것이다.『동국정운』연구에서는 소운(小韻)이라는 개념도 쓰지 않는 편인데,『동국정운』이 전통적 중국 운서와 거리가 있으므로 개념 사용에 유의해 왔기 때문일 것이다.

15) 유창균(1966)은『절운지장도』를 중심에 놓고 논의하고 있다.『절운지장도』가『동국정운』에 영향을 주었다고 판단하는 근거로는『동국정운』의 성모 배열이『절운지장도』와 마찬가지로 '아설순치우(牙舌脣齒喉)' 순서라는 점,『거요』의 서문에서『절운지장도』의 저자로 알려진 사마온공(司馬溫公)을 언급하고 있다는 점(今以司馬溫公切韻參考諸家聲音之書) 등을 꼽고 있다(유창균 1966:174-179, 187).

서로 일치하지 않는 경우가 있다. 따라서 반절과 자모운 및 오음을 비판적 검토 없이 그대로 이용하는 것은『거요』에 대한 이해에 약점이 될 수 있다.[16]

이동림(1967가・나) 역시『거요』를『동국정운』의 저본(底本)으로 보았다는 점에서는 유창균(1966가・나)와 큰 차이가 없다. 다만 운도 중『칠음략(七韻略)』과『운경』을 중심에 놓았다는 점, 자모(字母) 자(字)의 책정 원리를 밝히려 노력했다는 점이 두드러진다. 가령 전통적인 중국 운서에서는 자모 자로 "見溪群疑…"를 채택하여 왔지만『동국정운』은 "君快虯業…"으로 대체한 것에 대하여,[17] 이를 중성과 종성의 결합 관계로 설명하였다. 예컨대, 중국어 중고 설음 평성은 단모(端母)이지만『동국정운』에서는 '端' 대신 '斗'를 쓰고 있다. 이동림(1967가:46)은 평성 초성자가 '兜'뿐인데 현실음이 'ㅌ'이기 때문에 상성(上聲) '斗'를 선택한 것이라 설명하고 있다.

그러나 실제 '兜'의 현실음 성모는 'ㅌ'가 아니라 'ㄷ'다. 마찬가지로 중고 병모(並母) 대신『동국정운』에서 '步'를 자모(字母) 字로 선택한 이유도 평성 '蒲'(동국정운음 ㄴ뽕)가 현실음(ㄴ포)과 어긋나기 때문이라고 설명하고

---

16)『거요』에서는 반절 바로 다음에 해당 한자의 성모(聲母)를 오음(五音)으로 다시 표시하고 일정한 간격으로 실제 운모(韻母) 즉 자모운(字母韻)을 표시하고 있다. 이 반절이 실제음과 불일치하는 경우가 많기 때문에 반절의 분석으로『거요』의 음운체계를 복원하기는 어렵다. 반절은 주로『집운』에서 가져온 복고적, 형식적인 표면 음이며, 오음(五音)과 자모운이 실제 현실음을 나타낸 것이기 때문이다. 특히 운모의 경우 반절하자와 자모운이 불일치하는 경우가 적지 않기 때문에『거요』운모 연구에서는 반절을 거의 이용하지 않는다.
한편 성모의 경우에도 반절상자가 대체적으로 오음(五音) 표시와 대응하기는 하지만, 설상음(舌上音, 中古 지계 知系 성모)이 정치음과 합류하고, 정치음(正齒音) 내의 장계(莊系)와 장계(章系) 성모의 구분이 없어진 점, 中古 운모(云母, 喩3)가 어모(魚母)와 의모(疑母)로 분리하여 각각 牙音에 포함된 점 등은『거요』편찬 당시의 음운 변화가 오음(五音) 표시로 반영된 것이다. 게다가 본 연구가 확인한 바로는, 동일한 반절상자(反切上字)가 다른 오음(五音)으로 나타나는 경우가 있다. 가령 '之'(中古 장모 章母)는『거요』에서 지모(知母)로 나타나는 것이 보통이지만(終:之戎切),『거요』에서 정모(精母)로 나타나기도 하고(遮::之奢切), '胡'(中古 갑모 匣母)는『거요』에서 갑모(匣母, 和:胡戈切, 皇:胡光切)와 합모(合母, 和:胡臥切, 護:胡故切)로 나뉘어 나타날 뿐 아니라 드물게 유모(喩母, 滑:戶八切)가 되기도 한다.『거요』의 반절상자가 반절하자보다는 당대음(當代音)과 가까운 면이 있다고 하더라도, 이처럼 변화 혹은 예외가 있음에 유의해야 한다.
17) 훈민정음도 마찬가지다.

있으나, '步'의 현실음 역시 'R보, H보'인 것이다. 또 어차피 순음 전탁 성모가 현실한자음에 없기 때문에 이러한 설명은 근거가 충분하지 않다.[18] 또한 "『동국정운』이 고금운회의 반절 체계를 거의 기계적으로 전사한 것"이라는 지적은 실제와도 부합하지 않는다. 가령 『거요』 합구 喩3 성모가 『동국정운』에서 모두 업모(業母, ㅇ)로 나타나는 경우는 반절 체계와 동국정운 음이 불일치하는 대표적인 경우인데, 이를 해명하지 못한다. 중고 喩3 합구가 아니더라도 『거요』의 반절과 『동국정운』 음이 불일치하는 경우는 적지 않다. 예컨대 '輪'는 『거요』에서는 'L春朱切, H春遇切'이다. '春'은 창모(昌母)로 정치(正齒) 3등 차청자(次淸字)이므로 『동국정운』이 『거요』의 반절을 그대로 반영했다면 'L츈H츈'로 나타나야 하지만, 실제 『동국정운』에 수록된 음은 'L슌H슌'다.

유창균(1966가나), 이동림(1967가나)는 『광운』, 『홍무정운』, 『운경』, 『절운지장도』 등 『동국정운』 발간 이전의 중국 자료를 세밀히 검토하고 『동국정운』과 대비한 연구로서 높이 평가받아야 마땅하지만 동국정운 음운 체계의 성격을 실질적으로 파악하는 데에는 한계가 있었다. 이는 대비 자료로 삼은 중국의 운서와 운도의 특징을 음운사적 맥락에서 충분히 파악하지 못했기 때문이라 할 수 있다. 예컨대 『광운』의 음운체계와 『운경』, 『절운지장도』의 음운체계는 각각 반영하는 시기가 다른 만큼 성모와 운모의 체계에 차이가 있다. 『홍무정운』은 근대음이라는 중국음운사적 배경에서 복고적인 원칙에 따라 수립된 운서라 당대 중국음과 큰 거리가 있을 뿐 아니라 거기에 반영된 음운체계도 그 이전의 일정한 시기로 특정하기 어렵다. 게다가 『거요』는 복고적 반절체계와 현실음 체계라는 이중 체계를 가지고 있기 때문에 음운사적 자료로 참고할 때에는 각별히 유의해야 한다. 이리한 점을 충분히 고려하지 못함으로씨, 결국 초역사적 일반 원리를 추출하고 이를 바탕으로 동국정운 음운체계를 연구한 연역적 방

---

18) 이동림(1967가:66)에서도 이를 인정하고 있다.

법의 한계를 완전히 벗어나지 못했다고 할 수 있다.

2) 1972년 이후의 연구

1972년『동국정운』의 전권(全卷)이 발견된 이후에는 국어학계에서 동국정운에 대한 연구가 이전 시기에 비해 현저히 줄어든다. 중국음운사의 연구 성과가 중국 학계 내부에서 활발히 제출되었다는 점, 이에 따라 서구 및 일본 학계의 연구 성과를 문헌을 통해서만 습득하던 국어학계의 연구 방식이 일정한 한계가 드러났다는 점 등을 저간의 사정으로 생각할 수 있을 것이다. 새로운 연구를 위한 내적 역량 축척기라고 볼 수도 있겠다.

1972년 이후 연구의 특색은 무엇보다『동국정운』과 15세기 현실한자음 사이의 관계를 재조명하게 되었다는 점이다. 이러한 관점은 특히 강신항 (1992, 1997)에 힘입은 바 있다. 강신항(1997)은 동국정운 음운 체계가 15세기 현실한자음에 기초를 두고 있다고 주장함으로써 이전 시기 연구와는 차별을 두었다. 강신항(2009)은 이에 입각하여 한국한자음과『동국정운』 한자음을 대비한 것이다.

조운성(2011가)는 동국정운 성모 업모(業母, ㆁ)와 욕모(欲母, ㅇ)를 중심으로 고금운회거요 성모 체계와 관련을 실증적으로 탐색했다는 점에서 중요하다. 동국정운은 성모 체계가 훈민정음과 일치한다는 점, 그리고 전통적인 중국 운서와 완전히 다른 성모 자[聲母 字]를 새롭게 채택했다는 점에서 이채로운데, 특히 이 성모체계가 중고 성모는 물론『고금운회거요』 와 어떤 관련을 맺는지가 항상 논쟁거리였다. 종래 연구는 대체로『고금운회거요』의 반절을 따랐다고 해석하는 경향이 짙었으나, 조운성(2011가)는 업모(業母, ㆁ)와 욕모(欲母, ㅇ)를 예로 들어 거요의 반절이 아니라 오음(五音) 및 동음(同音) 정보가 주된 연원을 이루었음을 정밀하게 밝혀냈다.

조운성(2011나)는『거요』 소운자의『동국정운』음을 일일이 대비하며 음운체계 전반의 특징을 제시했다는 점에서 중요하다. 성모에 있어서는 대체로 『거요』를 따르되 운모에 있어서는 개합(開合)을 제외하고는 한국 현실한자음을 원칙적으로 따랐다는 입장이다. 한편 『동국정운』 음이 『거요』의 반절과도 대응하지 않는다고 지적함으로써 종래의 연구에서 큰 진전을 보였다(조운성 2011나:25, 37). 다만 『동국정운』이 『거요』와 구별되는 측면, 즉 성모에 있어서 설상음(舌上音)과 정치음(正齒音)을 구별하는 등 『거요』보다는 중고음에 가까운 점, 입성(入聲)을 철저히 유지하고 있다는 점 등을 어떻게 설명할 수 있을지는 여전히 논란의 여지가 있다.

林茶英(2019)는 강신항(1992, 1997), 조운성(2011나)보다 적극적으로 『동국정운』이 현실한자음을 따르고 있음을 주장하였다. 주로 중성에 주목한 이 연구는 '융/욱' 운모가 없는 점, 일부 운부의 조정, 합구 개음의 반영, 홍음(洪音, 중고 1·2등)과 세음(細音, 중고 3·4등)을 구분하기 위한 교정 이외에는 대부분이 전승한자음을 반영하고 있다는 점을 지적하였다.

한편 김무림(1996), 차익종(2014)은 운서로서 『동국정운』의 편운 체계에 관심을 두었다는 점에서 주목된다. 중국 운서는 주로 절운계 운서의 편운을 변형하거나 증보, 보완하는 전통을 유지해 왔지만, 『동국정운』의 편운은 이와 전혀 다르다는 점에서 중국 운서와의 영향 관계는 찾기 어렵다. 김철헌(1959), 유창균(1959), 이동림(1970) 등의 초기 연구가 운서 대신 등운도(等韻圖)에 주목한 것은 자연스러운 흐름으로 보인다. 김무림(1996)은 이러한 연구의 정점으로, 주요모음의 개구도 및 개음의 종류에 따라 '개-제-합-촬(開-齊-合-撮)'이라는 사호(四呼) 개념이 『동국정운』의 편운에 반영되었다고 주장하였다.

이러한 연구들이 등운도 원리를 적용해 보려는 형이상학적 접근이었다면, 차익종(2014)는 훈민정음과 『동국정운』의 밀접한 관계에 주목하였다는 점에서 궤를 달리한다. 등운도 영향설의 가장 큰 약점은 'ㆍ, ㅡ, ㅣ, ㆎ, ㅢ'를 중성으로 취하는 한자들이 하나의 운류로 묶인 사실을 설명할 수 없다는 점으로, 이는 중국의 등운도는 물론 운서에서 전혀 발견할 수 없는 편운 방식이다. 차익종(2014)는 『동국정운』의 이러한 편운은 천지인(天地人)에 대응하는 훈민정음 기본자 '·, ㅡ, ㅣ'와 이들 상호 간의 합자(合字)인 '·ㅣ, ㅢ'를 하나의 범주로 묶은 결과라고 해석하였다. 전체적으로는 초출(初出), 재출(再出), 합용(合用), 상합(相合)이라는 훈민정음 해례본의 제자(制字) 원리와 일치한다는 점을 제시하였다.

1972년 이후 시기의 또 다른 특색은 『동국정운』 한자음과 관련하여 중국어학계의 연구가 나오기 시작했다는 점이다. 권혁준(1997·2000)은 『거요』에 대한 연구에 기초하여 『동국정운』 한자음의 표음 양상을 분석하였다. 그 결과 『동국정운』 한자음이 『거요』의 자모운보다는 반절음에 대응하며, 그에 따라 中古 후기의 중국어와 대응하는 경우가 많다고 주장하였다. 덧붙여 반절음에 대응하지 않는 경우는 한국 현실한자음의 영향으로 볼 수 있다는 입장이다. 신용권(2003)은 『동국정운』, 『몽고자운』, 『거요』 3자의 관계를 논의하면서 『동국정운』과 여타 운서 사이의 관계에 대해서도 아울러 정리하였다. 즉 한자음 정리의 사상적 배경에서는 『홍무정운』과 관련이 깊지만 실제 운서 편찬 작업에서는 『거요』를 전면적으로 참조하였다는 것이다. 자모운 체계의 명칭과 음계, 각 운에 속한 수록자와 그 배열 등에서 『거요』의 영향이 크고, 수록자의 주음(注音)은 『거요』의 자모운이 아니라 반절을 참고했다고 지적하였다.

1972년 이후의 동국정운 연구는 국어학계와 중국어학계의 연구 결과가 대립하는 양상을 보인다. 국어학계가 『동국정운』과 현실한자음의 대응을 강조하는 입장이라면 중국어학계는 그 반대라 할 수 있다. 특히 『거요』 반절음과 『동국정운』 음과의 관계에 대한 입장이 대립하는 형국인데, 전면적인 비교를 통하여 해명해야 할 과제가 놓여 있다. 다만 강신항(2009)나 조운성(2011나)에서 『동국정운』과 현실한자음의 대응관계를 지적한 것과, 권혁준(1997 등)에서 『동국정운』과 중국어 중고후기 음과의 대응관계를 지적한 점은 일맥상통하는 측면이 있다. 『거요』에 반영된 중국음과 『동국정운』 수록한자음이 일치하지 않는다는 점은 공통적으로 지적하고 있는 것이다.

『동국정운』과 한국 현실한자음의 관계에 대한 논의가 깊어지기 위해서는 앞으로 이 대응관계에 대한 심도 깊은 고찰이 필요하다. '대응'하거나 '일치'한다는 점은 곧 한 쪽을 '직접적으로 반영'한 것일 수도 있지만 제3의 존재를 거친 매개 관계의 결과일 수도 있는 것이다. 여기에 대해서는 몇 가지 가설을 생각해 볼 수 있다.

첫째, 문헌 편찬자들이 중고음 어떤 시기에 해당하는 음운체계를 이상적 기준으로 삼아 직접 주음하였을 수 있다. 이 경우는 『동국정운』의 음운체계가 특정한 시기의 중국음운체계를 직접 반영한 것이라 간주할 수 있을 것이다. 다만 중국음운사의 어떤 시기로 특정하는 것이 과연 가능한지 의문이 있을 수 있다. 더구나 문헌편찬자들이 생각한 중국 표준음운체계가 실제 중국 현실음과 괴리가 있을 수 있으므로 단순한 반영이라 보는 것은 무리가 있다고 생각된다.

둘째 가설은 문헌편찬자들이 일정한 기준 아래에서 현실한자음을 그대로 수용하였으되 이 현실한자음 자체가 본질적으로는 역외(域外) 중국음인지라 어떤 시기의 중고음과 유사한 결과로 나타났을 수 있다고 보는 것이다. 이 경우는 한국 한자음 자체의 음운론적 특성 위에 『동국정운』편찬자들의 언어관이 2차로 작용하여 생겨난 결과일 수 있을 것이다. 이 연구는 이러한 가설의 개연성이 상대적으로 높으리라고 생각하는 입장이다.

이 연구에서는 한자음을 대비할 때 주로 '대응관계'라는 용어를 쓸 것인데, 위와 같은 가설들을 모두 고려하는 입장에서 사용하기 위함이다.

1.3. 연구 대상 한자음의 지칭

이 연구는 먼저 '『동국정운』한자음'과 '동국정운식 한자음'을 구별한다. 그밖에 '문헌음(文獻音)', '불일치음(不一致音)', '미수록자(未收錄字)의 音'

등도 구별하여 사용한다.

'『동국정운』 한자음'이란 '운서『동국정운』'에 수록된 한자음을 말한다. 이를 '『동국정운』 수록음' 혹은 '『동국정운』 음'이라고도 부를 수 있을 것이다. 한편 '동국정운식 한자음'이란 『동국정운』의 편찬 원리에 따라 실제 문헌에 주음(注音)된 한자음을 가리킨다.

원칙적으로 이 두 개념은 서로 일치해야 한다. 그러나 제1장에서 지적했듯이, '『동국정운』 미수록자'의 음, '『동국정운』 불일치음'은 현실한자음과 한눈에 구별되면서도 『동국정운』의 주음 및 표기 원리와 합치한다고 판단되는 경우가 많다. 이에 따라 이 연구에서 가리키는 '동국정운식 한자음'이란 '미수록자의 음'과 '불일치음'까지 포함된 넓은 의미를 가진다.

'문헌음'은 동국정운식 한자음을 채택하였다고 인정되는 실제 문헌에서 사용된 음을 말한다. 운서『동국정운』에 수록된 한자음이라 하더라도 실제 문헌에 쓰이지 않은 음은 문헌음에서 제외하자는 것이다. 가령 '辟'은 『동국정운』 속에서 복수음 10개가 주음되어 있지만, 실제 문헌에서는 거의 예외없이 'H벽'으로 주음되므로, '辟'의 문헌음은 'H벽'이 된다. 마찬가지로 '句'는 복수음 7개(H궁, L궁, H궇, L꿍, L궁, R궁, L꿍) 중에서 'H궁'가 문헌음으로 사용되고 있으며, '昭'는 복수음 4개(L죻, L쎻, R죻, H죻) 중에서 'L죻, L쎻'가 문헌음이다.[19]

불일치음과 미수록자의 음에 대해서는 1.1.에서 지적한 바 있으므로, 여기서 되풀이하지 않는다.

---

[19] '昭'의 문헌음 중 'L쎻'는 이 연구의 대상 문헌 중 『남명집언해(南明集諺解)』에서만 나타났다. 'L쎻'는 『동국정운』 수록음도 아니며, 『광운』은 물론 『거요』에서도 근거를 찾기 어렵다. 이는 『남명집언해』 편찬자들의 오류로 생겨난 '『동국정운』 불일치음'이다. 그러나 실제 문헌에 기록되었다는 점에서 문헌음의 범위에 포함시킨다.

1.4. 연구 대상, 범위, 방법, 구성

연구 대상으로는 동국정운식 한자음을 채택하였다고 인정되어온 문헌 중에서 다음 자료를 선택하여 전수조사(全數調査)를 실시하였다. 원칙적으로는 모든 문헌을 선택하여 전권(全卷) 전수 조사를 실시해야 하겠으나, 이 연구가 감당하기에는 너무나 방대한 작업일 수밖에 없어서, 초기의 전형적인 문헌과 중후기 문헌의 일부를 선택하였다.

아래는 이 문헌들의 목록이다. 이용 자료는 괄호 안에 표시하였다.

[월곡] 月印千江之曲 上卷(1447 추정, 대제각 영인본, 1985)

[훈언] 訓民正音諺解(1447 추정, 디지털한글박물관 www.hangeulmuseum.org 공개본)

[석상] 釋譜詳節 卷6·9·13·19(1447, 디지털한글박물관 공개본)

　　　釋譜詳節 卷23·24(1447, 金英培 저 『釋譜詳節研究』 2009, 부록 영인본)

[월석] 月印釋譜 卷1·2(1459, 디지털한글박물관 공개본)

[능활] (활자본)楞嚴經諺解 卷1(1461 추정, 경북대학교 출판부 영인본, 1988)

[능목] (목판본)楞嚴經諺解 卷1(1462, 서울대학교 규장각한국학연구원 소장)

[법언] 法華經諺解 卷1(1463 추정, 동국대학교 도서관 소장, 디지털원문 열람)

[개법] 改刊法華經諺解 卷2(1500, 디지털한글박물관 공개본)

[남명] 南明集諺解 上下(1482, 서울대학교 규장각한국학연구원 소장 가람문고본)

[영험] 靈驗略抄(1485 추정, 1550 복각본, 세종대왕기념사업회 영인본, 2010)

각 문헌의 개요와 한자음의 특징에 대해서는 제2장에서 살펴보기로 한다. 다만 『개간법화경언해(改刊法華經諺解)』은 동국정운식 한자음과 현실 한자음이 모두 주음된 과도기 성격을 지니기 때문에 제5장에서 별도로 다룬다.

이들 문헌을 조사하여 얻은 한자는 자종(字種)으로 총 1,940여 자가 된다.[20] 다음은 그중 몇 자의 예다.[21]

[卑]

동운L빙〈석상6-18ㄴ〉

동운R빙(上同 俾[22])

동운R뼹(上同 踔)

동운H뼹(上同 庳)

동운L쀙(上同 鞞)

동운H쀴(上同 鵯)

■ 월곡L비〈상-36ㄱ〉

[相][23]

동운L샹〈훈언1ㄴ(不相流通)/법언1-10ㄱ(相考)/능활1-18ㄴ(相考), 24ㄱ(相考)/
　　남명하65ㄱ(一句에相應티 몯 ᄒᆞ릴시니)〉

동운H샹〈석상6-12ㄱ(三十二相이, 제 겨집 됴ᄒᆞᆫ 相이 ᄀᆞᆺ고)/석상9-4ㄱ(三十二
　　相八十種好로), 24ㄱ(사ᄅᆞ미 모딘 ᄭᅮ믈 어더 구즌 相ᄋᆞᆯ 보거나), 34ㄴ
　　(大臣이며 宰相이며, 相ᄋᆞᆫ 도ᄫᅟᅵᆯ씨니)/석상13-13ㄱ(부톄 眉間 白毫相

---

20) 추출자 수는 『동국정운』 수록된 것을 기준으로 한다. 이 연구에서 추출한 자종(字種)은
　　1,941인데, 이체(異體) 관계의 확정, 동자중출(同字重出, 같은 글자가 연속으로 혹은 같은 운
　　안에 출현하는 경우를 말함. '耳耳' 등)의 처리 문제를 좀 더 고려해야 하기 때문에 정확한 자
　　수(字數)라 하기는 아직 이르다.
21) 추출된 한자의 음과 출전은 차익종(2014)의 부록 참조.
22) '俾'의 이체자로서 주음되었음 의미함. 이하 같다.
23) '相'의 대표적인 용례만 제시함. 전체 용례는 차익종(2014)의 부록을 참조할 것.

앳 光名을 펴샤), 14ㄱ(種種 相貌로, 相貌는 양지라)/석19-7ㄴ(一切 미
본 相이 업서, 사른민 相이 굿고)/석상23-9ㄴ(三十二相八十種好ㅣ ㄱ
자)/석상24-2ㄴ(부텻 陰藏相 보숩긔 호미오)/석서3ㄱ(3, 八相)/월석
서1ㄴ(色相), 24ㄱㄴ(宰相)/월석1-18ㄱ(因緣은 네 쟝츠 부텨 드욇 相
이로다)/월석2-10ㄱ(微妙호 相好 일우샴 닷ㄱ샤물, 相好는 양조 됴호
샤미라)/법언서21ㄱ(實相을 뵈시니), 22ㄱ(名相을 아수며, 相은 얼구
리라)ㄴ/법언1-3ㄱ(實相 妙法을)/능활1-3ㄴ(다은 相이 업슬씨, 健相
은 健壯호 相이오)/영험9ㄴ(三十二相과)/남명서1ㄴ(相)/남명상7ㄱ
(實相, 相, 體相)ㄴ(實相, 名相)/남명하3ㄴ(亂相), 10ㄴ(色相)28ㄴ(名
相)〉

■월곡H샹〈11ㄱ(瑞相)ㄴ(뫼호한 相師 보숩고), 29ㄴ(짯 相이 드러치니)〉

　　이와 같이 확인된 음을 대상으로 동국정운식 한자음 표기의 특징을 검
토하였다. 즉『동국정운』미수록자의 주음 양상,『동국정운』불일치음의
주음 양상, 복수 문헌음의 양상 등을 검토하였다.

　　이 연구는 다음과 같이 구성된다. 제2장 '연구 대상 문헌'에서는 대상 문
헌을 한자음 중심으로 개괄한다. 제3장 『동국정운』의 이해'에서는 이 연
구의 기본적 논의로서『동국정운』에 대한 전반적 이해를 다룬다.『동국정
운』의 편찬 목적 및 원리,『동국정운』음운체계(성모, 운모, 성조)를 서술
한다. 이러한 서술은 앞선 연구에 기초하되, 이 연구에서 새로 정리하거나
발견한 점이 있다면 함께 제시한다. 이어서 제4장 '동국정운식 한자음 표
기의 실제'는 이 연구의 본론 부분으로서, 동국정운식 한자음 표기 문헌에
나타난 표기 양상을 본격적으로 검토한다. 즉『동국정운』미수록자의 주
음 양상,『동국정운』불일치음의 주음 양상, 복수 문헌음의 양상과 분포에
대한 분석 등을 다룬다. 제5장은 문헌별로 나타나는 한자음과 표기의 차
이를 논의함으로써 동국정운식 한자음 표기의 시기적 변천을 다룬다. 마
지막으로 제6장 결론에서는 이 연구의 최종적인 결론을 제시한다.

한편, 부록으로 동국정운식 한자음 표기 문헌 속의 한자음 양상을 다룬 논문을 추가하였다. 이는 2023년 유럽한국학대회(AKSE)에서 발표한 내용으로, 같은 문헌 속에서도 한자 없이 한자음만 나타나는 경우는 일관되게 전승한자음으로만 주음되는 경향을 논의한 것이다. 동국정운식 한자음 표기 문헌이라 해도 한자의 유무에 따라 양상이 다른 이중문자텍스트라는 관점을 취하면서 세종의 한자음 개신정책의 본질을 생각해 보았다.

제2장 연구 대상 문헌 자료

이 연구가 대상으로 삼은 자료를 한자음을 중심으로 개괄하되, 시기별로 나누어, 세종 시대 문헌, 세조 시대 문헌, 성종 시대 문헌으로 구분한다. 구체적인 양상은 제4장과 제5장에서 다룬다.

2.1. 세종대(世宗代)의 문헌

1) 훈민정음언해(訓民正音諺解, 세종 29년, 1447 추정)

잘 알려진 대로『월인석보』권두에 실려 있는 문헌이다. 시기적으로 볼 때에는『월인천강지곡』과 함께 동국정운식 한자음 표기를 처음 시도한 문헌이라 할 수 있다.[1]『동국정운』간행(1448)보다 이르지만 주음 내역을 살펴보면 동국정운식 한자음은 물론 그러한 표기 방식까지 철저히 따랐다고 인정된다.

---

1)『월인천강지곡』을 동국정운식 한자음 문헌으로 간주하는 이유는 바로 아래에서 서술한다.

우선 훈민정음언해본이 ㅱ종성을 사용하고 설내입성(舌內入聲)의 이영보래(以影補來) 표기를 철저히 따랐다는 점은 잘 알려져 있다. 그밖에도 이 연구가 파악한 바로는『동국정운』미수록자가 없으며『동국정운』불일치음도 찾기 어렵다. 특히 복수음을 가진『동국정운』한자음 중 훈민정음언해본에서 문헌음으로 선택된 것들은『월인석보』와『석보상절』등에서 발견되는 한자음에서 크게 벗어나지 않는다.

2) 월인천강지곡(月印千江之曲, 세종 29년, 1447 추정)

훈민정음언해본과 마찬가지로『동국정운』보다 이른 시기에 발간된 문헌이라 한자음과 그 표기에 대해서는 과연 동국정운식이라 지칭할 만한지 의구심을 가질 수도 있다.

그러나 후음(喉音) 불청불탁(不淸不濁)인 'ㅇ'(『동국정운』자모로는 欲母)를 개음절 종성에 사용하지 않았다는 점을 제외하면 한자음과 표기 방식에서는『동국정운』과 크게 다르지 않다. ㅭ 및 ㅱ종성의 채택 등이 대표적으로 꼽을 근거가 되며, 무엇보다 신숙주의『동국정운』서문에서 말하는 '칠음사성청탁자모지변(七音四聲淸濁字母之變)'에 따른 한자음 변화를 교정하려는 모습을 보이고 있다는 점에서 동국정운식 한자음 연구의 대상으로 손색이 없다. 더구나 후음(喉音) 불청불탁(不淸不濁) 'ㅇ'이 종성에 사용되지 않은 것은 한자 '음'이 아니라 표기의 영역이므로, 한자음의 교정이라는『동국정운』편찬의 목적과 모순되지는 않는다고 생각된다.

또한『동국정운』복수음이 문헌음으로 선택되는 양상도 여타 문헌과 어긋나지 않는다.

頃 동국정운음2) : L켱R켱R큉

---

2) 이하 '동운'

문헌음 : R컁(석상6-25/월석서13ㄴ/남명상3ㄱ/월곡·상56ㄱ)

다만 특이한 음을 문헌음으로 선택하는 경우가 있다.

施 동 운 : R싱H싱H잉L잉(上同 訑)R잉(上同 迤)
　　문헌음 : R싱(석상6-8ㄴ, 석상9-11ㄴ, 석상19-3ㄱ, 석상23-3ㄱ, 월석1-12ㄴ
　　　　　　등)
　　문헌음 : H싱(법언1-76ㄴ, 월곡·상54ㄱ)

위의 주음은 모두 '布施'의 표기에 쓰인 것이다. 문헌들에 따른 주음의
차이가 어떤 태도에서 나온 것인지는 깊이 검토할 필요가 있다.

한편 개별 한자 차원에서도 몇 가지 특이한 점이 있다. '部', '勞'가 대표적
이다.

部 동 운 : R뽕 R뿡 R퐁(上同 剖)
　　문헌음 : R뿡(월곡3ㄱ〈天龍八部〉, 9ㄱ〈天龍八部〉)
　　　　　　R뽕(월석, 석상, 법언, 영험)

'部'의 주음은 『월인천강지곡』이 유독 다른 문헌과 양상을 달리한다는
점에서 특기할 만하다. '部'는 운도(韻圖)에서는 류섭(流攝)과 우섭(遇攝) 두
음을 지닌다(성모는 모두 병모 並母). 한편 『거요』에서는 성모가 역시 병
모(並母)지만, 운모는 古자모운과 搢자모운으로 나뉜다. 류섭(流攝)과 搢
자모운 모두 w 내지 u 운미(韻尾)를 지니는 것으로 재구되므로 『월인천강
지곡』을 제외한 나머지 문헌들은 『거요』의 古자모운과 『광운』의 우섭(遇
攝) 音에 대응한다고 할 수 있다. 『월인천강지곡』만 류섭(流攝) 音, 搢자모
운에 대응하고 있는 것이다.[3] 『월인천강지곡』의 주음은 『동국정운』 수록

음에서 선택하긴 하였으되, 다른 문헌과 다른 음을 선택한 이유에 대해서
는 연구해 볼 필요가 있다. 흥미로운 사실은 석보상설의 교정 과정에서 'R
뿡'를 'R뿡'로 고친 경우가 두 차례 발견되었다는 점이다. 특히『석보상절』
권13에서는 '部衆'이 네 번 출현하는데, 모두 '部'의 주음을 'R뿡'에서 주묵
(朱墨)을 이용하여 'R뿡'로 교정하였다.

　　　　R뿡〉R뿡 〈석상9:1ㄴ(八部), 석상13:16ㄴ(部衆)〉

　　아마도『석보상절』의 편찬자들은 운미 w로 끝나는 류섭(流攝)의 음에
이끌려 '뿡'로 주음했지만, 교정 과정에서 우섭(遇攝) 음으로 바로 잡혔다
고 생각할 수 있다.

　　한편 '勞'의 주음도 특이하긴 하지만,『동국정운』의 원칙에서 벗어나는
것은 아니다.

　　　　勞 동운 L롷(석상, 법언, 능활, 남명: 塵勞, 侵勞 등에서 쓰임)
　　　　　동운 H롷(월곡, 석상, 법언: 모두 慰勞에서 쓰임)

　　『석보상절』에서는 'L롱'를 'L롷'로 교정한 부분이 있다.

　　　　L롱〉L롷 〈석상6:31ㄱ, 31ㄴ, 32ㄱ, 32ㄴ(모두 고유명사 '勞度差'에서 쓰임)

　　말하자면 'H롷'는 '慰勞'로 쓰일 때에만 사용된 것이며, 나머지는 모두 'L롷'
를 엄격히 취했음을 알 수 있다. 이는『광운』의 자석(字釋)도 근거가 된다.

---

3)『광운』과『거요』의 운과 재구음을 함께 논하는 것은『동국정운』음의 연원을 어디에서 찾을
　　지에 대한 논의를 이곳에서는 피하기 위해서다.

勞1: 效中1L豪來, 倦也勤也病也又姓…

勞2: 效中1H號來, 勞慰

　결론적으로『월인천강지곡』의 '勞L롱'는 동국정운식 한자음을 채택하였다고 인정되어 온 여타 문헌에서 나타나는 복수음 분포와 일치한다. 이런 점도『월인천강지곡』을 동국정운식 한자음의 자료로 이용할 수 있는 근거가 될 것이다. 다른 문헌에서는 발견되지 않고『월인천강지곡』에서만 추출한 음도 동국정운식 한자음으로 간주하여 검토한다. 가령 '逮, 訟, 逮' 등이 있다.

逮: 동운 R띵 H띵 H떙 :월곡 H떼
訟: 동운 L쏭 H쏭　　:월곡 H쏭

　그 밖에 불일치음(在, L찡)도 발견된다. 상성(R) 또는 거성(H)으로 주음하는 것이 정칙이다.『월인천강지곡』한자음의 구체적인 양상은 제4장에서 검토할 것이다.

3) 석보상절(釋譜詳節, 세종 29년, 1447년)

　역시 1447년 즉『동국정운』이 완성되기는 했으나 아직 반포되지 않은 시기에 편찬된 문헌이다.『석보상절』에 대해서는 이미 동국정운식 한자음을 충실히 채택한 대표적 문헌으로 인정받고 있다. 이 연구에서는 가장 중요한 자리를 차지하는 문헌이라고 할 수 있다.
　그렇지만『석보상절』에도『동국정운』미수록자가 발견된다. '菩, 暎, 囑, 妹, 壞, 瑪, 鬘, 砷, 橙, 袈, 裟, 錠, 你' 들이 그렇다.

이들 중 몇 字의 음을 살펴보면 아래와 같다.

菩 L뽕(월석, 석상 등) : L보(SK)

睺 H홓(월석, 석상 등) : R후(SK)

你 R닝(석상)   : H니(SK)

囑 入죡(석상, 법언 등) 入쇽(남명) : 入쵹(SK)

상당수는 주음이 현실음과 일치하지 않으며, 전탁음의 사용이 적극적인 점으로 보아『동국정운』의 주음 태도와 대응함을 직관적으로 판단할 수 있다. 물론 이들 음이 어디서 기인했을지는 일일이 확인해 보아야 할 것이다.

또『동국정운』불일치음도 있다.

耨 H눟(동운) : H녹(석상, 법언 등) : R누~入녹(SK)

琥 R홍(동운) : H홍(석상)

堀 H콣(須達이 塔세오 堀짓고, 석상6-44ㄴ : 석상23:39ㄴ, 월곡상-67ㄱㄴ, 68ㄱ, 71ㄱ)

梗 L깅(동운) : H깅(석상9-19ㄴ) : L깅(월곡상-38ㄱ)

더 주목할 점이 있다면 간인(刊印) 이후 묵서(墨書)로 교정된 한자음이 있다는 것이다. 이에 대해서는 안병희(1974)에서 이미 소상히 살핀 바 있다. 요약하면 다음과 같다.

童L똥(〈L뚱, 석상6-14ㄱ)[4]

數H숭(〈R숭. 석상13-38ㄱ 등, 朱墨으로 가위표)[5]

---

4) 안병희(1974)에서는 출전을 '12ㄱ'로 표시했으나, 장차가 '12'가 아니라 '14'다.

5) 아래부터는 출전을 생략하고, 교정 표시는 Y〈X로 나타낸다.

奇L낑(⟨L깅: 석상6·9·13 전반에 걸침)

梨L링(⟨L렝: 석상6-10ㄱ 등)

鬼R귕(⟨H귕: 석상13-26ㄱ 등)

部R뽕(⟨R뽕: 석상9-1ㄴ 등)

塞(優婆塞)H슥(⟨H싱, 석상9-17ㄴ 등, 그러나 석상19는 교정되지 않았음)

最H죙(⟨R죙, 석상13-41ㄴ 등)

解(解脫)R갱(⟨R행, 석상13-43ㄴ, 석상23은 'R행' 그대로[6])

論(議論, 講論)L론(⟨H론, 석상13-2ㄴ 등)

鈍H똔(⟨H톤, 석상13-57ㄴ)

分H뿐(⟨L분, 석상9-18ㄱ, 22ㄴ, 32ㄱ[八分齋戒])[7]

堀H꿇(⟨H쿯, 석상6-44ㄴ)

轉R둰(⟨H둰, 석상13-3ㄱ),

勞L롤(⟨L롱, 석상6-31ㄱㄴ, 32ㄱㄴ)

上(H썅⟨R썅, 增上慢, 석상13-45ㄱ,46ㄴ)

上(R썅⟨H썅, 석상6-46ㄱ[天上], 석상9-17ㄴ[藥上菩薩])

그밖에도 '娑'(L상⟨L빵), '河'(L행⟨L항), '化'(H황⟨R황), '行'(L헹⟨H헹, 석상9-6ㄱ[修行], 9-15ㄱ[漸漸修行ㅎ야]), 優(L흫⟨L흫, 석상9:17ㄴ⟨흫), 酉(R윻⟨R윻, 석상6-1ㄱ), 息(H식⟨H씩, 석상6-5ㄴ) 등이 교정되었다.

한편 잘못 새긴 글자를 교체하기 위해 교정한 것도 있다.

般(⟨槃, [般若], 석상6-29ㄴ[8])

導(⟨導, 석상19-3ㄴ)[9]

---

6) 참고로『법화경언해』는 'R행'(불일치음).
7) '分'은 중고음 이래로 복수음을 가진다. '분간한다'는 의미는 'L분(非母)', '나누다, 조각'의 의미로는 'H뿐(奉母)'가 된다.『석보상절』19는 이에 따라 바로 잡은 것이다.
8) 황묵(黃墨)으로 '木 밑'을 지움.

『석보상절』권6·9·13·19에서 교정된 한자음은 권23·24에서는 교정되지 않은 것이 보통이고, 이후 간행된 다른 문헌에서도 충실히 반영되지 않았다. '塞'의 교정 작업이 권19에는 전혀 반영되지 않은 것도 자못 특이하다.

『석보상절』의 교정 양상은 별도의 고찰이 필요할 정도로 하나의 연구 주제로 충분하다. 『석보상절』에 나타난 교정 흔적은 동국정운식 한자음의 정착 과정이 그만큼 지난했음을 보여주는 증거라고 할 수 있다.

2.2. 세조대(世祖代)의 문헌

1) 월인석보(月印釋譜, 세조 5년, 1459년)

『월인석보』는 동국정운식 한자음을 담은 전형적인 문헌이라 할 만하다. 『동국정운』음과 다른 경우가 거의 없으며 오각(誤刻)도 거의 없다. 『석보상절』 발간 때의 지난한 노력이 12년 후 『월인석보』 간행으로 결실을 맺었다고 해도 과언이 아닐 것이다. 『월인석보』에 이르러 드디어 동국정운식 한자음이 안정적으로 자리 잡았다고 할 수 있다.

그러나 여기서도 『동국정운』 미수록자가 여럿 발견되며, 불일치음 또한 나타난다. 우선 『석보상절』에서 발견된 미수록자가 여기서도 보인다.

菩 L뽕(월석, 석상 등) : L보(SK)

睺 H흫(월석, 석상 등) : R후(SK)

錠 H뎡(월석, 석상 등) : ?(SK)

袈 R강(월석, 석상 등) : L가(SK)

---

9) 'ᅚ'을 붓으로 그려 넣음.

燃　L션(월석, 석상 등) : L션(SK)

囑　入족(월석, 석상 등) : 入쵹(SK)

瑪　R망(월석, 석상 등) : R마(SK)

硨　L챵(월석, 석상 등) : ?(SK)

『석보상절』에는 보이지 않던 미수록자도 있다.

哩　H링(월석) : ?(SK)

粆　L상(월석) : ?(SK)

앞에서 말했듯이 대체로 이 미수록자들의 주음은 현실음과 일치하지 않는다.

한편『동국정운』불일치음도 존재한다.

沾　L뎜 : 동국정운음은 L톔L졈H졉L톔(上同 覘)H톔(上同 覘)

巍　L욍 : 동국정운음은 L윙

卯　L묠 : 동국정운음은 R몰

新　L신 : 동국정운음은 L신(석상, 남명)

어느 문헌보다『동국정운』을 충실히 따랐다고 할 수 있는『월인석보』에서조차『동국정운』미수록자는 물론『동국정운』불일치음이 발견되는 것을 어떻게 설명할 수 있을지가 이 연구의 중요한 과제 중 하나다.

2) 능엄경언해(楞嚴經諺解) 활자본(세조 7년, 1461년) 목판본(세조 8년, 1462년)

『능엄경언해』는 세종의 명으로 수양대군이 번역을 맡아 교서관에서 활

자본으로 발간하였다. 활자본에 오류가 많아 다시 목판본으로 간경도감
에서 발간한 것이 목판본(1462)이다.

활판본이 시기적으로 선행하였으므로, 이 연구에서는 활자본을 기준
으로 한자음을 조사한다. 활판본과 목판본의 한자음은 대체로 일치하지
만, 불교 인명인 '阿難'과 '般若'의 표기에서 결정적인 차이가 난다.

阿難 앓난(능목1-19ㄴ, 20ㄴ, 21ㄱ: 법언1-20ㄴ, 32ㄱ)
般若 밣샹(능목1-4ㄴ, 법언1-63ㄴ)

'阿앓', '般밣'이라는 표기는 목판본『능엄경언해』와『법화경언해』(권1)
이 공통적이다.

한편 동국정운 음의 복수음에서 문헌음을 선택할 때『능엄경언해』는『법
화경언해』와 같은 음을 취하여 다른 문헌과 대비되는 경우가 보인다.

施(H싱10) : L싱), 梨(L렝11) : L링) 등.

『동국정운』불일치 한자음도 있다.

耨H뇩(능활1-14ㄱ[阿耨菩提], 능목1-17ㄴ: 석상, 법언 등 같음) : 동국정운음 H
뉵

'耨'는『광운』에서 류섭(流攝)과 통섭(通攝) 두 음을 가진다.『거요』에는
실리지 않았지만,『집운』에는 통섭(通攝) 沃韻 음만 나온다. 특이하게도『동
국정운』음은 류섭(流攝) 음만 반영하고 있다. 문헌의 편찬자들은『동국정

---

10)『능엄경언해』도 H싱.
11)『능엄경언해』도 L렝.

운』에 구애받지 않고, 이전부터 내려온 통섭(通攝) 음으로 주음하였다고 생각된다.

그 밖의 점에서는 활자본『능엄경언해』와 목판본『능엄경언해』의 한자음이 동일하다. 전체적으로『동국정운』음에 충실하다. 간경도감의 한자음 교정 작업이 안정을 보인 결과라고 생각된다. 이 연구는 활자본을 기준으로 한자음을 수집하였으며, '阿難', '般若'와 같이 목판본의 한자음이 다른 경우에는 별도로 표시하였다.

3) 법화경언해(法華經諺解, 세종 9년, 1463년 추정)

역시 간경도감이 간행한 불경언해서로 세조가 직접 구별을 달았다.『법화경언해』는 전체적으로『동국정운』한자음에 충실하되, 다른 문헌과 다른 점이 있다.

첫째, 앞서 살펴본 대로 불교 고유명사 '阿難'과 '般若'의 주음에서 ʔ종성을 사용하였다. 둘째, 복수음의 선택에서 여타 문헌과 다른 한자음을 주음하는 경우가 적지 않다.

期 동운L긩(上同 萪: 법언서-22ㄴ(2)/법언1-222ㄴ)

　동운L끵(월석서19ㄴ)

　L끵(월곡상-28ㄴ, 29ㄱ)

土 동운R동R통(석상, 월석, 능활, 영험 등)R똥(법언-66ㄴ 등)

解 동운R갱H갱(上同 懈)H갱R행H행

'解'의 문헌음은 'R갱', 'R행'로 선택되는데,『법화경언해』는 'R갱', 'R행'뿐 아니라,『동국정운』불일치음인 'R행'도 주음하고 있다. 특히 'R행'는 '解脫'

의 주음에만 나타난다는 점이 특징이다. 다른 문헌에서는 '解脫'이 'R갱'로 주음되는 것으로 볼 때, 『법화경언해』의 주음은 아마도 현실음에 이끌린 것이 아닌지 생각해 볼 수 있다.

'土'의 경우 'R동', 'R통', 'R똥' 세 음이 있는데 'R동'을 취한 문헌은 전혀 없고 대부분 'R통'로 주음하고 있다. 다만 『법화경언해』는 유독 'R똥'을 취하였는데, 그 자체가 '圡'로 되어 있어 이채롭다.

그밖에도 '離'(H링: 다른 문헌은 L링), '施'(H싱12): L싱), '梨'(L롕13): L링) 등이 있다. 복수음의 선택에 대해서는 본문에서 별도로 다룰 것이다.

『법화경언해』에도 역시 『동국정운』 미수록자가 발견된다.

釿H쎡 : H석(SK)

'釿'은 『광운』에서 반절상자를 선모(禪母)로 취한다(常隻切, 梗開(3)H昔 禪). 『거요』에는 표제자로 들어 있지 않았으되, 『집운』에 복수음이 등재되어 정모(精母)를 반절상자로 가지는 음이 추가 되었다. 그러나 『법화경언해』의 편찬자는 『거요』와 달리 '釿'을 표제자로 등재하였고, 그 음은 현실 한자음도 아니고 『집운』에 추가된 음도 아닌, 이전 시기의 음에 따라 선모(禪母)로 주음하였다고 생각된다.

한편 연산군6년(1500)에 간행된 이본(異本)도 있다. 판식, 체재는 물론 한자음에 큰 차이가 있어 일찍부터 별개의 문헌으로 취급되어 통상 『개간 법화경언해(改刊法華經諺解)』라 불린다. 이 문헌의 한자음은 동국정운식 한자음의 모습을 일부 보이는데, 이에 대해서는 5.2절에 논의를 추가할 것이다.

---

12) 『능엄경언해』도 H싱.
13) 『능엄경언해』도 L롕.

2.3. 성종대(成宗代)의 문헌

1) 남명집언해(南明集諺解, 성종 13년, 1482년)

세종이 30여 편을 직접 번역하고 나머지를 세조에게 맡겼다가 완성되지 못하여 세조비의 명으로 학조(學祖)가 최종 완성하여 내수사에서 발간한 문헌이다. 전체적으로는 『동국정운』 한자음에 충실하지만 특이한 주음도 보인다.

昭 L숗(남명상8ㄱ)
　동운 L쑁(월곡), R쑁, H쑁, L쑁(월석서9ㄴ, 10, 월석2-18ㄱ 등)
　SK L쇼

이 음은 『동국정운』에 없는 음이다. '昭'는 中古 효섭(效攝)에 속하는데 『동국정운』에서는 모두 ㅸ종성을 가지는 음으로 주음되었다. 『남명집언해』의 편찬자들은 종성 표기는 철저히 동국정운식으로 따랐지만, 성조와 성모는 현실음에 이끌린 것으로 보인다.

또 '苦'의 주음을 'H콩'에서 'R콩'로 교정한 흔적이 있다.

苦 동국정운 R콩R공 : R콩(남명상-12ㄱ: H콩에서 교정)

과도교정을 보인 경우도 있다.

霧 동국정운 H뭉, L뭉(上同 雺), H몽(上同 雺): H뭉(남명상-70ㄱ)

2) 영험약초(靈驗略抄, 성종 16년, 1485년 추정)

『오대진언(五大眞言)』에 합책되어 전하는 문헌으로, 간행연도는『오대진언』의 간행연도(1485)와 같다고 추정된다. 원간본은 전하지 않으며 복각본(명종5년, 1550)이 전한다. 비록 원간본은 전하지 않으나 복각본이 원각본의 15세기 자료적 성격을 그대로 지니고 있다고 보고(김영배 2000: 283) 이 연구의 조사 대상에 포함시켰다.

전체적으로 동운정운 음에 충실하다. ㅸ 및 ㆆ종성의 사용, 전탁음(全濁音)의 철저한 수용이 지켜졌다. 다만 일부 한자의 음이 일치하지 않는데, 그중 상당수는 현실음과 일치하며, 방점의 혼란도 보인다. 방점의 혼란은 복각 과정의 오류일 가능성도 배제할 수 없을 것이다.

> 隨L쉥(영험) : L쒱(동운: 석상 등) : L슈, L쉬(SK)
>
> 驗H험(영험) : H엄(동운: 월석, 능활) : R험(SK)
>
> 報R뽕(영험) : H뽕, H푱(동운) : H뽕(석상, 월석, 법언, 능활) : R보, H보, R부
> (SK)
>
> 度R똥(영험) : H똥, H딱(동운) : H똥(석상, 월석, 법언, 능활, 남명) : R도, H도,
> H탁(SK)
>
> 九H귷(영험) : L귷(동운), R궇, L귷(上同 勾) : R귷(석상, 월석, 법언, 능활 등) :
> R구, H구(SK)

『동국정운』 불일치 한자음도 있다.

> 殃L양(영험) : L향(동운)
>
> 輕H경(영험) : L켱H켱(동운) : L켱(훈언, 석상, 법언)

『영험약초』는 이처럼『동국정운』에 충실하게 주음되었으면서도 일부

한자음이『동국정운』과 불일치하거나, 성모나 방점의 혼란을 보이는 경우가 있다. 이들은 상당수가 현실음에 이끌린 것으로 보인다. 가령 '授(동국정운음은 R쓩H쓩)'에서 보듯, 종성 표기는 ᄝ를 엄격히 지키면서도 성모는 전탁음이 아니라 전청음으로 잘못 주음하고 있다. 편찬자들은 아마도 음가와 직접 관련이 없는 종성 표기에 힘을 기울이다가 전탁음 주음을 놓쳤을 수 있다.

이제까지 살펴본 문헌들의 한자음과 표기 양상의 특징에 대해서는 제5장에서 종합적으로 논의할 것이다.

제3장 『동국정운』의 이해

중국에서든 한국에서든 운서는 주로 심음(審音)이나 작시(作詩)를 위한 도구서로 만들어졌다. 따라서 모든 운서는 기본적으로 규범적이며, 현실음을 완벽하게 반영하기보다는 이상적 한자음의 표기를 목적으로 하는 경우가 많다(정경일 2002:9-10). 운서 중에서도 『동국정운』이 특히 규범성이 강한 편에 속함은 말할 나위도 없다. 이 장에서는 실제 문헌 속의 한자음을 검토하기 위한 전제로서, 『동국정운』의 규범성이 어떤 내역으로 구성되었는지, 또 중국 운서와 대비되는 특성은 무엇인지 살펴본다.

3.1. 『동국정운』의 편찬 경위

세종이 훈민정음 창제(1443) 이후 첫 번째로 시작한 사업은 중국 운서인 『운회(韻會)』를 번역하는 일이었다.

집현전 교리 최항(崔恒), 부교리 박팽년(朴彭年), 부수찬 신숙주(申叔舟), 이선로(李善老), 이개(李塏), 돈녕부 주부 강희안(姜希顔) 등에게 명하여 의사청(議事廳)에 나아가 언문(諺文)으로 『운회(韻會)』를 번역하게 하고, 동궁과

진양대군 이유(李瑈), 안평 대군 이용(李瑢)으로 하여금 그 일을 관장하게 하였는데, 모두가 성품이 예단(睿斷)하므로 상을 거듭 내려 주고 공억(供億)하는 것을 넉넉하고 후하게 하였다. (命集賢殿校理崔恒、副校理朴彭年、副修撰申叔舟·李善老·李塏、敦寧府注簿姜希顔等, 詣議事廳, 以諺文譯《韻會》, 東宮與晉陽大君瑈、安平大君瑢監掌其事. 皆稟睿斷, 賞賜稠重, 供億優厚矣.)[1]

여기서 말하는 『운회(韻會)』는 1292년(元 世祖 29)에 황공소(黃公紹)가 편찬한 『고금운회(古今韻會)』일 수 있다. 그러나 『고금운회』가 조선에서 유통되었는지는 확인되지 않으며 조선 초기 학자들이 애용한 운서 중 하나가 『고음운회거요고금운회거요(古音韻會擧要)』라는 점에서 위 기록에서의 『운회』는 『고금운회거요(이하 '거요')』를 지칭한 것일 가능성도 있다.[2] 그러나 이 번역 사업은 잠시 중단된 것으로 보인다. 『운회』 번역에 대한 어떤 기사(記事)도 문헌에 나오지 않거니와, 그 이후 발간된 『홍무정운역해(洪武正韻譯訓)』도 『운회』와 큰 거리가 있기 때문이다.

세종이 이 사업을 지시한 직후 최만리가 반대 상소를 올린 일도 있지만 (세종 26년 2월 20일), 유생들의 반대보다는 다른 이유로 인하여 번역 사업을 중단할 수밖에 없었으리라 생각된다. 본래 중국 운서에서 한자음을 표시하는 주요 방법은 반절이었기 때문에, 운회의 번역이란 곧 새로 만든 훈민정음으로 이 반절을 표음(表音)하는 일이라고 할 수밖에 없다. 그러나 반절을 그대로 표음하는 것은 『운회』가 나타내는 중국음을 그대로 한국어 문자로 옮기는 것일 뿐, 한국에서 구현할 한자음이 아니기 때문이다. 즉 세종과 운회 번역자들은 『운회』의 한자음이 당시 한국현실음과 너무도 양상이 다르다는 점, 그리고 당시 중국에서 '정음(正音)'을 지향하여 편

---

1) 번역은 국사편찬위원회의 조선왕조실록번역본을 인용하였다.

2) 현재 『고금운회』는 전하지 않으며, 1297년에 웅충(雄忠)이 다시 간소하게 엮은 『거요』가 이와 거의 동일하다고 흔히 인정된다(강신항 1997:51 등). 그러나 본 연구가 『거요』와 『고금운회』를 동일시하는 것은 아니다.

찬된『홍무정운』과 큰 거리가 있기 때문에 한자음의 표준을 정립하는 데 또 다른 문제가 생길 수 있다는 점 때문에 곤혹스러울 수밖에 없었을 것이다(정경일 2000:67-68).

그리하여 세종과『운회』번역자들은 사업을 두 가지로 나누어 진행하였다. 첫째는 조선의 현실한자음을 철저히 분석하여 새로운 운서를 만드는 일로서,『동국정운』이 그 결실이었다. 둘째는 번역의 대상을『홍무정운』으로 바꾸어,『홍무정운역훈』을 발간한 것이다. 이로써 세종은 조선의 현실한자음을 교정하기 위한『동국정운』과 중국과 통교하기 위하여 필요한 표준한자음을 정리한『홍무정운역훈』이라는 두 가지 결실을 얻게 되었다. 세종 27년 1월부터 신숙주 등을 요동에 보내 성운학과 중국음에 대한 연구를 하도록 했던 것도 이 두 가지 사업을 겸하기 위한 것이었다(정경일 2000:69).

이러한 과정은 무엇을 의미하는가?

첫째, 조선의 한자음은 한국어 고유의 음운체계의 간섭을 필연적으로 거칠 수밖에 없으며, 이를 부정할 수도 없다는 인식이 생겼을 것이다. 앞으로 살펴보겠지만,『동국정운』의 서문에서 "우리 음은 설두음(舌頭音)과 설상음(舌上音)의 구분이 없고 치두음(齒頭音)과 정치음(正齒音)을 구별하지 않는다." 등을 밝히고 실제 주음에도 이러한 원칙을 견지하였다는 점은 이러한 자각의 결과라고 할 수 있다. 이는 근본적으로는 풍토가 다르면 언어도 다르다는 '풍토설(風土說)'과 맞닿아 있다.

둘째, 한자음에도 역사적 변화의 원리가 적용된다는 인식이 있었음을 말해준다.『동국정운』편찬 당시에 참고할 운서는『운회』나『거요』뿐이 아니었다. 고려말과 조선 초에는 이미『예부운략(禮部韻略)』이 광범위하게 수용되었고, 송대(宋代) 초기 운도(韻圖)인『칠음략(七音略)』도 수입되었다는 추론도 유력하다(강신항 2000:17-23). 이들 운서와 운도는 중고음 계통의 음운체계를 반영하므로, 대표적인 중고음 운서인『절운』이나『광운』의 존재를 몰랐을 리는 없다. 또 중고음에서 벗어나 근대음 계통에 속하는『홍무정운』도 이미 전해진 상태였고, 송대(宋代) 성운학의 원리를 담고 있는 황극경세서(皇極經世書)는 성리대전에 포함되어 조선에 수입되었다. 이들 운학서 중 어떤 것을 어떤 용도로 어느 정도로 이용할 것인지는 음운사적 이해가 없으면 쉽게 결정하기 힘들다. 앞으로 밝히겠지만『동국정운』은 비록『거요』를 저본(底本)으로 한다고 인정할 면이 있지만 그 음운체계를 그대로 모방한 것이 아니고, 일정한 원리에 따른 대응관계 혹은 배제관계가 체계적으로 나타난다. 이는 세종과『동국정운』편찬자들이 역사적 음운 변화에 대한 일정한 원칙을 체득하고 있었음을 의미한다.『동국정운』은 그 결실이라 할 수 있으니, 거꾸로『동국정운』과 동국정운식 한자음을 철저히 분석하면 당시 운학가들의 운학 체계를 이해할 수 있을 것이다.

3.2.『동국정운』서문에 나타난 한자음 교정 원칙

『동국정운』의 한자음 교정 원칙과 관련하여 가장 신뢰할 만한 근거는 신숙주의『동국정운』서문으로, 현실한자음의 와오(訛誤)를 진단하면서 이를 한자음 교정에 반영하였다.[3]

① 자모지변(字母之變): 중국음의 '아음 牙音 차청 次淸 (溪母)'이 한국 한자음에서는 대부분 '아음 牙音 전청 全淸 (見母)'으로 발음되고 있다.

② 칠음지변(七音之變): 중국음의 '아음 牙音 차청 次淸 (溪母)' 중 어떤 것은 한국 한자음에서 '후음 喉音 차청 次淸 (曉母)'로 발음되고 있다.

③ 청탁지변(淸濁之變): 중국음의 '전탁 全濁'이 한국 한자음에는 없다.

---

3)『동국정운』서문에서 밝힌 15세기 한자음의 실태와 교정 원칙에 대해서는 강신항(1997:58)이 자세하다.

④ 설내입성(舌內入聲) 운미의 변화: 중국음의 설내입성(舌內入聲) 운미(/t/)
가 한국 한자음에서는 來母(/l/)로 변하였다.

이에 따라『동국정운』에서는 중국음의 전청(全淸), 차청(次淸), 전탁(全
濁)에 맞추어 한국 한자음을 교정하였고, 이영보래(以影補來) 즉 'ㆆ'로써
설내입성을 복원시켰다.

반면에 같은 서문에서 한국음과 중국음의 차이를 명시하면서도 한자음
교정에 반영하지 않은 점도 있다. 중국음이라 하더라도 무조건 반영하지
는 않은 것이다.

  7) 설두(舌頭)·설상(舌上), 순중(脣重)·순경(脣經), 치두(齒頭)·정치(正齒)
    의 구별은 우리 한자음에는 없다.

한편『동국정운』서문에서는 명시하지 않았지만 한자음 교정에 적극적
이고 일관되게 반영한 것도 있다. 중국음에서 합구(合口) 개음(介音)을 지
니는 한자는 'w' 개음을 반영하여 교정하였으며(개합 開合의 원리),4) 중국
음에서 류섭(流攝), 효섭(效攝)에 속하는 한자, 즉 'w' 운미(韻尾)를 가지는
부류는 'ㅱ' 종성을 덧붙이는 쪽으로 교정하였다(효섭과 류섭 운미의 복원).

여기서 생기는 의문점이 있다. 중국음과 우리음의 한자음 차이에 대해,
어떤 점은 '변(變)'이라 규정하며 실제음과 어긋날 정도로 적극적으로 교
정을 하되, 또 어떤 점에 대해서는 음의 차이를 명백히 인정하되 실제 교정
에는 전혀 반영하지 않았는가?

이 모순을 해결하는 실마리는 우선『동국정운』서문에서 찾을 수 있다.
즉 신숙주는 '우리나라 말소리[我國語音]' 즉 고유어 음운체계에 존재하는
소리인가를 가장 중요한 고려사항으로 보고 있다. 자모지변(字母之變), 칠

---

4) 'ㅸ, ㅙ'와 같은『동국정운』특유의 중성 표기가 그것이다.

음지변(七音之變), 청탁지변(淸濁之變)에 대한 교정은 '우리 말소리가 중국의 그것과 마찬가지로 구분을 하면서도 우리 글자음[字音][5]에는 구별이 없는 경우'이기 때문에 시도한 것이다.

우리나라의 말소리[語音]에는 청탁의 구별이 중국과 다름이 없지만 한자음[字音]에는 탁음이 없으니 어찌 이치가 닿겠는가. 이것은 청탁이 변한 것이다. 사성의 구별도 우리 말소리에서는 분명한데 한자음에는 상성과 거성이 구별되지 않는다. 질운(質韻)·물운(勿韻)의 종성은 마땅히 단모(端母, ㄷ)로 발음되어야 하나 세속에서는 래모(來母, ㄹ)로 발음하여 그 소리가 느려지니 마땅히 입성(入聲)이라 할 수 없다. 이는 사성이 변한 것이다. 단모(端母, ㄷ)를 래모(來母, ㄹ)로 발음하는 것은 종성뿐 아니라 차례[次第], 모란[牧丹]과 같이 초성에서도 그러한 경우가 또한 많다. 또한 우리나라 말[國語]에서는 계모(溪母, ㅋ)를 초성에 많이 쓰면서도 한자음에는 '快' 하나뿐이니 더욱 우스운 일이다. (我國語音 其淸濁之辨 與中國無異 而於字音獨無濁聲 豈有此理 此淸濁之變也. 語音則四聲甚明 字音則上去無別 質勿諸韻宜以端母爲綜聲 而俗用來母 其聲余緩 不宜入聲 此四聲之變也 端之爲來 不唯綜聲 如次第之第 牡丹之丹之類 初聲之變者亦衆 國語多用溪母 而字音則獨快之一音而已 此尤可笑者也.)

이렇게 우리 말소리[語音]와 한자음[字音]을 구별하는 태도는 『동국정운』 서문에 나타나는 '풍토설(風土說)'과 "칠음청탁 유고설(七音淸濁四聲 猶古說)"의 모순적 공존 관계를 해소해 줄 수 있다.

익히 알려져 있다시피 『동국정운』 서문에는 사방풍토(四方風土)의 차이에 따라 말소리의 차이가 일어나는 것은 자연한 이치이므로 그 차이를 존중할 수밖에 없다는 관점, 즉 풍토설과 함께 '칠음청탁사성(七音淸濁四

---

5) 여기서 '자음(字音)'이란 곧 한자음을 가리키는 것으로 해석할 수 있다. 이하에서는 '字音'을 한자음이라 부르기로 한다.

聲)은 예와 다름없음이 마땅하다'는 관점이 동시에 기술되어 있다.

무릇 소리(音)의 다르고 같음이 아니라 사람의 다름과 같음이 있는 것이며, 사람이 다르거나 같은 것이 아니라 지방이 다르거나 같은 것이니, 대개 땅의 형세가 다름에 따라 풍습과 기질이 달라지며 풍습과 기질이 다름에 따라 호흡의 차이가 생기는 것이다. (중략) 하물며 우리 동방(東方) 나라는 안팎 강산이 자연히 한 구역을 이루고 있으므로 풍습과 기질이 중국과 다르니 어찌 호흡이 중국음[華音]과 합치될 수 있겠는가. 그러므로 말소리가 중국과 다른 것은 당연한 이치다. (夫音非有異同 人有異同 人非有異同 方有異同 蓋以地勢別 而風氣殊而呼吸異 東南之齒脣 西北之頰喉是已 遂使文軌雖通 聲音不同焉 矧吾東方 表裏山河 自爲一區 風氣已殊於中國 呼吸豈與華音相合歟 然則語音之所以與中國異者 理之然也)

한자음[字音]에 대하여 말하자면 마땅히 중국음[華音]과 서로 합치될 듯 보이지만 호흡이 변하는 사이에 경중(輕重)과 흡벽(翕闢)의 기틀이 우리 말소리에 반드시 이끌리게 되어 한자음[字音] 또한 거기에 이끌려 변하게 된 것이다. 그 소리(音)는 변하여도 청탁사성(淸濁四聲)은 예와 다름이 없는 법인데 (이하 생략). (至於文字之音 則宜若與華音相合矣 然其呼吸旋轉之間 經重翕闢之機 亦必有自牽於語音者 此其字音之所以亦隨而變也 其音雖變 淸濁四聲則猶古也)

또한 자모(字母)를 지은 것도 소리에 따른 바일 따름이다. 설두(舌頭)·설상(舌上), 순중(脣重)·순경(脣輕), 치두(齒頭)·정치(正齒) 등의 부류를 우리나라 한자음에서는 분별할 수 없으니 역시 자연에 따라 함이 마땅하다. 어찌 36자모에 구애받을 것인가. (且字母之作諧於聲耳 如舌頭舌上脣重脣輕齒頭正齒之類 於我國字音 未可分辨亦當因其自然 何必泥於三十六字乎)

요컨대 중국음[中國語音, 華音]에 있는 설두(舌頭)·설상(舌上), 치두(齒

頭)·정치(正齒), 순경(脣輕)·순중(脣重)의 구별을 우리 한자음에 반영하지 않은 것은 그 소리가 우리 동방(東方) 풍토의 호흡과 합치하지 않기 때문이다. 즉 우리 음운체계에 없는 소리를 음성적인 차원에서 교정하는 것은 받아들이지 않은 것이다.

한 가지 남은 의문은 중국음 중에서 中古 영모(影母,『동국정운』에서는 읍모(挹母)와 의모(疑母,『동국정운』에서는 업모 業母 일부)는 칠음(七音)의 영역에 속한다고 해도 우리 말소리에 존재하지 않는 소리이니 풍토설과 대립하지 않는가 하는 점이다.

여기에 대해서는 '칠음청탁사성(七音四聲淸濁)'을 풍토의 차이와 무관한 언어 보편적 원리로 이해하였다는, '정음관'으로 설명할 수밖에 없다.

『동국정운』 서문의 첫 대목은 "하늘과 땅이 크게 조화(造化)하여 움직임으로 사람이 생기고 음양이 서로 만나 소리가 생기며, 소리가 생김으로 칠음(七音)이 스스로 갖추어지며 사성 또한 구비된다(天地絪縕 大化流行 而人生焉 陰陽相軋 氣機交激 而聲生焉 聲旣生而七音自具 七音具而四聲亦備 七音四聲經緯相交 而淸濁輕重深淺疾徐生於自然矣)"고 서술하고 있다.

또 마지막에는 소리를 살피는 일[審音]이 올바른 정사(政事)를 이끄는 방도임을 강조하고 있다.

아아! 소리를 살펴 음을 알고, 음을 살펴서 음악을 알며, 음악을 살펴 정사를 알게 되니, 뒤에 보는 자들은 반드시 얻는 바가 있을 것이다.(吁 審聲以知音 審音以知樂 審樂以知政 後之觀者 其必有所得矣)

이러한 언어관은 훈민정음의 정인지 서문이나『홍무정운』서문과도 대응하는 바가 있으며, 더 올라가면 북송(北宋)의 소옹(邵雍)이 저술한『황극경세서(皇極經世書)』와 맥이 닿는다. 소옹은 송대(宋代) 신유학(新儒學)을 대표하는 철학자, 상수학자(象數學者), 운학자(韻學者)로서, 중국의 전통 역학(易學)뿐 아니라 불교의 실담학(悉曇學)까지 흡수하여『황극경세서』

를 저술하였다. 그는 이 책을 통해 우주만물인간지사의 원리를 상수(象數)로 설명하고 이 상수 체계 속에 音을 귀납하여 넣었는데, 특히 이 책 속의 「황극경세성음창화도(皇極經世聲音唱和圖)」가 정음체계(正音體系)를 가시화하고 있다. 여기서 구현된 정음관은 당시 표준 한자음 제정의 철학적 기준이 되었고 이후 남송, 명, 청뿐 아니라 조선의 음운학 연구에 큰 영향을 미쳤다(심소희 2013:75). 『황극경세서』가 『성리대전(性理大典)』에 포함되어 조선에 수입되었고, 세종이 이 책을 연구하였다는 사실은 알려져 있는데, 세종을 비롯한 조선의 운학자들이 이 책을 통하여 송대(宋代)의 정음관을 접하였으리라 생각된다.[6]

정음관은 고금(古今)과 남북을 아울러 소통할 수 있는 音을 구현함으로써 정사(政事)에서 도(道)를 구현하고자 하는 관점이라 할 수 있는데, 천인합일(天人合一), 어음교화(語音敎化), 순환적 시간관념 등을 특징으로 하는 중국 전통의 사고방식에서 연원한다.

이 책 속의 「황극경세성음창화도」는 일종의 운도(韻圖)로서 성모와 운모로 음절을 파악하는 전통적인 방법을 취하되, 성모(聲母)를 지음(地音), 운모(韻母)를 천성(天聲)이라 파악함으로써 천지의 조화 작용을 곧바로 말소리의 생성 원리로 표현하였다. 이러한 분류에 따라 생성되는 음절이 운도로 제시되는데, 이 운도의 분류에는 12음(성모), 10성(운모), 흡벽(翕闢),[7] 개발수폐(開發收閉),[8] 사성(四聲), 청탁(淸濁)의 개념이 중요하게 채택되었다.

소옹(邵雍) 이후에 제작되어 현재까지 전해지는 명청(明淸) 시기 운도는 120여 종에 이르는데, 대부분 그의 정음관에 입각하여 우주만물의 생성원리에 따라 인류 공동의 어음(語音)을 표현하는 정음체계를 구현하고자 하

---

6) 『황극경세서』와 「황극경세성음창화도」에 대해서는 심소희(1996, 2001, 2013), 이돈주(2004) 등 참조.
7) 전통 운도의 개합 개념에 해당한다.
8) 전통 운도의 등(等) 개념에 해당한다.

였다(심소희 2001:47).

『동국정운』에서는 이러한 정음관에 따라서 칠음청탁사성에 해당하는 것은 언어보편적인 음이라고 파악하고, 현실한자음에 존재하지 않는 경우에도 교정한자음으로 반영한 것이다. 'ㆆ, ㆁ'을 초성에 도입하되, 국어음에 있던 순경음 ㅸ를 한자음에 반영하지 않은 사실은 정음관에 입각할 때 지극히 당연한 일이며, '동방(東方)'이라는 풍기(風氣)의 제약이나 조건과도 모순되지 않는다고 여겼을 것이다.

덧붙이자면, 동국정운식 한자음은 대체로 운모보다는 성모의 교정에 역점을 두고 있는데, 유독 운모 중에서 개합(開合)의 구분은 철저히 견지하였다. 「황극경세성음창화도」의 흡벽(翕闢) 개념이 그 근거가 될 수 있을 것이다.

3.3. 『동국정운』의 성모 체계와 운모 체계

이제 『동국정운』의 음운체계를 살펴본다. 『동국정운』의 음운체계에 대한 논의로 조운성(2011나)와 강신항(2009)를 주로 참고한다. 다만 조운성(2011나)의 경우는 『거요』의 소운자(小韻字)를 기준으로 하였기 때문에, 실제 동국정운 문헌음과는 차이가 날 가능성도 배제하지는 못한다.

운모 체계에 대한 논의에 앞서 몇 가지 개념을 확인한다.

전통 성운학에서는 한자의 음을 반절로 표시하는데, 초성을 나타내는 한자를 반절상자(反切上字)로 사용하고, 나머지 음을 나타내는 한자를 반절하자(反切下字)로 사용한다. 반절표시는 운서에서 주로 이용하는데, 특히 주요모음, 운미, 성조가 같은 한자를 한데 묶어 표시하고, 이 부류에서 맨 처음에 나타나는 글자를 운목자(韻目字)라 하여 韻의 대표자(代表字)로 삼는다. 동일한 韻에 속하는 글자는 초성, 개음, 주요모음, 운미에 따라 음이 달라지는데, 완전히 같은 음을 다시 하위 부류로 묶고 이를 소운(小韻)

이라 부른다. 소운의 맨 처음 나오는 한자가 곧 이 소운을 대표하는 글자가 되고, 소운자(小韻字)라 칭한다.

운서에서는 성모를 한눈에 알아보기 어렵다. 전통적인 절운계(切韻系) 운서는 본래 시운(詩韻)을 맞추기 위한 참고용이므로 시운과 무관한 성모는 운서에서 굳이 제시할 필요가 없기 때문이다. 또한 절운 계통 운서들은 한 운 안에서 소운을 배열할 때 특별한 순서가 없었다.

성모가 음 배열의 기준이 되는 것은 성모, 운모, 성조를 결합하여 표로 만든 등운도(等韻圖)에서다. 등운도는 운모뿐 아니라 성모도 중요하게 취급한다. 곧 등운도의 가로 행(行)은 성모 차이로 구분된다. 조기(早期) 등운도의 대표인『운경(韻鏡)』은 순설아치후반설반치(脣舌牙齒喉半舌半齒) 즉 칠음(七音) 순서로 소운자를 오른쪽에서 왼쪽으로 배열하되, 각 음을 다시 전청(全淸), 차청(次淸), 전탁(全濁), 차탁(次濁, 혹은 불청불탁 不淸不濁) 등으로 하위 분류한다. 이 등운도를 기준으로 하여 집계된 성모의 체계를 자모(字母) 체계라 부른다. 흔히 중고(中古) 36자모라 부르는 것은『사성등자(四聲等子)』와『칠음략(七音略)』등의 조기(早期) 운도에서 각 자모를 특정 한자로 대표하여 표시한 데서 유래한다. 조기 운도의 대표 격인『운경』은 36자모의 각 자모자를 직접 쓰지 않고, 칠음과 청탁으로 성모를 나타냈다.

3.3.1. 성모 체계

『동국정운』의 자모자는 23개로, 이 23자모는 훈민정음언해본과 해례본에서 초성의 음가를 설명하기 위해 사용된 한자와 정확히 일치한다. 따라서 훈민정음 역시 23자모 체계를 취하였다고 기술하여도 좋을 것이다. 다만 훈민정음을 이용한 고유어 표기에는 17자모만 사용되었기 때문에, 훈민정음 23자모라 함은 곧 표준 한자음의 자모 체계까지 확대하여 가리키는 의미로 이해할 필요가 있다.

	全淸	次淸	全濁	不淸不濁	全淸	全濁
牙 音	君ㄱ	快ㅋ	虯ㄲ	業ㆁ		
舌 音	斗ㄷ	呑ㅌ	覃ㄸ	那ㄴ		
脣 音	彆ㅂ	漂ㅍ	步ㅃ	彌ㅁ		
齒 音	卽ㅈ	侵ㅊ	慈ㅉ		戌ㅅ	邪ㅆ
喉 音	挹ㆆ	虛ㅎ	洪ㆅ	欲ㅇ		
半舌音				閭ㄹ		
半齒音				穰ㅿ		

<표 1> 동국정운 23자모

    한편 중고음 시기 중국어의 성모 체계는 36자모(字母)로 표시된다. 이 36자모는 조기 운도에서 제시된 자모체계를 말한다. 이중 정치음(正齒音)은 다시 照2계 즉 莊初崇生(俟)과 照3계(章昌船書禪)으로 구분할 수 있다.[9]

    36자모를 중고음 성모라고 기술하기는 하지만, 이것이 곧 중고음의 대표 운서인『광운』의 성모체계와 일치하는 것은 아니다. 『광운』의 성모 체계는 35字母로 귀납하는 것이 일반적인데, 순경음(脣輕音)이 분리되지 않은 대신 정치음(正齒音)이 2등(照2계)과 3등(照3계)으로 분리되어 9개 성모가 되고, 설상음(舌上音) 낭모(娘母)가 설두음(舌頭音) 니모(泥母)와 합류한 결과다(唐作藩 2002:108-112).

---

9) 정치음(正齒音)은 운도의 2, 3째 칸에 배열되는데 대체로 2째 칸과 3째 칸에 속하는 글자들은 반절 상자를 달리하여 쓰기 때문에 서로 계련이 되지 않는다. 이것은 성모에 차이 때문이라는 것이 중국음운학의 정설이다. 정치음 성모는 照(全淸), 穿(次淸), 牀(全濁), 審(淸), 禪(濁)으로 구분하지만(표2 참조), 이와 같은 반절 계련의 결과에 따라 운도 2째 칸에 배열되는 照2系(莊系, 莊初崇生)와 3째 칸에 배열되는 照3系(章昌船書禪)로 다시 나눌 수 있다.

	全淸	次淸	全濁	次濁	淸	濁
牙 音		見	溪	群	疑		
舌 音	舌頭音	端	透	定	泥		
	舌上音	知	徹	澄	娘		
脣 音	脣重音	幫	滂	並	明		
	脣輕音	非	敷	奉	微		
齒 音	齒頭音	精	淸	從		心	邪
	正齒音	照	穿	牀		審	禪
喉 音		影	曉	匣	喩		
半舌音					來		
半齒音					日		

〈표 2〉中古 36자모

한편『거요』역시 36자모 체계를 취하고 있지만, 그 내용은 中古 36자모와 다르다. 가장 두드러진 변화는 설상음(舌上音)이 정치음(正齒音)과 합류한 것이다. 이는 폐쇄음 계통이던 설상음이 파찰음 및 마찰음으로 변화한 근고(近古) 시기 주목할 만한 변화를 반영하고 있다. 또한 어모(魚母), 합모(合母), 요모(幺母)가 새로 설정되었다. 이것은 의모(疑母)와 영모(影母)가 영성모(零聲母)로 변하는 과도기적 과정을 반영하는 현상으로 설명된다(권혁준 2004나). 中古 36자모가 당송 시대에 이르기까지의 성모체계를 반영한다면,『거요』36자모는 원말(元末)에 포착된 음운사적 과도기를 반영하고 있는 것이다.

	淸	次淸	次淸次	濁	次濁	次濁次
角	見	溪		羣	疑	魚
徵	端	透		定	泥	
宮	幫	滂		並	明	
次宮	非	敷		奉	微	
商	精	淸	心	從		邪
次商	知	徹	審	澄	娘	禪
羽	影	曉	幺	匣	喩	合
半徵商					來	
半商徵					日	

〈표 3〉『거요』36자모

『동국정운』23자모(字母)를 中古 36자모 및 『거요』 36자모와 비교하면 다음과 같은 특징을 발견할 수 있다.

① 성모를 나타내는 대표 한자 즉 자모가 사모(邪母)를 빼고는 전부 바뀌었다.

이 자모는 훈민정음의 초성체계와 정확히 일치하는데, 중국 전통의 자모에서 완전히 벗어났다는 점에서 주목된다.

② 자모의 숫자가 36자모에서 23자모로 크게 줄었다.

자모의 숫자가 23개인 이유는 『동국정운』 서문에서 밝힌 대로, 中古 36자모에서 분립되었던 설두음과 설상음, 치두음과 정치음을 각각 설음, 치음으로 합하고, 순경음과 순중음도 구분하지 않았기 때문이다. 그러나 이것만으로는 『동국정운』의 자모체계를 완전히 설명할 수는 없다. 어느 면에서는 中古 36자모와 일치하고 또 어느 면에서는 『거요』와 일치하는 면이 있기 때문이다. 또 여러 성모가 하나로 합치거나 새로 분립하는 경우도 있다. 그 양상은 아래와 같다.

③ 순음은 中古 성모의 순음과 일치한다. 물론 이때 순중음과 순경음의 구분은 없다.
④ 아음(牙音)은 ㄱ, ㅋ, ㄲ 성모가 中古 성모와 대응한다. 다만 아음 불청불탁(不淸不濁 ㆁ, 『동국정운』 업모 業母)은 중고음과 복잡한 대응 관계를 가진다(이에 대해서는 후술).
⑤ 후음(喉音)은 ㆆ, ㅎ, ㆅ 성모가 中古 성모와 대응한다. 다만 불청불탁(不淸不濁 ㅇ, 『동국정운』 욕모 欲母)이 복잡하게 대응한다(이에 대해서도 역시 후술).

3), 4), 5)를 살펴보면, 업모(業母)와 욕모(欲母)를 제외하고『동국정운』의 자모체계는 중고음의 자모체계와 대응한다. 그러나 그렇다고 해서 중고음을 그대로 따랐다고 결론을 내릴 수는 없다. 아음(牙音)의 'ㄱ, ㅋ, ㄲ', 후음(喉音)의 'ㆆ, ㅎ, ㆅ'는『거요』에서도 변함이 없기 때문이다. 다만 음운사적 변화를 겪지 않았다고 간주하여 中古 시기의 음을 보존하고 있다고 할 수도 있을 것이다.

그렇지만 中古 36자모와 대응관계가 성립하지 않는, 더 주목할 만한 부분이 있다.

⑥『동국정운』의 업모(業母, ㆁ), 욕모(欲母, ㅇ)는 중고음의 의모(疑母), 유모(喩母)와 각각 그대로 대응하는 것이 아니라, 이들이 분화를 보이는 중고 후기 혹은 근고 초기의 변화를 반영하여 자못 복잡하게 대응한다. 즉 中古 의모(疑母) 1, 2, 3등 개구(開口), 의모(疑母) 1, 2, 3등 합구, 中古 운모(云母, 喩3등) 개구(開口), 운모(云母) 합구(合口) 들이 모두『동국정운』의 업모(業母)가 되고, 中古 의모(疑母) 4등 개구(開口),[10] 以母(喩4등) 개구(開口)·합구(合口) 전체가『동국정운』의 욕모(欲母)가 된다.[11]

이러한 대응은 얼핏 복잡해 보이지만,『거요』와 대비하면 실상을 쉽게 파악할 수 있다.

____

10) 의모(疑母) 4등 합구는 존재하지 않는다.
11)『동국정운』의 업모(業母, ㆁ), 욕모(欲母, ㅇ)에 대한 논의는 조운성(2011가)가 자세하다.

동국정운	中古	거요
業母(ㆁ)	疑母1, 2, 3등 開口, 疑母1, 2, 3등 合口	疑母
	云母(喩3등) 開口, 云母 合口	魚母
欲母(ㅇ)	疑母 4등 開口 (疑母 合口字는 없음)	喩母
	以母(喩4등) 開口・合口 전체	喩母

〈표 4〉 동국정운의 業母·欲母와 中古 및 『거요』 성모 대비

이 대응관계는 『거요』에 반영된 중고음 의모(疑母)의 소실 과정이 『동국정운』 자모에 수용된 것이라고 할 수 있다. 『동국정운』은 중고음 이후의 음운변화를 수용하고 있는 것이다. 『동국정운』의 자모가 단순히 중고음 성모의 계승이라고 단정할 수 없는 이유가 여기서 뚜렷하다.

여기서 『동국정운』 자모(慈母, ㅉ)와 사모(邪母, ㅆ)의 주음 양상도 함께 검토할 필요가 있다.

⑦ 『동국정운』의 자모(慈母, ㅉ)와 사모(邪母, ㅆ) 역시 中古 성모와 다소 복잡한 대응을 보인다. 자모(慈母)는 中古 종모(從母, 치두 齒頭 전청 全濁)와 선모(船母, 照3系 전탁 全濁) 일부, 숭모(崇母, 照2系 전탁 全濁)와 대응하고, 사모(邪母)는 中古 사모(邪母), 선모(禪母)와 선모(船母) 일부, 숭모(崇母) 일부와 대응한다.

원칙적으로 중고 자모 선모(船母)와 숭모(崇母)는 『동국정운』에서 모두 'ㅉ' 즉 자모(慈母)로만 나타나야 하는데 실제 주음은 그렇지 않다. 『동국정운』에서 선모(船母)는 '抒'[12]를 제외하면 'ㅆ'(사모 邪母)로 주음되며, 숭모(崇母)는 자모(慈母)와 사모(邪母) 양 성모로 혼재되어 분포한다. 『거요』와

---

12) 『동국정운』 음은 'ㄱ뗭'(현실음은 'ㄱ셔').

대비한다면 중고 선모(船母)와 숭모(崇母)가 『거요』에서 징모(澄母)로 통합되어 한 음이 되었기 때문에, 『동국정운』의 주음은 『거요』와도 대응하지 않는 것이다.

동국정운	중고	거요	현실음
慈母(ㅉ)	從母(치두음)	從(중고와 동일)	ㅈ, ㅊ
	崇母일부(정치2·3등)	澄	ㅈ, ㅊ, ㅅ
邪母(ㅆ)	邪母(치두음)	邪(중고와 동일)	ㅅ
	禪母(정치, 3등)	禪(중고와 동일)	ㅅ
	船母(정치, 3등)	澄	ㅅ
	崇母일부(정치2·3등)	澄	ㅈ, ㅊ, ㅅ

〈표 5〉 동국정운의 **慈母·邪母**와 中古 및 『거요』 성모 대비

중고 및 『거요』의 사모(邪母), 선모(禪母)가 『동국정운』에서 사모(邪母) 하나로만 나타나는 것에 대해서는 의문을 해소할 수도 있다. 이들은 치두음(齒頭音)과 정치음(正齒音)의 차이를 가지므로 굳이 교정하지 않았던 것이다. 반면에 중고 선모(船母)가 왜 『동국정운』에서 자모(慈母)가 아니라 사모(邪母)로 주음되었는지, 또 중고 숭모(崇母)가 『동국정운』에서 왜 자모(慈母)와 사모(邪母)로 나뉘어 나타나는지는 규명할 필요가 있다.

선모(船母)는 『동국정운』에서 일률적으로 사모(邪母, ㅆ)로 주음되었다. 이는 현실음 'ㅅ'을 교정한 셈이라 할 수 있다. 선모(船母)는 본래 정치음(正齒音)의 파찰 전탁음이고 사모(邪母)는 치두음(齒頭音)의 마찰 전탁음이므로, 선모(船母)가 사모(邪母)로 된 것은 이례적이다. 파찰음과 마찰음이라는 조음 방식의 차이가 구분되지 않은 것이다.

조운성(2011나:23)은 邵榮芬(1997)과 최영애(2000)의 주장에 근거하여, 중국음에서부터 애초에 선모(船母)는 선모(禪母)와 혼동될 소지가 있었다고 보았다. 중고음 계통 운서인 『집운』에서부터 선모(船母)가 선모(禪母)와 많이 섞이는 양상을 보였다는 점, 또 36자모 이전 시기인 30자모 시대에

도 선모(船母)가 존재하지 않았다는 점을 근거로 제시하였다. 이는 선모(船母)와 선모(禪母)가 섞이는 현상에 대해서 현재까지는 가장 설득력이 있는 설명이라 할 수 있다.

다만 30자모 시대의 양상까지 논거로 이용하는 것은 조금 의문이 있다. 어쨌든『광운』에서는 분명히 분립되어 있기 때문이다.『광운』에서 선모(船母) 계열의 반절상자는 '食, 神, 實, 乘' 4개이며, 선모(禪母)의 반절상자는 '市, 是, 時, 常' 등 16개인데, 이들은 서로 계련되지 않는다(唐作藩 2002:112-114). 말하자면 선모(船母)와 선모(禪母)가 혼동하는 것은『광운』이후의 시기에서 찾아야 하리라고 생각된다.

『광운』의 선모(船母)는『거요』에서 징모(澄母)가 되는 것이 일반적인데, 특이하게『거요』에서 선모(禪母)로 변한 것들이 있다.[13]

	광운 반절-성모	집운 반절-성모	거요 반절-성모	동국정운	현실음
盾	食尹切-船[14]	堅尹切-禪	堅尹切-禪	R쓘	R슌
順	食閏切-船	殊閏切-禪	殊閏切-禪	H쓘	R슌
舐	神紙切-船	甚尒切-禪	甚尒切-禪	R씽	R뎨

〈표 6〉『광운』 선모(船母) 중『거요』에서 선모(禪母)가 된 예

위 세 글자는 조운성(2011나: 22-23)에서 이미 지적한 바 있지만『거요』

---

13) '晨'은 제외한다. '晨'은『거요』에서 선모(禪母)로 나타나는데,『광운』에서는 선모(禪母, 植鄰切) 외에도 선모(船母, 食鄰切)로도 나타난다. 다만 가지지만, 선모(船母) 字에서는 자석(字釋) 없이 '又植鄰切'라고만 제시하고 있어 단순한 이체자로 취급된다. 동국정운에서도 '晨'은 단음이다(L씬).

14) '盾'은『광운』에서 정모(定母)를 성모로 취하는 또 하나의 음이 있다(徒損切, 囧소운, 臻合1R 混定). 그러나 자석(字釋)을 보면 선모(船母)를 성모로 취하는 '盾'은 "干盾也"인 반면에, 정모(定母)를 성모로 취하는 '盾'은 "趙盾人名"이다.『거요』에서도 복수음으로,『광운』의 음이나 자석(字釋)과 거의 동일하다. 한편『집운』에서는『광운』보다 음이 하나 더 늘지만(庾準切, 以母, 尹소운), '楯'의 이체자로 취급된다. 이상을 고려하여 이 연구에서는 선모(船母) 字만을 다룬다.『동국정운』에서도 '盾'을 단음자(單音字)로 취급하였다.

의 반절과 자모만 제시했기 때문에, 여기서는『광운』및『집운』의 반절도 같이 보였다. 선모(船母)가 선모(禪母)로 변화하는 과정이『집운』시기에 이미 나타났음을 알 수 있다.『동국정운』의 편찬자들이『거요』를 그대로 답습하지 않았음을 확인할 수 있다.

그런데 中古 선모(船母) 중에서 유일하게『동국정운』에서 담모(覃母 ㄸ)로 주음되는 글자가 있는데 '抒'가 그것이다(R면). '抒'는『광운』반절이 神與切(船母)인데,15)『거요』에서는 징모(澄母, 擧자모운, 丈呂切)가 된다.『거요』의 징모(澄母)는 中古 성모와 달리 파찰음으로 합류하였으므로『동국정운』의 'ㄸ'와는 합치하지 않는다. 中古 선모(船母)가『거요』에서 징모(澄母)가 되는 것은 정칙(正則)이라 할 수 있는데, 실제로『동국정운』에서 선모(船母)를 'ㄸ'로 주음한 것은 이 연구가 확인한 바로 '抒'가 유일하다.『거요』의 징모(澄母)는 中古 정모(定母), 선모(船母), 숭모(崇母)가 합쳐졌기 때문에『동국정운』주음의 연원을 짐작하기는 쉽지 않다. 그런데『집운』에서 선모(禪母)와 사모(邪母) 이외에 정모(定母)가 등장하며, 이 반절(丈呂切)이 바로『거요』와 같다. 아마도『동국정운』의 편찬자들이『집운』의 신음(新音) 즉 정모(定母)를 선택했을 수 있다.『거요』의 징모(澄母)는 中古 징모(澄母)와 달리 이미 설상음(舌上音)의 자질을 잃고 정치음과 합류된 상태이므로,16)『동국정운』의 편찬자들이『거요』의 자모 표시를 주음에 반영한 것은 아니다. 아마도『집운』의 반절을 참고했거나 혹은『거요』의 징모(澄母)를 中古 설음(舌音, 설상음) 계통의 것으로 착각하여 'ㄸ'로 주음하였을 수도 있다.

한편 中古 숭모(崇母)와『동국정운』자모(慈母, ㅉ)·사모(邪母, ㅆ)의 관계에 대해서는 좀 더 연구가 필요하다. 숭모(崇母)가『동국정운』자모(慈

---

15) 또 하나의『광운』음으로 사모(邪母) '徐呂切'이 있는데, 자석(字釋)은 '溧水俗作汿'라 풀이하고 있다. '汿'는 도랑, 개천 정도의 뜻인데 일반적인 '抒'의 의미와 다르므로, 이 연구에서는 일단 제외하기로 한다.『거요』에서는 음이 하나뿐이다.

16) 파열음(塞音) 全濁(中古 澄母)에서 파찰음(塞擦音) 전탁(全濁)으로 조음 방법이 변화한 것이다.

母)와 사모(邪母)로 나뉘는 근거는 쉽게 포착되지 않는다. 숭모(崇母)는 2등과 3등에 두루 나타나는데, 자모(慈母)와 사모(邪母)에도 각각 2, 3등자가 포함되어 있다.『거요』의 경우 이미 中古 숭모(崇母)를 징모(澄母)에 포함시키고 있기 때문에『동국정운』의 주음과는 도저히 합치하지 않는다.

조운성(2011나)는 伊藤智ゆき(2007)를 참고하여 숭모(崇母)의 주음이 현실한자음에 이끌렸을 가능성을 논했다. 숭모(崇母)는 현실한자음에서 'ㅈ, ㅊ, ㅅ' 세 가지로 나타나는데, 앞서서 河野六郎(1968:400-403)에서는 'ㅅ'을 고층(古層)으로 보고 'ㅈ, ㅊ'는 신층(新層) 즉 그 이후 중국음의 영향이라고 설명한 바 있다.[17] 반면에 伊藤智ゆき(2007:95-96)는 층위의 차이가 아니라 같은 시대의 음성적 차이로 해석하였다. 즉 요개음(拗介音)이 없는 2등자는 'ㅈ, ㅊ'가 많고 요개음(拗介音)이 있는 3등자는 'ㅅ'이 많다는 것이다. 3등자에서는 숭모(崇母) 뒤에 요개음 혹은 협모음(狹母音)이 이어지게 되기 때문에 숭모(崇母)가 전탁(全濁) 경구개음인 선모(船母)와 유사한 발음이 되었다는 것이다. 伊藤智ゆき(2007:95-96)의 해석은 한자음 이음(異音) 분포를 역사적 층위가 아닌 음성적 차이로 설명하려는 노력이라는 점에서 주목할 만하지만, 여전히 설득력이 강하지는 않다고 생각된다. 선모(船母)는 한국 현실한자음에서 규칙적으로 'ㅅ'로 나타는데, 15세기 한국한자음이나 한국어 음운체계에서 'ㅅ'이 일률적으로 경구개음이라고 생각하기는 어렵기 때문이다. 여기서는 조음위치(경구개성 여부)가 아니라 조음방식(파찰인가 마찰인가)임을 유념할 필요가 있다.[18]

그러나 현실한자음이 어떠하든『동국정운』의 'ㅆ, ㅉ' 분포는 현실한자음보다 더 예외가 많다. 분포의 비율로 말하자면 그래도 숭모(崇母) 2등은

---

17) 河野六郎(000:402)는 'ㅅ'을 신층(新層)으로 본 근거로『훈몽자회(訓蒙字會)』,『유합(類合)』의 음과,『화동정음통석운고(華東正音通釋韻考)』(1747) 등에서 속음(俗音)이라 표시하였다는 점을 들고 있다. 다만 지섭(止攝) 숭모(崇母)의 경우는 '事, 士, 思' 등과 같이 이미 음으로 자리를 잡았기 때문에 'ㅈ, ㅊ' 형이 등장하지 않는다고 부연하였다.

18) 후행 요소로 'i, j'가 올 때에는 경구개 혹은 치경-구개음이 변이음으로 실현되었다고 볼 수 있으나, 다른 환경에서는 경구개적 'ㅅ'으로 실현되었다고 보기 어렵다.

『동국정운』에서 'ㅉ'로 주음되는 편이 많은 편이고 3등은 'ㅆ'로 나타나는 편이 많은 편이지만, 일률적으로 말하기는 어렵다. 여전히 연구가 더 필요하다.

한 가지 흥미로운 점은 현실한자음은 'ㅈ, ㅊ, ㅅ' 등으로 나타나며 전탁음(全濁音)은 거의 보이지 않지만, 『동국정운』음은 대부분 전탁음(ㅉ, ㅆ)이라는 것이다. 『동국정운』의 자모(慈母)와 사모(邪母)는 조음방식의 차이는 있으나 전탁(全濁)이라는 점이 공통이다. 『동국정운』 편찬자들은, 어떤 기준에서인지는 아직 분명하지는 않지만, 숭모(崇母)를 파찰음(자모 慈母), 마찰음(사모 邪母)으로 나누어 주음하되 두 자모 모두 전탁(全濁)이라는 성질은 철저히 지켰다고 할 수 있다.

지금까지 『동국정운』 자모(慈母)와 사모(邪母)의 주음을 살펴본 결과, 이들은 『거요』와 일치하지 않음을 확인할 수 있었다.

다음은 『동국정운』 성모체계에서 『거요』와 일치하지 않는 가장 주목할 만한 사항이다.

⑧ 『거요』의 가장 큰 특징 중 하나인, 설상음(舌上音)과 정치음(正齒音)의 합류를 『동국정운』은 따르지 않았다.

『거요』에서는 설상음(舌上音, 知徹澄娘)이 파찰음 혹은 마찰음화 되어 정치음과 합류하였지만, 『동국정운』에서는 설상음(舌上音)이 설두음(舌頭音, 端透定泥)과 함께 설음(舌音, ㄷㅌㄸㄴ)에 포함되어 있다. 이는 『동국정운』 서문에서 밝힌 15세기 한국 언어음의 특색에 따른 결과일 뿐 아니라 중국에서의 음운변화도 전혀 수용하지 않은 결과다. 중국의 음운변화를 수용하였다면 이미 설상음(舌上音)이 파찰음 혹은 마찰음화하였을 텐데, 이를 우리 한자음 교정에 반영한다고 해서 크게 문제가 되지는 않았을 터이기 때문이다. 이 음운변화는 중국음운사에서 자못 중요한 의미를 지니는 것이지만, 『동국정운』 편찬자들은 설상음이 분립되어 있던 중고 시기의 상태를 그대로 고수했을 뿐 아니라, 설두음과도 구별하지 않고 우리의 단일한 설음(舌音) 안에 포함시켰다.

다만 여기에도 예외는 있다. 『법화경언해』 권1에서 '吒'를 'ㅸ장'로 주음 하였는데 이것은 『거요』의 지모(知母)를 따른 것으로 보인다. 이것은 현재 까지 설상음 주음과 관련하여 유일한 예외다.[19]

이제까지 『동국정운』의 성모 체계를 논의한 바를 요약하면 다음과 같다.

(1) 『거요』에 나타난 음운변화 중 경순음의 분립, 설상음과 정치음의 합 류 등은 따르지 않았다.
(2) 『거요』에 나타난 음운변화, 즉 中古 喩3이 어모(魚母)로 분립하여 中 古 의모(疑母)와 합류한 변화는 『동국정운』에 수용되어 업모(業母, ㅇ)로 반영되었다.
(3) 치음의 선모(船母)와 숭모(崇母)가 혼동되었다. 이에 대해서는 中古 시기까지 그 연원을 소급할 수 있다는 주장이 있다.
(4) 그밖의 성모는 中古 성모와 대응한다.

이상의 결과를 살펴보면 『동국정운』 한자음은 업모(業母)에서만 『거요』 를 적극적으로 받아들였다고 생각될 뿐, 그 외에는 대체로 中古 시기 성모 의 특징을 유지하고 있다고 생각된다. 특히 전탁(全濁) 성모와 영모(影母) 의 주음은 中古 시기 성모를 의식적으로 복원하려는 시도라고 평가된다.

여기서 생각할 점은 어째서 업모(業母)만은 『거요』의 성모 체계를 적극 적으로 받아들였는가 하는 점이다. 현재로서는 뚜렷한 논의가 어렵지만, 아마도 이 음운변화가 아음 불청불탁음(不淸不濁音)을 강하게 교정하는

---

[19] 다만 출현 횟수가 단 1회이기 때문에 현재로서는 예외적인 주음으로만 정리해둔다. 자세한 것은 4.2.1. 성모의 불일치 편 참조.

66

태도로 받아들여졌을 가능성을 배제할 수 없다.

3.3.2. 운모 체계

1)『동국정운』,『고금운회거요』, 중고음

엄밀히 말하면 운모 체계는 한자음의 개음(介音), 주요모음, 운미 부분
의 음운론적 체계를 가리킨다. 그러나 일반적인 운서는 성조의 차이까지
고려하여 운(韻)의 수를 말하는 것이 보통이므로(가령『광운』206韻,『동
국정운』91韻), 여기서는 운모 체계 속에 성조까지 포함하여 고찰하기로
한다.

앞에서 살펴보았듯이『동국정운』은 평상거입(平上去入)을 하나로 묶어
한자음을 제시했는데, 이것이 곧 26운류(韻類)이며, 각 운류에 포함된 평
상거입의 대표 운목을 분립시키면 91韻으로 구성되어 있다. 또 이 91韻을
'같은 운모, 같은 성조' 부류로 다시 구분하면 총 192개로 나뉜다(조운성
2011나:31-32). 그런데 잘 알려져 있다시피 이 192개 音을『거요』의 자모운
과 비교하면 대응관계를 찾기 힘들다. 다음 표는『동국정운』과『거요』(자
모운)를 비교한 것이며, 참고로 중고음도 표시하였다.[20]『거요』자모운의
재구음은 花登正宏(1997), 愼鏞權(2002)을 이용하였다(최초로 제시되는 자
모운에만 재구음을 '花登正宏/愼鏞權'의 형식으로 제시하되 재구음이 같은
때에는 하나만 표시한다).

---

20) 박경송(2002)와 조운성(2011나)를 참고하여 본 연구에서 새로 작성한 표임.

	동운 운목 (平上去入)	동운 음[21]	거요 자모운[22]	중고운 攝[韻]	비고
1	掂肯亘亟 (궁쿵궁극)	웅윽익잉익	掂əŋ 京Iəŋ/iəŋ 經Iəŋ/iəŋ	曾[登蒸] 梗[庚2·耕]	曾攝1 梗攝1
2	觥礦橫虢 (굉굉횡괵)	윙윅	公uŋ	梗[합구]	梗攝2
3	肱國(굉귁)	윙윅	公	曾[합구]	曾攝2
4	公拱貢穀 (공공공곡)	웅융옥욕	公 弓Iuŋ/iuŋ 雄Iuəŋ/iuəŋ	通[東1冬鍾]	通攝1
5	江講絳覺 (강강강각)	앙양왕악약왁	岡ɑŋ 江Iɑŋ/iɑŋ 莊ɔŋ/oŋ 光uɑŋ 黃uɑŋ/uɑŋ	江·宕	
6	弓重穹菊 (궁뜡쿵국)	웅융욱욱	弓 雄 公	通[東3]	通攝2
7	京景敬隔 (경경경격)	영윙역윅	京 經 行Iəŋ/iəŋ 雄 弓 公 兄Iuəŋ/iuəŋ	梗[庚3·清青]	梗攝3
8	根懇艮訖 (근큰근긍)	은은일융융읭	根ən 巾Iən/iən 欣iən	臻 [痕臻眞欣]	臻攝1
9	昆袞睔骨 (곤곤곤곯)	온옹	昆uən	臻[魂]	臻攝2
10	干笴旰葛 (간간간갏)	안완앙왏	干an 間Ian/ian 官uɑn 關uɑn	山[1등]	
11	君䍐攈屈 (군군군궇)	운운융융	鈞Iuən/iuəŋ 筠Iuən/iuən 雲Iuən/iuən昆 分uən	臻[文諄]	臻攝3
12	鞬蹇建訐 (건건건겷)	언연원원읹뎡 윓윓	鞬iɛn/iɛn 堅iɛn, 干an 賢iɛn 卷Iuɛn/iuɛn 涓Iuɛn/iuɛn	山[2·4등]	
13	簪㾕譖戢 (줌슴줌븝)	음음임읶읍입	簪əm 金Iəm/iəm 歆Iəm/iəm	深	
14	甘感紺閣 (감감감갑)	암압	甘am 緘Iam	咸[1·2등]	
15	箝檢劍劫 (껌검검겁)	엄염업엽	箝Iɛm/iɛm 甘 枕Iɛm/iɛm 兼iɛm 嫌iɛm	咸[3·4등]	
16	高杲誥 (곰곰굠)	올올	高au 驍iɛu 驕Iɛu/iɛu 交Iau	效	
17	鳩九救 (굼굼굼)	울율	鳩Iəu/iəu 鉤əu 裒əu 浮əu 樛Iəu/iəu	流	
18	貲紫恣 (즁즁즁)	웅잉잉웅	貲ï 覊Ii/ei, 嬀uəi/uei 雞i 該ai	止[개구] 蟹[哈]	止攝1 蟹攝1

19	傀隗儈 (굉욍굉)	욍	嬀	蟹[합구]	蟹攝2
20	佳解蓋 (갱갱갱)	앵왱	該 佳ĭai 乖uai	蟹[1·2등]	蟹攝3
21	嬀軌媿 (귕귕귕)	욍욍	嬀 規iuəi 麾Iuəi/iuei 乖 惟iuəi/iuei	止	止攝2
22	鷄啓駃 (겡켕겡)	옝욍	雞 羈 規 嬀	蟹[2·4등]	蟹攝4
23	孤古顧 (공공공)	옹	孤u	遇[模]	遇攝1
24	歌哿箇 (강강강)	앙양왕	歌o嘉ĭa/ia 牙a 戈uo 迦Iɛ/ia 嗟ɜi/ɜi戤ai/ɜi瘸Iuɛ/iuɛ 瓜ua	果·假	
25	拘矩屨 (궁궁궁)	웅융	居Iu/iu 孤	遇[虞]	遇攝2
26	居擧據 (겅겅겅)	엉영	居	遇[魚]	遇攝3

<표 7〉 동국정운 운목(91운)과 『거요』 자모운, 中古 攝韻의 대비

이 표에서 알 수 있는 점은 『동국정운』과 『거요』의 자모운의 대응 관계가 대단히 복잡하다는 것이다. 가령 제1운류인 '揯肯亙亟'은 (성조와 성모를 제외하면) '웅, 으, 윽, 잉, 윽'이라는 음으로 이루어져 있는데, 거기에 대응하는 『거요』 자모운은 '揯, 京, 經'으로 이들의 재구음은 각각 'əŋ/uei, ɪəŋ/iei, ɪəŋ/iəŋ'이다. 『동국정운』이 실제로 『거요』의 자모운을 참고했다면 『동국정운』 음은 '엉, 영'으로 나타나야 했지만, '엉, 영'이라는 한자음은 『동국정운』의 제7운류인 '京景敬隔'에 나타나는 것이다. 이렇게 불일치하는 현상은 91韻 전반적으로 나타난다.

---

21) 여기 제시한 『동국정운』 음은 『동국정운』 91운의 각 운에 포함된 한자음을 성모와 성조의 차이를 제외하고 표시한 것이다.

22) 『거요』의 자모운은 평성의 것만 보인다. 가령 이 표에서 제시한 揯자모운은 본래 평성으로, '肯(상)亙(거)'이 함께 상배한다. 성조의 차이만 있으므로 필요할 경우 평성만으로 대표하여 보이는 것이 통례다.

따라서 비록 일찍이 이동림(1967가), 유창균(1966가) 등이 『거요』를 『동국정운』의 저본으로 지적했지만, 이는 『거요』의 자모운이 『동국정운』과 상당히 일치한다는 표면적 특징을 말하는 것으로 그쳐야 한다. 오히려 강신항(1997), 조운성(2011) 등이 지적한 대로 『동국정운』의 음운체계는 『거요』의 자모운(속 체계)이 아니라 15세기 현실한자음에 대응하는 면이 많다.

『동국정운』과 『거요』의 운모 체계 대비는 조운성(2011나)가 비교적 최근 것이며, 『동국정운』과 현실한자음의 대비는 강신항(2009)에 제시된 표가 있다. 한편 15세기 현실한자음의 특징에 대해서는 河野六郎(1968), 권인한(1997), 伊藤智ゆき(2007) 등이 앞서 정리한 바 있다.[23] 이 연구에서는 15세기 한국현실음의 특징을 기존 논의에 기대어 정리하면서 『동국정운』 한자음의 특징을 대비하고자 한다.

2) 『동국정운』과 현실한자음

먼저 河野六郎(1968)에 따라 개합의 반영 양상을 살펴본 후, 伊藤智ゆき(2007:264-267)[24]에 제시된 15세기 한국 현실한자음의 전반적인 특징을 참고하여 『동국정운』 한자음을 살펴본다. 개합(開合)의 반영 양상을 별도로 분리하여 고찰하는 이유는 개합의 교정이 『동국정운』에서 특별히 중요하게, 철저히 이루어졌기 때문이다.

---

23) 한국한자음에 대한 전면적 연구로는 河野六郎(1968)이 있다. 이돈주(1995:330-342)는 『광운』의 재구음과 중세 한국한자음을 대비한 것이다. 권인한(1997)은 한국한자음의 기본적인 특성과 시기별 특징을 정리한 것이다. 伊藤智ゆき(2007)는 대상 문헌을 河野六郎(1968)보다 확대하면서 전면적 연구를 이어간 것이다. 예외적 한자음에 대한 논의도 보충하는 한편 한국한자음의 기본 층위를 『혜림 일체경음의(慧琳 一切經音義)』에 반영된 당대(唐代) 장안음(長安音)이라고 주장한 河野六郎(1968)의 논의를 수정하여 한국한자음은 당대 장안음을 기본 층위로 하면서도 근세음(近世音) 쪽으로 한 발 더 나아간 체계를 토대로 하고 있다고 주장하였다.

24) 河野六郎(1968)의 한국 한자음 기층 논의를 요약하고 비판적으로 검토한 부분이다. 이 연구에서 이들의 논의를 소개하는 것은 한국 한자음의 기층 등에 대하여 전반적인 논의를 더하려는 것이 아니라 여기서 정리된 한국한자음의 특징이 일목요연한 면이 있기 때문이다.

(1) 개합(開合)의 반영 양상

河野六郎(1968:423-436)은 15세기 현실한자음을 요개음(拗介音, '-ɪ-'과 '-ɪ-')[25]과 합구(合口) 개음(-w-)의 여부에 따라 살펴보고 있다. 이 논의는 현실한자음과『동국정운』음을 비교하는 데에 여전히 유효하므로 이 연구에서도 이 기준에 따라 살펴보기로 한다. 다만 河野六郎(1968)에서는 여기서 개음의 합구성만 고려하였을 뿐 주요모음의 합구성 여부는 고려하지 않았다는 데 주의할 필요가 있다.

개합의 측면에서 15세기 현실음과『동국정운』한자음 운모를 비교하면 다음과 같다.

① 현실한자음에서는 순음에서 탈락하며 개합도 변별되지 않는다. 이는『동국정운』에서도 동일하다.
② 순음 이외의 경우, 현실한자음은 합구 요음(拗音)[26]이 요개음의 종류에 따라 달라진다.

山·宕·果·蟹攝[27]의 경우 요개음 A류(-ɪ-)를 가지는 한자는 합구 요소를 상실하는데 비해 B류(-ɪ-)를 가지는 한자는 이와 반대로 합구 요소를 유지하는 대신 요음이 상실된다. 이는 B류 요음이 합구성 개음과 만나 소실

---

25) 요개음(拗介音)이란 원칙적으로 3등운에 나타나는 개음 '-ɪ-'와 '-ɪ-'를 가리킨다. 이는 河野六郎(1968)이 Karlgren의 연구에 기반을 두어 표시한 것으로, '-ɪ-'는 본래 Kargren이 [i]에 가깝지만 음절 핵이 될 수 없는 약한 모음을 나타내기 위해 제시한 것이다. 국제음성기호에서 치경-구개 조음 위치를 가지는 반모음 [j]와 거의 같다. '-ɪ-'는 이와 유사한 반모음이지만 후대의 음운 변화에서 소실되는 경우가 많고 한국한자음과 베트남 한자음에서 다르게 나타나는 점을 고려하여 조음위치가 '구개성이 약한' 즉 치경보다는 중설 쪽에 가까운 음으로 파악한 것이다. '-ɪ-'와 '-ɪ-'는 한국 한자음에서 '京(경)'과 '奇(긔)'에서 보듯 반모음으로서 음가(音價)가 다르다.
26) 요개음과 합구성 개음이 합쳐진 것. 河野六郎(1968)에서는 '-ɪ^w-'과 '-ɪ^w-'로 표시하였다.
27) 河野六郎(1968)은 中古 16攝을 주요모음의 개구도에 따라 [+low]인 경우와 [-low]인 경우로 나누었다. 山·梗·宕·果·蟹攝은 [+low], 臻·曾·止攝은 [-low]에 해당한다.

되는 것은 B류 요음이 구개성이 약하기 때문이라고 풀이한다.

絹(SK견, 동운 H권, 山合3AH仙見), 缺(SK결, 동운 H궐, 山合3A入薛溪)

卷(SK권, 동운 R권, L권, 山合3BR獮見/卷2 山合3BL仙群)

圓(SK원, 동운 L원, 山合3BL仙雲)

그러나 합구성을 모두 잃어버리는 경우도 있다. 경섭(梗攝)이 그러하다.

傾(SK경, 동운 R켱, L켱,[28] 梗合3AL清溪)

兄(SK형, 동운 H횅, L횅, L횅(上同 況),[29] 梗合3BL庚曉)

臻·曾·止攝은 A류, B류 모두 대체로 합구성을 유지한다. 다만 B류 요개음을 가지는 한자들은 대체로 요음을 상실했지만, 유지한 경우도 보인다.

이에 비해 『동국정운』은 B류 요개음이 탈락하는 경우가 있으나, 합구(合口) 개음(介音)만은 철저히 유지하는 쪽으로 교정하였다.

均(SK균, 동운L균, 臻合3AL諄見), 群(SK군, 동운L꾼, 臻合3BL文群)

訓(SK훈, 동운H훈, 臻合3BH問曉),[30] 困(SK균, 동운R큔R꾼, 臻合3BL眞溪)

域(SK역, 동운H훅, 曾合3B入職雲)

遺(SK유, 동운L윙, H윙, L쒱,[31] 止合3AL脂以, L유/遺2=止合3AH至以)

癸(SK계, 동운R궝, 止合3AR旨見), 水(SK슈, 동운R쉉, 止合3AR旨書)

歸(SK귀, 동운L귕, 止合3BL微見), 威(SK위, 동운L휭, 止合3BL微影)

---

28) 문헌음은 'R켱'으로만 나타난다.

29) 문헌음은 'H횅'으로만 나타난다.

30) 진섭(臻攝)은 中古 시기 주요모음을 ə로 재구하는 것이 보통인데, 한국한자음에서는 합구 주모음이 '오~우'로 나타난다. 이는 합구 개음 w가 ə로 합류한 결과로 풀이할 수 있다.

31) 문헌음은 'L윙'.

1·2·4 등운의 경우 현실한자음은 합구를 상실하는 경우가 빈번히 나타나지만 『동국정운』은 역시 합구 개음을 철저히 주음하였다.

③ 1등 합구운의 경우 현실한자음은 합구성을 잃은 경우가 있다. 특히 치두에서 합구가 탈락한 경우가 많다. 그러나 『동국정운』에서는 합구를 모두 복원하였다.

對(SK뒤, 동운H됭, 蟹合1H隊端)
纂(SK찬, 동운R좐, 山合1R緩精)
算(SK산, 동운R솬, 山合1R緩心)

④ 2등 합구운의 경우 현실한자음은 설상음(舌上音)에서는 합구를 대체로 유지하지만, 정치음(正齒音, 莊系)은 개구가 많다. 그러나 『동국정운』은 여기서도 합구음으로 주음하였다. 이것은 중고음의 합구개음을 복원한 것으로 이해할 수 있다.

饌(SK찬, 동운R좐, H좐, R숸〈上同 撰〉, 山合2R濟崇)

그런데 특히 주목되는 사실이 있다. 2등운으로 구성된 강섭(江攝)은 현실한자음이 모두 개구음인 반면, 『동국정운』은 설음(舌音)과 치음(齒音, 照2系)을 일관되게 합구음으로 주음하였다는 점이다.

幢(SK당, 동운L땅, H땅, 江中2L江澄[32])
數(SK삭, 동운H솩, 江中2入覺生)

---

32) 문헌에서는 'L땅'으로 수렴함.
　　한편 강섭(江攝)은 『운경』에는 개구로 표시되었지만 權仁瀚(2009)에 따라 개합이 중화된 운으로 보고 '中'으로 표시하였다. 이하 개합 부분에 '中'이라 표시한 것도 마찬가지 근거에서다.

강섭(江攝) 설치음의 합구화 현상은 송말(宋末)에서 원대(元代)에 걸치는 한어 근고음에 나타나는 특징이다.33) 이 한자음은 『집운』이나 『홍무정운역훈』처럼 중고음의 특색을 지니는 운서에서는 개구 반절로 나타나다가, 『거요』34)와 『몽고자운(蒙古字韻)』에서 비로소 합구로 주음된다.

⑤ 4등 합구음은 아음(牙音)과 후음(喉音)에서 합구가 상실된 경우가 발견되지만, 『동국정운』은 합구성을 철저히 복원하였다.

穴(SK혈, 동운H鬒, H궬,35) 山合4入屑匣)

⑥ 중국 중고음에서 합구성 개음이 없는 운은 한국한자음에서도 일부 예('左' 등)를 제외하면 원칙적으로 개구음으로 나타난다. 『동운정운』은 이 경우 개구음으로 교정하였다.

左(SK좌~자, 동운R장, H장,36) 果開1R哿精, 果開1H箇精)

이상에서 보았듯, 『동국정운』은 중고음의 합구를 복원함을 물론 근고음에 일어난 합구음 변화까지 수용하였다. 이러한 주음 양상은 『동국정운』

---

33) 이 연구에서 근고음이란 董同龢(1968)의 시대구분을 따른 것이다. 한어음운사의 시대구분에서 중고음은 절운(切韻)계 운서와 운도에 반영된 음운체계를 가리키는 용어로 대체로 수당(隋唐) 및 남송(南宋)시기에 대응한다. 그 이후부터 현대음 이전까지의 시기를 통칭하여 근대음(近代音)이라 부르기도 하나, 董同龢(1968)은 근대음의 초기를 특별히 구분하여 근고음이라 칭한다. 운모의 경우 『고금운회거요』의 자모운 음계와 대응한다.
34) 『거요』는 반절과 함께 자모운 체계를 이중으로 표시하고 있는데, 강섭 설치음은 반절이 대부분 개구에 속하지만 자모운은 합구음을 취하고 있다. 이는 『거요』가 반절은 집운에서 취하여 보수적 외형을 유지하되 실제 당대음을 자모운으로 표시하고 있기 때문이다. 이 점에 유의해야 한다. 가령 幢: 傳江切, 光字母韻/ 丈降切, 誆字母韻.
35) 문헌음은 'H鬒'.
36) 문헌음은 'R장'.

이 중국어의 특정 시대 또는 특정 중국 문헌의 음운체계를 따른 것이 아니라, '합구성'이라는 자질 자체를 중시하는 태도를 취하였음을 일러준다.

한편 개별적으로 나타나는 예외적 합구음은 반영하지 않았다. 가령 한국한자음의 예외음인 '좌'(左)를 인정하지 않고 개구('자')로 교정하였다. 합구음을 무조건 승인한 것이 아니라 체계적인 음만 채택한 것이다.

(2) 한국한자음 특징 전반과의 대비

伊藤智ゆき(2007:264-267)은 平山久雄(1967:159-160)에서 정리한 『혜림일체경음의(慧琳一切經音義)』의 특징이 15세기 한국 한자음의 특징이기도 하다고 주장하고 있다.

여기서는 이 논의의 타당성을 살펴보되,『동국정운』 한자음도 같이 논의한다. 아래에서 먼저 제시한 것은『혜림일체경음의』의 특징과 관련된 것이다. 한국 현실한자음의 특징과 관련하여 수정하거나 보완할 점은 줄을 바꾸어 설명한다.

① 平山久雄(1967:159-160)에 따르면 1, 2등 중운(重韻)들이[37] 각각 합류하였다.

한국 현실한자음에도 이런 변화가 반영되기는 하지만 해섭(蟹攝) 1등(咍韻과 泰韻)은 그렇지 않다.

아래는 1등운의 경우다. 함섭(咸攝)에서는 1등 중운(重韻)이 합류하고 있으며『동국정운』역시 같다. 해섭(蟹攝) 1등 중운(重韻)인 咍韻과 泰韻은

---

37) 개합(開合) 여부와 等이 같은 韻이면서도 같은 攝에 별개의 韻으로 포함된 부류를 말한다. 1등운에서는 함섭(咸攝)의 覃韻과 談韻, 해섭(蟹攝)의 咍韻과 泰韻, 灰韻(合)과 泰韻(合), 2등운에서는 산섭(山攝)의 刪·山韻, 함섭(咸攝)의 銜·咸攝, 경섭(梗攝)의 庚·梗韻, 해섭(蟹攝)의 佳·夬·皆韻을 말한다.

현실음이 합류하지 않은 양상을 보인다.『동국정운』한자음 역시 비슷하긴 하나 哈韻 아음(牙音)의 운모가 '앵'로 주음됨으로써 泰韻과 같다.

貪(SK 탐, 동운L탐, 咸中1L覃透)

談(SK 담, 동운L땀, 咸中1L談定)

該(SK 히, 동운 L갱, 蟹開1L哈見)

開(SK ㄱㅣ, 동운 L캥, L컨〈上同 屽〉, 蟹開1L哈溪)

胎(SK 틔, 동운 L팅, 蟹開1L哈透)

材(SK 지, 동운 L찡, 蟹開1L哈從)

蓋(SK 개, 동운H갱, H햅H햅(上同音), 蟹開1H泰見/咸中1入盍匣)

2등운의 경우 산섭(山攝)의 刪·山韻은 현실한자음과『동국정운』이 개구는 '안', 합구는 '완'으로 동일하다. 함섭(咸攝)의 銜·咸韻도 현실한자음과『동국정운』이 '암'으로 동일한 운모를 취한다.

해섭(蟹攝) 佳·夬·皆韻의 경우 현실음과『동국정운』음의 양상은 주목할 만하다. 현실음에서는 이들 운이 개구에서는 '애~익'로, 합구에서는 '왜, 와, 외'로 나타나는데 반해『동국정운』에서는 佳·夬·皆韻이 개구는 모두 '앵' 합구는 '왱'로 주음되었다. 2등 중운(重韻)의 합류 경향이『동국정운』에서 예외 없이 관철되고 있는 것이다.

한편 경섭(梗攝) 2등 중운(重韻) 庚2·耕韻, 해섭(蟹攝)은 현실음에서 대체로 개구는 '잉'으로 나타나되 '영'도 보이며 합구에서는 모두 '욍'으로 나타난다.『동국정운』에서는 이는 비슷한 양상으로 나타난다. 합구에서는 두 운이 모두 동일하게 '욍'으로 주음되며, 개구에서는 대체로 '잉'이 우세하지만 '영'도 보인다. 다만 '잉~영'의 분포는 현실음과『동국정운』음이 일치하지는 않는다. 현실음에서는 '영'의 분포가 일정하지 않지만『동국정운』에서는 대체로 견모(見母)에서 많이 보이는 경향이 있다고 할 수 있다. 보다 정밀한 대비가 필요할 것이다.[38]

杏(SK 헹, 동운R헹, 梗開2R梗匣), 生(SK 싱, 동운 L싱, 梗開2L庚生)

庚(SK 경, 동운 L깅, 梗開2L庚見), 衡(SK 형, 동운 L헹L혱〈上同 橫〉, 梗開2L庚匣)

鸚(SK 잉, 동운 L힝, 梗開2L耕影), 責(SK 칙, 동운 H직, 梗開2入麥莊)

隔(SK 격, 동운 H격, 梗開2入麥見), 耕(SK 경, 동운 L경, 梗開2L耕見)

橫(SK H횡, 동운 L혱L혱L광H광,[39] 梗合2L庚匣)

宏(나 L굉, 동운L혱, 梗合2L耕匣)

② 平山久雄(1967:159-160)에 따르면 4등운이 3등운과 합류하여 3등A류
와 합류하였다.

4등운은 본래 개음이 없이 [e] 계열의 주요모음을 가지나 中古 후기에 개
음이 발생하여 3등A류와 합류하는 변화를 겪었다. 이러한 변화가 15세기
현실한자음에서 관찰되는 것은 사실이며 현실음과『동국정운』의 주음도
대체로 일치한다.

邊(SK 변, 동운L변, 山脣4L先幫, L변)
蕭(SK 쇼, 동운L슇, 效中4L蕭心, L쇼)

다만 약간 다른 경우도 발견된다. 이때는 현실음이 예외적이며『동국정
운』의 전체적인 경향과 일치한다.

西(SK 셔, 동운 L셍, 蟹開4L薺心)
條(SK 조, 동운 L뚇L튷H뗙[上同 滌], 效中4L蕭定)

---

38) '桁(梗開2L庚匣, SK 힝)'은『동국정운』음이 'L헹, L행, L행(상동음 上同音)'인데, 특이하게 'L
 행'(석상24-34ㄱ)으로 문헌음을 취하였다. 이는 '行'의 복수음 중 탕섭(宕攝) 음을 취한 결과
 일 수 있다.
39) 문헌음은 'L혱'으로 수렴한다.

③ 平山久雄(1967:159-160)에 따르면 중뉴(重紐)가 아닌 일반3등 순아후음(脣牙喉音: 元韻, 嚴韻, 廢韻, 欣韻 등)[40]이 같은 攝의 3등B류로 합류하였다.

3등B류는 A류에 비해 요개음(拗介音)이 소실되는 경우가 많다. 현실한 자음에서 일반3등 순아후음(脣牙喉音)이 같은 攝의 3등B류와 마찬가지로 개음을 잃는 변화를 보인다는 것이다. 『동국정운』역시 같은 양상을 보이며, 현실음과도 대체로 일치한다.

斤(SK 근, 동운 L근, 臻開3L欣見)
銀(SK 은, 동운 L은, 臻開BL眞疑) 人(SK 신~인, 동운L신 臻開3AL眞日)[41]
健(SK 건, 동운H껀, 山開3H願群, X건)
眷(SK 권, 동운 H권, 山合BH線見)

④ 平山久雄(1967:159-160)에 따르면 지섭(止攝)의 여러 韻들이 합쳐졌다. 支·脂·之·微韻이 하나로 합쳐짐으로써 결국 지섭(止攝)은 하나의 韻으로 되었다.

이것은 한국 한자음에서 약간 다른 양상으로 나타난다. 개구운에서는 대체로 '이'로 합쳐졌지만, 중뉴(重紐) 3등B류는 주모음이 '의'로, 치두음은 주모음이 '으'로 나타나는 것이다.

欺(SK 긔, 동운 L킝, 止開CL之溪, L긔)
祇(SK 지, 동운L낑, L징,[42] 止開3AL群/止開3L支章)[43]

---

40) 河野六郎(1968)과 伊藤智ゆき(2007)은 이와 같은 운을 중뉴 A, B류와 구별하여 C류로 부른다.
41) 중뉴인 眞韻은 A류가 '인', B류가 '은' 계통으로 나타난다.
42) 문헌음은 L낑.

雌(SK 즈, 동운L충, 止開3L支淸)

斯(SK 스, 동운L승, 止開3L支心)

3등B류와 A류가 개음 차이로 구별되는 것은『혜림일체경음의(慧琳一切經音義)』의 한자음보다는 이전 시기의 변화를 보인다고 풀이할 수 있을 것이다. 반면에 치두음의 주요모음이 '♀'로 나타나는 것은 중국 근세음의 영향으로 설명된다(伊藤智ゆき 2007:264-267). 흥미로운 점은『동국정운』음과 현실음이 동일한 경향을 보인다는 것이다.

⑤ 平山久雄(1967:159-160)에 따르면, 喉韻(류섭 流攝) 및 尤韻(류섭 流攝)의 명모(明母)가 模韻(우섭 遇攝)으로 합류하고 尤韻 나머지 순음(脣音)은 虞韻(우섭 遇攝)으로 합류하였다.

류섭(流攝)에 속하는 字는 중고음에서 [u]계통의 주요모음과 [w]운미를 가진다. 그러나『혜림일체경음의(慧琳一切經音義)』의 반절에서는 喉韻(流攝) 및 尤韻(流攝)의 명모(明母)는 [o]로 주요모음이 변했으며 尤韻의 나머지 성모자는 운미를 잃어버려 虞韻과 합류하였다는 것이다. 한국 현실음에서도 일부 예외는 있지만 대체로 이러한 변화를 보이고 있다.

그러나 아래에서 알 수 있지만『동국정운』은 이러한 변화를 전혀 수용하지 않았다. 주요모음의 변화도 없을 뿐더러 종성을 철저하게 ㅱ종성으로 표기함으로써 류섭(流攝)의 운미를 복원한 것이다. 당대(唐代) 장안음을 나타낸다는『혜림일체경음의』의 변화 양상을 수용하지 않았다고 할수 있다.

喉(SK 후, 동운L흫, 流中1L侯匣)

---

43) 중뉴 A류는 현실음이 모두 '이'로 나타난다.『동국정운』에서는 '잉'로 표기된다.

母(SK 모, 동운L뭄L몽R몽(上同 鷂), 流脣1R厚明/遇脣1L模明)[44]

謀(SK 모, 동운L뭄, 流中3L尤明)

尤(SK 우, 동운L욹, 流中3L尤雲)

兜(SK 도, 동운L둫, 流中1L侯端)[45]

⑥ 平山久雄(1967:159-160)에 따르면, 東韻3등과 鍾韻이 구별되고 있다.[46]

이것은 한국현실음과 대체로 부합하는 지적이다. 東韻은 '웅~융', 鍾韻은 '옹~용'으로 나타난다. 개음의 유무는 중뉴(重紐) A, B류에 따라 대응한다. 다만 脣音은 일부에서 합류하였다. 『동국정운』 역시 현실음과 같되, 脣音에서의 합류 현상은 『동국정운』이 더 강하게 나타난다. 『혜림일체경음의』의 음계와 상대적으로 더 가까운 셈이다.

鳳(SK 봉, 동운H뽕, 通脣3H送奉)[47]

封(SK 봉, 동운L봉, 通脣3L鍾非)

風(SK 풍, 동운L봉, 通脣3L東非)

豐(SK 풍, 동운L퓽, 通脣3L東敷)[48]

덧붙여 권인한(1997:315-316)의 지적대로 東韻1등과 冬韻이 '옹'으로 합류하였다는 점도 한국 현실음의 특징으로 추가될 수 있다. 이것은 『동국

---

44) 동국정운 문헌음에서는 'L뭄'로만 나타난다. 한편 '母'는 『광운』에서 流攝, 遇攝의 복수음을 가진다.
45) '兜'가 현실음에서 '도'로 나타나는 것은 예외적이다.
46) 東韻1등과 冬韻의 합류는 권인한(1997:315)의 논의를 보충하여 넣은 것이다.
47) '鳳'은 送韻인데, 送韻은 東韻3등과 상배하는 거성이다. 『동국정운』 음과 현실음 모두 東韻3등과 鍾韻이 일치하는 양상을 보인다. 두 운의 구별이 없어진 것이다.
48) '風, 豐'의 경우 현실음에서는 鍾韻과 구별되는 東韻의 특색을 유지하고 있으나 『동국정운』에서는 '옹'으로 주요모음이 변화함으로써 鍾韻과 합류하는 양상을 보인다.

정운』에도 똑같이 나타난다.

이상의 논의를 정리하면 한국현실음은 咍韻과 泰韻의 합류 양상이 약한 점, 지섭(止攝) 치두음(齒頭音)의 주요모음('ᄋᆞ'), 지섭(止攝) 중뉴(重紐) B류의 중설적(中舌的) 개음 양상('의')을 제외하면 『혜림일체경음의』의 음운체계와 부합한다. 이중 치두음이 'ᄋᆞ'로 나타나는 것은 근세음의 영향이며, 그 밖의 경우는 중고음 후기의 변화 양상이라고 풀이되어 왔다.

『동국정운』은 이러한 점에서는 현실음과 대체로 일치하거나 오히려 더 강한 변화를 보인다. 咍韻과 泰韻의 합류 양상이 牙音에서 나타나는 점, 東韻3등과 鍾韻의 구별이 현실음보다는 약하다는 점 등을 그 근거로 둘 수 있다.

그러나 『동국정운』이 현실음은 물론 『혜림일체경음의』보다 보수적인 태도를 보이는 면도 있다. 류섭(流攝)의 주요모음 변화를 받아들이지 않을 뿐 아니라 운미의 'w'를 고수하기 위해 ㅱ 종성을 사용하였다는 점이 그것이다.

지금까지 논의한 이외에도 『동국정운』 운모체계의 또 다른 특징을 몇 가지 더 추가한다.

㉠ 입성 운미를 철저히 보존하였다. 현실한자음은 중국음에 비해 입성을 비교적 일관되게 보존하고 있으며 설내입성(舌內入聲)을 제외하면 철저하게 중고음 입성을 유지한 편이다. 『동국정운』은 여기에 더해 류섭(流攝)과 효섭(效攝)의 w운미를 덧붙여 교정하였음은 물론 설내입성을 이영보래(以影補來) 방식으로 교정한 것이다. 적어도 운미에 대해서만은 철저하게 복고적인 표기를 지향한 것이다.[49]

---

49) 다만 ㅱ종성이나 ㅭ 종성이 실제 'w' 계통 운미나 't' 운미로 발음하도록 주음된 것은 아니라고 할 수 있다. 아마도 실제 발음보다는 표기 차원에서 환기시키려는 노력일 것이다. 舌內入聲을 철저히 복원하려면 당시 우리 어음에 엄연히 존재하던 'ㄷ'(中古 端母)를 종성에 쓸 수 있기 때문이다. 실제로 『訓民正音解例本』에서 '彆'을 '별'으로 주음한 것은 잘 알려진 사실이다.

⑧ 우섭(遇攝) 魚韻의 장계(莊系, 照2系)가 현실한자음과 『동국정운』 모두에서 '오'로 나타난다. 이것은 중국 근세음에서 魚韻이 模韻과 합류한 변화를 반영한 것이다(伊藤智ゆき 2007:264-265).

이상으로 15세기 현실한자음과 대비하며 『동국정운』의 음운체계를 살펴보았다. 『동국정운』의 음운체계가 결국 어떤 성격을 가지는 것인가에 대해서는 최종적인 결론을 접어두기로 하다. 『동국정운』 음운체계에 대한 종합적인 결론은 현실한자음에 대한 연구가 좀 더 진전된 후에 시도할 수 있을 것이다.

여기서는 『혜림일체경음의』에 나타나는 변화와 일치하는(혹은 더 강한) 양상을 보이면서도 어떤 점에서는 매우 보수적인 태도를 나타내고 있다는 점(류섭 流攝, 효섭 效攝의 운미 표기, 설내입성 표기, 합구의 복원 및 강화)만 확인하기로 한다. 河野六郎(1968)은 『혜림일체경음의』의 특징을 근거로 하여 당대(唐代) 장안음이 한국 한자음의 주류를 이루고 있다고 주장한 바 있는데, 이제까지 살펴본 『동국정운』 운모는 이보다 조금 더 보수적인 음운체계를 지향했다고 할 수 있다.

한 가지 흥미로운 점은 상대적으로 보수적인 음운체계로 나타날 때에는 예외적인 한자음이 거의 없다는 사실이다.

제4장 동국정운식 한자음 표기의 실제

4.1. 『동국정운』 미수록자와 그 주음

문헌에 나타난 동국정운식 한자음과 『동국정운』에 수록된 한자음을 구별해야 한다는 점을 가장 강하게 뒷받침하는 근거는 『동국정운』 미수록자(未收錄字)의 존재다. 즉 이 연구가 고찰한 문헌 중 『동국정운』에서 찾을 수 없는 한자들이 발견되며, 그 주음 또한 15세기 현실한자음과는 상당히 거리가 있다. 이들 한자음은 대체로 동국정운식 한자음 규범에 따라 주음되었다고 생각되는데, 4.1에서는 미수록자를 하나하나 검토하여 그 주음 양상을 살피고 공통된 내역을 찾아본다.

4.1.1. 미수록자 구분과 이체자 처리 문제

연구 대상 문헌에서 추출한 1,940여 자 중에서 대부분의 한자는 『동국정운』에서 찾을 수 있다. 그러나 그런 가운데에서도 『동국정운』에서 찾을 수 없는 한자들이 있다. 이들의 주음이 어떻게 되었는지는 자못 흥미로운 일이 아닐 수 없다.

미수록자 추출 과정에서 먼저 통과해야 할 관문은 이체자(異體字)를 가

려내는 작업이다. 『동국정운』에 출현하지 않는 글자라 하더라도 이것의 이체자가 『동국정운』에 있다면 미수록자로 분류할 수 없기 때문이다.

문자학에서 일반적으로 지칭하는 이체자란 "자음(字音)과 자의(字義)는 동일하나 자형(字形)이 다른 글자(馬文熙·張歸璧 1996:1048)" 혹은 "한자 형체의 구성이 서로 다르거나 혹은 구성 요소의 위치가 서로 다르지만 독음(讀音)과 의미가 완전히 같은 글자(劉志成 2011:205)"를 말한다. 그러나 속자(俗字), 통가자(通假字), 이문(異文), 고금자(古今字) 등 관련 개념이 복잡한 편이다. 대체로 정자(正字)-속자(俗字)는 필획(筆劃)의 표준이 되느냐의 여부에 따른 구분이며, 본자(本字)-통가자(通假字)는 한자 생성 원리의 하나인 가차(假借)의 관점에서 파악하는 개념으로, 기본자-파생자의 개념과 흡사하다고 하겠다. 또 이문(異文)은 『설문해자(說文解字)』에서 표제자 다음에 병기한 글자를 가리킨다. 고금자(古今字), 후기자(後起字), 통용자(通用字) 등도 정자(正字)나 본자(本字)와는 직접 관련이 없는 개념으로, 속자(俗字)와는 다르다(강혜근 2001:4). 이처럼 이체자의 개념이나 양상이 복잡하고 또 시대에 따라 달라질 수 있으므로, 김시연(2000)은 이체자 연구도 통시적 연구와 공시적 연구를 구분하되, 공시적 연구를 중심에 둘 필요가 있다고 주장하였다. 그리고 이체자 개념을 보완하여, 정자(正字)란 "필획 구조가 자서의 규범에 부합하는 표준자체이면서 이체자 판별의 표준자형인 글자"이고, "이체자란 동일 시기 혹은 동일 문헌에서 정자와 자음과 자의가 같고 자형만 달라 상호 대체가 가능한 글자"라고 규정하였다(김시연 2000:294-296).

확실히 동국정운 관련 문헌에서 확인되는 이체자들은 자못 다양하다. 특히 『동국정운』은 다양한 이체자를 집대성하고 여기에 해당하는 음 뒤에 '상동(上同)'이라 표시하고 있다. 『동국정운』이 방대한 수록자를 자랑하는 운서인 이유도 이 때문이라 할 수 있다.

이체자는 서로 대체할 수 있기 때문에 구분 없이 쓰일 수는 있으나, 실제 문헌에서는 대체로 정차(正字)나 본자(本字)를 사용하는 빈도가 더 높다.

가령 '陀'와 '阤'는 이체자 관계인데, 『석보상절』, 『월인석보』는 모두 '陀'만 쓰고 있다. 다른 문헌은 두 글자를 같이 쓰고 있는데, 출현 빈도로 보면 '阤'가 많다. 『능엄경언해』(활자본)에서는 '阤'를 '陀'로 교정한 주묵(朱墨) 흔적이 있다(능활1-23ㄱ).

이체자가 유난히 많이 출현하는 문헌이 있는가 하면(『법화경언해』가 이체자 출현 빈도가 상대적으로 높다), 같은 문헌의 권차(卷次)에 따라 이체자의 사용 양상이 달라지기도 한다. 가령 『석보상절』 중 권9는 '茅'를 빈번하게 쓰며, 『법화경언해』 권1은 '第'를 압도적으로 쓰지만 '茅'를 쓴 경우도 1회 있다(법언1-165ㄴ). 흥미로운 점은 같은 문헌 같은 권차(卷次), 심지어 같은 장차(張次)에서 기본자와 이체자를 모두 섞어 쓰는 경우가 있다는 점이다. 이때 언해 본문에서는 기본자를 사용하고 협주 문에서 이체자를 쓰는 것이 일반적이지만, 이와 반대로 기본자를 협주문의 소자(小字)로, 이체자를 본문 대자(大字)로 표기하는 경우도 발견된다. 『석보상절』 권6의 동일한 면(面)에서도 정차(正字)인 '柳'를 협주에서 쓰고 본문에서 오히려 속자(俗字)인 '(木+夗)' 류를 쓰고 있으며(석상6-41ㄱ), 『석보상절』 권24에서는 본문 대자(大字)로 '盖'를, 협주 소자(小字)로 '蓋'를 쓰고 있다. 또 『석보상절』 권6, 9, 13, 19 전체에서는 '藏'을 '蔵'으로 표기하고 있는 반면에 권24에서는 '藏'과 '蔵'이 혼기(混記)되는 모습을 보인다(藏: 석상24-2ㄴ(협주), 蔵: 3ㄴ(본문), 39ㄴ(협주)). 『법화경언해』 권1의 경우, 본문에 '體'를 쓰고 협주문에는 '体'를 쓰는 것이 대부분인데, 협주문에 '體'가 등장하는 예도 1회 보인다(법언1-23ㄱ). 또 『월인석보』에는 '體, 体, 躰'가 모두 출현한다. 기본자와 이체자가 이렇게 혼기(混記)되는 것은 문헌 편찬자의 차이로만 설명하기 어렵다. 혼기 양상에 어떤 사정이 깔려 있는지는 별도의 연구가 필요할 것이다.

다만 이 연구는 『동국정운』 미수록자에 집중하려 하므로, 『동국정운』에 출현하는 글자 사이의 이체 관계 혹은 동운정운에서의 상동(上同) 관계 글자에 대한 문자론적 연구는 미루기로 한다. 그리고 이체자에 대립하는 개념을 넓은 의미에서 '기본자'로 부르기로 한다. 정자(正字), 본자(本字) 논의를 피하기 위한 것이다. 또 어느 것이 기본자인지 명시하기 어렵거나 그러할 필요가 없을 경우에는 '이체 관계에 있는 字'라고만 지칭한다.

'修~脩', '體~体~躰', '答~荅', '嶽~岳', '珍~珎', '疎~疏', '間~閒' 등과 같이 제법 알려진 이체 관계 字는『동국정운』에 매우 많은 편이다. 그러나 '現~見', '着~著', '罪~辠', '辯~辨'처럼 오늘날 별자(別字)로 쓰이는 글자들도 이체 관계로 나타난다. 이에 따라 얼핏 미수록자로 보이더라도 각종 운서(韻書)와 자서(字書)를 참고하여 이체 관계로 인정되는 동음동의자(同音同義字)가 있으면 미수록자에서 제외하였다. 이체 관계 확인은『광운』,『집운』,『거요』 속의 '속작(俗作), 혹작(或作), 역작(亦作), 통작(通作), 상동(上同)' 등의 주기(注記)를 우선하되, 여기서 판별하기 어려운 경우는 아래의 자료를 참고하였다.[1] 이들 자료에서 이체자로 제시된 글자가『동국정운』에 수록된 경우는 미수록자의 목록에서 제외하였다.

- 대만교육부 이체자 자전 http://dict2.variants.moe.edu.tw/variants/

- 대만중앙연구소 이체자 데이터베이스 http://chardb.iis.sinica.edu.tw

- 한국고전번역원 이체자 검색 http://db.itkc.or.kr/DCH/index.jsp

이렇게 확인한 글자들 중 대표적인 것들을 아래 표에 보인다. 비고란에 『광운』,『집운』,『거요』,『설문해자』, 한국고전번역원 자료를 중심으로 이체의 근거를 제시한다. 이 외의 출전 표시는 대만중앙연구소 이체자 데이

---

1) 이체 관계에 있는 글자라 하더라도 음이 완전히 동일하지는 않다.『동국정운』 수록자가 복수음을 가지는 경우가 있기 때문이다. [窓 L창(능활 등) : 窗 L창 L충], [現 H현(석상 등) : 見 H견, H현], [着 H딱(석상 등) : 著 H딱(월석, 법언 등), H댝, L뎡, R뎡, H뎡, H뗭], [奈 H냉(법언):柰 H냉 H냄]. [辯 R변(석상)R뻔(법언, 능활), H변(上同 編), H볋 : 辨 R변(석상)R뻔 H빤 L반 R볌]. 위에서 예로든 '蓋'와 '盖'의 경우도 '蓋(H갱 H합 H합)'는 복수음을 가지는 반면에 '盖'(H갱)는 음이 하나뿐이다. 이처럼 복수음 여부 혹은 복수음 양상이 다를 경우는 완전한 이체 관계라 하기 어려울 것이다.

터베이스에 제시된 문헌 영인 자료를 참고한 것이다.

번호	동국정운 未出現字	이체자 (동국정운수록)	비고
1	現	見(異音의 하나)	見의 俗字. 거요 見항에 "俗通作現"로 注記됨.
2	窻	窓	거요에 없음. 광운 '窓'항에 "窻의 俗字音"이라 주기됨.
3	着	著(異音의 하나)	거요에 없음. 說文解字, 玉篇, 正字通.
4	罪	皋	설문해자("秦似皇字改爲罪") 거요 '皋'항에도 避諱로 교정되었다는 주기가 있음
5	栿	㫃	唐 東林寺碑龕案에 이체 용례 있음,『金石文字辨異』
6	脉	脈	광운, 집운
7	輒	輙	字彙, 正字通
8	鞠	鞫	집운 '鞠'의 복수음 중 群母의 이체자가 있음.
9	槃	盤	거요 '盤'항에 '本作槃'으로 풀이.
10	燃	然	거요 '然'항에 俗字로 주기됨.[2]
16	鈆	鉛	龍龕手鏡
11	靁	靁	광운에 '靁'항의 亦作字로 제시됨.
12	毚	毚	집운("江東呼兎子爲毚亦作毚")
13	吒	咤	거요의 '吒'항('本作吒')
14	㨾	樣	한국고전번역원 이체자 검색
15	辨	辯	五經文字. 광운에서는 辯, 辨을 別字로 취급함.
16	葱	蔥	한국고전번역원 이체자 검색
17	冀	兾	광운, 집운. 한국고전번역원 이체자 검색.
18	毚	毚	집운 '毚'항(或作 毚).
19	卄	廿	광운 '廿'항(今作 卄)

〈표 1〉 동국정운에 이체자로 수록된 字의 예

위 표에 제시된 글자들은 『거요』에서도 표제자로 출현하지 않는다는 공통점이 있다. 그 대신 이체 관계에 있는 다른 표제자에 '속작(俗作), 혹작(或作), 역작(亦作), 통작(通作)' 등으로 주기되어 있다.[3] 『동국정운』은 『거

---

2) '燃'은 연등(燃燈)의 표기로 쓰였는데 '然燈'으로 표기된 용례가 있다(남명상54ㄴ).

3) 사실 『거요』의 표제자 수록에도 특이한 점은 있다. 가령 '現'은 『거요』의 韻 중 하나인 '現 자모운(字母韻)'으로 쓰이면서도 정작 본문의 표제자로는 채택되지 않았다. 판본마다 다르긴 하겠으나(본 연구에서는 강서본 江西本 즉 중화서국 中華書局 영인본, 속수사고전서 續修四庫全書 등을 조사하였음) 별도의 관심거리일 것이다.

요』의 이러한 이체 정보도 비교적 충실히 반영하고 있다. 『동국정운』의 상동자(上同字)는 대부분 여기서 가져온 것이다.[4)]

이렇게 이체자 확인 절차를 거치고 남은 글자가 곧 『동국정운』 미수록자가 된다.

4.1.2. 미수록자의 주음 양상

이체자를 배제하고 추출한 미수록자(未收錄字)는 모두 26字다. 아래는 그 목록으로, 출현 빈도수에 따라 제시한다.

菩 眹 嚩 媄 壖　瑪 鬒 硨 櫽 袈

裟 鈷 鵬 卍 錠　哩 嘍 殈 坽 鉱

蹭 軵 鍱 你 膀　胱

1,940여 字 중 26자란 미미한 비율이라 여겨질 수도 있겠으나, 이들은 꼭 벽자(僻字)라 할 수도 없으며 주음 양상도 주목할 만한 부분이 있기 때문에 결코 무시할 수 없다. 『동국정운』 미수록자는 연구 대상 자료의 확대에 따라 앞으로도 더 늘어날 수 있다. 이 연구에서 조사하지 못한 문헌 이외에도, 동국정운식 한자음 표기를 채택한 문헌이 워낙 방대하기 때문이다.

여기서는 『동국정운』 미수록자를 하나씩 살펴본다. 먼저 그동안의 연구에서 『동국정운』의 저본(底本)으로 거론되어 온 『거요』에는 수록되었는지, 그 경우 주음은 어떠한지를 검토한다. 그리고 『동국정운』에 수록된 다른 한자음에서 유추하였을 가능성을 검토한다. 상식적으로 문헌 편찬자들은 『동국정운』 미수록자가 있을 경우 『동국정운』에 수록된 다른 글

---

4) 〈표8〉의 字들이 『동국정운』에서 상동자(上同字)로 수록되지 않은 사정이 무엇인지는 더 조사해 볼 필요가 있다.

자, 특히 같은 해성(諧聲) 계열자의 음을 빌려 주음하였을 것이라고 생각
되기 때문이다.

다음에는 15세기 현실한자음도 참조하였다. 15세기 당대음을 참조하여
주음하였을 가능성도 생각해 보기 위해서이다. 그리고 中古 시기 운서 즉
『광운』과 中古 후기 운서인『집운』의 음도 대비하고, 필요에 따라『설문해
자』나『옥편』등의 자서(字書)도 참조하였다. 『거요』,『동국정운』, 현실한
자음 등에서도 주음의 연원을 분명히 찾을 수 없다면『거요』이전 시기 운
서에 포착된 음의 영향일 수도 있기 때문이다.[5]

15세기 현실음 정보는 권인한(2009), 伊藤智ゆき(2007), 河野六郎(1968)
을 참고하였고, 여기서 찾을 수 없는 경우는 남광우(1995)를 이용하였다.[6]

글자의 음 정보는 다음과 같이 제시한다. 이 절에서 검토할 ‘囑’을 먼저
보인다.

[囑]

H죡[7]{12회}[8](석상6-46ㄱ/월석서9ㄱ/법언1-7ㄱ/능활1-15ㄱ/영험12ㄴ[9])

H쑉[10]{3회}(남명서1ㄱ/남명상1ㄱ)

[SK][11]H쵹

---

5) 운서나 자서의 音과 대비하는 작업은 음운론적 문자론적 측면에서 중요할 것이다. 그러나 특
정 운서의 음과 일치한다고 해서 곧바로 이 운서를 직접 참고하여 한자음을 전사(轉寫)한 것
이라 이해할 수는 없다. 조선 초기 운학자들이 어떤 운서 어떤 자서를 참고하였는지 아직 구
체적으로 알려지지 않았기 때문이다.
6) 이상의 자료를 통해서도 현실한자음을 찾을 수 없는 경우는 ‘?’로 표시하였다.
7) 미수록자의 주음.
8) 이 연구에서 찾은 문헌 속 총 출현 횟수.
9) 출전 문헌의 권(卷) 및 장차(張次, 각 문헌에서 처음으로 출현하는 장차만 표시함을 원칙으로
한다). 『월인천강지곡』에 수록된 음은 다른 문헌 뒤에 별도로 표시한다. 제2장에서 지적하였
듯이『월인천강지곡』의 한자음과 표기가 여타 문헌과 다소 다른 특징이 있기 때문이다
10) 미수록자의 주음(‘囑’은 복수음을 가진다).
11) 15세기 한국 현실한자음.

『광운』之欲切, 通中3入燭章[12]

이제 각 글자를 하나씩 검토하기로 한다. 출현 빈도수가 높은 것부터 살펴본다.

(1) [菩]

'菩'는 동국정운 미수록자 중 출현빈도가 가장 높은 글자인데 문헌음은 'ㄴ뽕' 하나로만 나타난다(『월인천강지곡』의 'ㄴ뽀'도 같은 음으로 볼 수 있음). 주음의 양상은 『광운』의 독음(讀音) 중 하나와 일치하며, 15세기 현실 한자음과는 운모가 일치한다는 특징이 있다. 'ㄴ뽕'의 연원을 추론하는 검토하는 과정을 차례로 밟아 보기로 한다.

ㄴ뽕{426회}〈석상6-8ㄱ/월석서26/법언서-8ㄴ/능활1-4ㄱ/영험1ㄱ/남명상-1ㄱ,
하-6ㄱ〉

■ㄴ뽀{4회}(월곡16ㄴ)

[SK] ㄴ보

[광운] 薄胡切, 遇脣1ㄴ模並(梵言漢言王道[13])

房久切, 流脣1R有並

薄亥切, 蟹脣1R海並

蒲北切, 曾開1入德並

‘菩’는 모두 ‘菩薩’, ‘菩提’의 용례로 출현한다. 본 연구가 조사한 문헌에서 430회나(『월인천강지곡』 포함) 사용된 이 글자가『동국정운』에 수록되지 않았다는 사실부터가 주목할 만하다. 문헌음이 모두 ‘L뽕’로 주음되었다는 점도 중요하다. 혼란이나 오류 없이 일관된 주음이 나타났다는 것은 편찬자들이 참고할 어떤 근거가 어떤 형태나 원리로든 분명히 존재했음을 암시하기 때문이다. 가령 특정한 운서나 자료가 그 근거로 작용한 것은 아닐까?

첫 번째로 생각할 수 있는 가능성은『동국정운』안에서 유추하였을 수 있다는 것이다. 동국정운식 한자음을 따르려면 운서『동국정운』을 따르면 간단히 해결될 터인데, 공교롭게도『동국정운』에 수록되지 않은 글자였다면 가장 먼저 떠올릴 상식적 방법이 있다. 즉 성부(聲符)가 같은 글자에서 음을 가져오는 방법이다. 그러나 ‘咅’를 성부(聲符)로 하는 字들의『동국정운』수록음은 ‘菩’와 다르다.14)

倍 L뻥, R뻥, H뻥, H뻥(上同 背)
培 R뿡, L뻥, L핑(上同 坏)
剖 R풍
部 R뽕, R뿡, R풍(上同 剖)

이들은 대체로 성모가 전탁(全濁, 並母)이라는 점이 같지만, 운모가 일치하지 않는다. 즉 ‘菩’의 문헌음을『동국정운』안에서 유추했을 가능성은 없다.

---

14) ‘咅’는『동국정운』에 수록되지 않았다.

그렇다면 근고(近古) 시기의 운서인『거요』의 음을 주음한 것일까? 그러나『동국정운』과 가장 관련이 깊다고 인정되는『거요』에는 '蒲'가 수록되어 있지 않다. 표제자로 실리지 않았음은 물론 이체자 주기(注記)에서도 찾기 어려운 것이다.

유력한 것은 中古 시기 운서인『광운』이다. 여기에는 대응관계를 찾을 수 있는 자료가 있다.[15]

『광운』에는 模韻(L薄胡切, 並母), 有韻(R房久切, 並母), 海韻(R薄亥切, 並), 德韻(蒲北切, 並母) 등 독음(讀音)이 넷 있다. 본 연구에서 조사한 문헌음 'L뽕'는『광운』模韻의 음에 대응한다.『광운』模韻 '蒲'의 자석(字釋)이 "중국어 '왕도(王道)'에 해당하는 범어임(梵言漢言王道)"이라 기록되었음은 이러한 대응관계를 강력히 뒷받침한다.[16] 한편 대표적 자서(字書)인『옥편』(6세기)에도 '蒲'가 수록되어 있는데 그 음은 薄胡切로,『광운』의 반절과 같다.

요컨대 'L뽕'는『동국정운』편찬 시기와 비교적 가까운 시기의 음이 아니라 적어도 운서로서는『광운』, 자서로서는『옥편』시기까지 거슬러 올라갈 수 있는 음에 대응한다. 특히『광운』의 복수음 중에서도 "梵言漢言王道"라는 자석(字釋)이 주기된 평성음과 관련이 있다고 생각된다. 아마도 불교음으로 통용되어 오던 것이 주음에 영향을 미쳤을 가능성이 높다.

한편 15세기 현실음은 'L보'인데, 이는 문헌음 'L뽕'와 운모가 같고 성모는 다르다.

여기서『광운』음[17] - 동국정운 문헌음 - 15세기 현실음 3자의 관계를 해명할 필요가 생긴다. 첫째 가능성은 문헌의 편찬자들이『광운』에 포착된 음의 영향을 받았을 수 있다는 것이다. 이 경우『광운』의 模韻(우섭 遇攝 1

---

15) 한편 中古 후기 운서인『집운』에서 '蒲'는 복수음 5개를 가지는데, 상성이 3개, 입성이 2개로 평성은 없다. 상성에는 우섭(遇攝) 字가 하나도 없기 때문에 동국정운 문헌음과는 대응하지 않는다.

16) 다른 음들은 '草名'으로 풀이되어 있다. 상성음 둘에는 '香草' 및 '草也', 입성음은 '草名'이라는 자석(字釋)이 있다.

17) 운서라는 점에서『옥편』보다는『광운』을 우선하여 놓는다.

92

등)이 15세기 현실음에서 'ㅗ'로 나타나기 때문에 '菩'의 15세기 현실음이 'ㄴ
보'인 것은 매우 자연스럽다. 성모가 전청(全淸)으로 나타난 것은 전탁(全
濁) 초성이 없는 15세기 현실한자음의 특색이기도 하다. 동국정운 문헌음
과 15세기 현실음의 운모가 일치하는 것은 간접적 관계가 된다.

둘째 가능성은 동국정운 문헌음이 15세기 현실음을 따르되, 성모만 中
古 전탁(全濁)대로 주음하였을 수 있다는 것이다. 이때 문헌음과 15세기 현
실음은 직접적 관계가 되며, 문헌 편찬자들이 성모는 中古 운서를, 운모는
현실음을 따랐다는 풀이가 된다.

첫째 가능성은 좀 더 넓은 설명력을 가질 수 있다. 다만 특정한 운서를
지정하여 말하는 것이 무리일 수 있다는 약점이 있다. 둘째 가능성, 즉 현
실음을 직접 반영하거나 참고하였다는 풀이는 제법 현실적인 설명법이라
할 수 있다. 그러나 성모와 운모 주음의 근거를 지나치게 기계적으로 풀이
하였다는 비판이 가능하다. 이제까지의 연구에 따라 동국정운식 한자음
의 운모가 현실음과 대응하는 면이 많다고 하더라도, 현실한자음 역시 역
외(域外) 중국음으로서 특성을 가지기 때문에 그보다 이전 시기의 중국음
의 반영 결과라 잔존한 것일 수 있기 때문이다. 요컨대 현실한자음을 참고
하였을 가능성은 다른 한자들의 주음까지 종합적으로 판단하여야 할 것
이다.

(2) [睺]

H휻{38회}〈석상6-1ㄴ, 13-2ㄴ, 19-15/석상23-7ㄴ, 24-5ㄱ/월석1-14ㄱ/법언1-
30ㄴ〉

[SK] R후

[광운] 戶鉤切, 流中1L侯匣/胡遘切, 流中1H侯匣

불교 인명 '羅睺羅' 표기로 자주 쓰이지만, 『동국정운』은 물론 『거요』에

도 나타나지 않는다. 성부가 같은 '喉, 篌, 侯'는 『동국정운』에서 찾을 수 있지만, 한결같이 'ㄴ흫'로 주음되었으므로 성조의 차이를 해명하기 어렵다.[18) 한편 15세기 현실음(R후)과는 성모 및 성조가 다르다.

'睺'는 『광운』에 수록되었는데, 평성, 거성 모두 '半盲'으로 풀이되어 있다. '羅睺羅'가 그러한 의미에서 지어진 이름이므로, 자의(字義) 면에서 일맥상통한다. 이 중 거성음(去聲音, H侯匣)과 대응관계가 있다고 할 수 있다.[19)

결국 '睺'의 문헌음인 'H흫'는 『집운』보다 이전 시기, 적어도 『광운』이 반영하는 한자음 시기부터 전래되어 온 음과 대응관계가 깊다고 할 수 있는 것이다. 현실음(R후)의 성조는 거성이 상성으로 반영되는 경향이 있는 한국한자음의 특징이 나타난 결과라 풀이할 수 있다.

또 문헌음이 'ㅱ'을 종성으로 취한 것은 류섭(流攝) 字를 예외 없이 'ㅱ' 종성으로 주음한 『동국정운』의 특징이 관철된 것이다. 물론 갑모(匣母, 전탁全濁)를 성모로 채택한 것도 동국정운식 한자음 원칙이 수용된 결과일 것이다.

(3) [囑]

'불법(佛法)의 보호와 전파를 다른 이에게 맡겨 부탁함'의 의미로 쓰인 불교용어 '咐囑'의 '囑'이다. 역시 『거요』에 수록되지 않았다. 실제 문헌음은 주로 'H죡, H쑉'으로 나타나는데,[20) 모두 현실음(H쵹)과 성모가 다르다는 점이 특색이다.

---

18) 『광운』에서 '睺'가 속한 거성 소운자(小韻字)인 '候'는 『동국정운』은 물론 『거요』에도 출현하지 않는다.
19) 『집운』에는 '睺'가 평성과 거성에 수록되어 있다. 반절하자는 변하였지만 각각 侯韻(평성), 候韻(거성)에 속하며 성모는 모두 갑모(匣母)이기 때문에 『광운』과 차이가 없다고 할 수 있다.
20) 모두 '咐囑'의 주음에 쓰였다.

H죡{12회}〈석상6-46ㄱ/월석서9ㄱ/법언1-7ㄱ/능활1-15ㄱ/영험12ㄴ〉

H쑉{3회}〈남명서1ㄱ/남명상1ㄱ〉

[SK] H죡

[광운] 之欲切, 通中3入燭章

본 연구가 조사한 문헌음(H죡, H쑉)은 『광운』에 반영된 음(之欲切)에 대응한다. 『집운』에서도 燭韻의 燭소운에 포함되어 있으며(朱欲切)[21] "託解也"라는 자석(字釋)이 달려있다. 中古 성모가 장모(章母, 照2계, 전청 全淸)이며 '燭小韻'에 속함을 고려할 때, '囑'이 『동국정운』에 수록되었다면 'H죡'이었을 것이다.

문헌음 중 'H죡'은 『동국정운』의 다른 글자에서 유추했을 가능성도 배제할 수는 없다. '囑, 燭, 爥'이 모두 'H죡'인 것이다. 그리고 '屬'은 복수음을 가지는데 'H죡'이 그 중 하나로 포함되어 있다(H쑉, H죡, H쥼).[22] 그렇지만 미수록자의 대부분이 『동국정운』에서 유추하였을 가능성이 없어 보이는 것을 감안하면, 문헌의 편찬자들이 이 불교용어 '咐囑'의 형태로 이전부터 전승되어 자리 잡은 현실음을 반영하였을 가능성도 있다.

특이한 것은 'H쑉'(남명집언해)이다. 中古 장모(章母)는 『동국정운』에서 거의 예외 없이 침모(侵母, ㅈ)로 나타나는데, 사모(邪母, ㅆ)로 주음한 것은 일종의 변칙이라고 할 수 있다. 현실음(H죡)의 영향이라 하기도 어렵다. 한 가지 배제할 수 없는 것은 '屬'에서 유추했을 가능성이다. '屬'의 문헌음은 대부분 'H쑉'이지만[23] 『석보상절』 권19와 24에서 'H죡'(付屬)으로 나타난 것이다. '付囑'과 통용하는 표기로 쓰일 때에는 모두 'H죡'으로 나타나

---

21) 『집운』에서 반절상자가 '朱'로 바뀌었지만, 역시 장계(章系) 성모다. 邵榮分(2011:63-64)에 따르면 『집운』의 章, 昌, 書母는 『광운』과 마찬가지로 독립적 성모를 유지하고 있다.

22) 'H쥼'는 '注'의 상동(上同)으로, 즉 이체 관계로 표시되어 있다.

23) '屬'의 문헌음은 'H쑉'이 53회로 압도적이다. 대부분 '眷屬'으로 쓰였으며 'X이 X익(의) 屬ᄒᆞ다' 구문도 있다. 복수음의 분포와 용례는 차익종(2014)의 부록 참조.

는 것이다. 현대 불교용어에서 '付囑'은 '付屬'으로 쓰이기도 하는데, 그 음은 모두 '부촉'이다(『불교학대사전(佛敎學大辭典)』 참조).[24] 다만 『남명집언해』에서 '囑'(H쑉)'으로 나타난 것은 '咐囑, 付囑'의 전통적 용법을 무시하고 '屬'의 다수 음인 'H쑉'을 선택했다고 설명해야 한다. 아무래도 무리가 있는 추론인 것은 분명하다.

(4) [㜲]

궁녀를 가리키는 '㜲女'의 '㜲'로 쓰였는데, 음의 연원을 쉽게 짐작하기 어렵다. 『거요』는 물론 『광운』에도 수록되지 않았기 때문에 다른 운서나 자서를 검색해 보아야 한다.

R칭{10회} 〈석상23-49ㄴ/월석2-28ㄱ〉
 ■R치{2회}(월곡-9ㄱ)
[SK]?
[광윈] 수록되지 않음

『집운』에 두 개의 이음(異音)이 수록되어 있는데(R海韻, 淸母, 此宰切/H代韻, 淸母, 倉代切), 자석(字釋)은 모두 '女子'다. 상성과 거성 중 어느 쪽이 더 기본음일지는 더 조사해 볼 필요가 있다.

『한어대사전(漢語大詞典)』에 따르면 '㜲女' 용례가 당승(唐僧) 법림(法林)의 『변정론(辯正論)』에서부터 언급되는 것을 볼 때 이 글자의 사용은 중고음 시기에도 있었을 것이다. 또 원간본(元刊本)『옥편(玉篇)』에도 수록되어 있다(七宰切, 㜲女也).[25]

---

24) 이런 점을 고려하면 '囑'을 '屬'의 이체자로 볼 수도 있다. 그러나 '屬'은 복수음인 데에 반해 '囑'은 단일음이다. 또 '屬'의 복수음 중 '囑'과 같이 장모(章母)를 가지는 음은 의미 영역이 넓다(付也足也會也官衆也儕等也). 이런 점을 고려하여 '屬'과 '囑'을 이체 관계에서 제외하였다.

한편 『동국정운』에 수록된 다른 글자에서 유추했을 가능성도 배제할 수는 없다. '采'를 성부(聲符)로 하는 글자들은 대부분 상성이나 거성을 취한다.

采 R칭 H칭 菜R칭 採H칭

그러므로 『동국정운』 속의 다른 글자들(采, 菜 등)의 음에서 유추했을 가능성과 당대(唐代)의 자료나 『집운』에 포착된 음이 어떤 경로로 전승되었을 가능성 모두를 고려해야 할 것이다.

(5) [壜]

'金壜'의 용례로 『석보상절』 권23에만 10회 나타난다.

여듧 金壜과 【壜은 甁 곧혼 거시라】 여듧 師子座롤 밍ᄀ슙고
各各 七寶로 ᄭᅮ미슙고 그 七寶壜을 師子座ㅅ 우희 ᄒ나콤 엱ᅙᅳᆸ고〈석상23-49
ㄱ〉

'L땀'(壜)이라 주음한 연원은 『광운』 속 주음과 일치한다.26)

L땀{10회}〈석상23-49ㄱ〉
[SK] ?
[광운] 徒含切, 咸開1L覃定

---

25) 반절하자인 '宰'는 『거요』에서 상성자다. 그러므로 원간본(元刊本) 『玉篇』의 '婇'도 상성으로 볼 수 있다.
26) 앞의 글자들과 마찬가지로 '壜'은 『거요』에 수록되지 않았다.

『광운』에는 '술항아리 종류(甊屬)'라는 자석(字釋)이 달려있어서『석보상절』권23 속의 풀이와 통한다는 점이 주목된다.『광운』에 포착된 음이 반영되었을 가능성이 큰 것이다.

다만『동국정운』에서 유추했을 가능성도 완전히 배제할 수는 없다. '曇'이 동국정운에 수록되어 있는데, 'ㄴ땀'으로 '壜'과 음이 같다. 따라서『석보상절』의 편찬자가 여기서 음을 유추했다고 볼 수도 있다. 그렇지만『광운』에 포착된 음을 편찬자들이 익히 알고 있을 수도 있다. '曇', '壜'은『광운』에서 모두 覃 소운(小韻)에 속하므로 중고음 시기부터 동음(同音)인 것이다. 또 '壜'이 속한 함섭(咸攝) 1등 字들은 15세기 한국한자음에서 대부분 (초성을 무시하면) '암'으로 주음할 뿐 아니라 평성은 일종의 무표적인 성조이므로 중고음에 대한 지식이 있었다면『동국정운』속 '曇'을 참조하지 않고도 어렵지 않게 주음하였을 수도 있다.

한 가지 덧붙일 점은 '萅, 曣'와 마찬가지로 전탁 성모를 복원하는 동국정운식 한자음 교정 원칙이 관철된 결과라는 것이다.

(6) [瑪]

R망{7회} 〈석상13-19ㄱ/석상19-3ㄱ/월석1-22ㄴ/법언1-76ㄴ〉
[SK] R마
[광운, 거요에 없음][집운 假攝2R馬明]

'옥(玉)'의 일종인 '마노(瑪瑙)'를 표기하기 위하여 쓰인 것이다.『광운』에는 수록되지 않았지만『집운』에는 馬韻(상성) 명모(明母) 字로 실려 '碼碯石之次玉'으로 주석되어 있다. '瑪瑙'는 삼국(三國) 위왕(魏王) 조비(曹丕)가 지은 「마노륵조(瑪瑙勒條)」에서도 언급되는 등(『한어대사전(漢語大詞典)』 '瑪瑙' 참조) 일찍부터 사용되어 온 명칭이므로 고유명사 음으로 전승되어 왔을 것이다.

다만 『동국정운』 속 '馬'(R망)와 음이 같다는 점은 고려할 필요가 있다. '馬'에서 유추했을 가능성을 완전히 배제할 수는 없는 것이다. 그러나 '瑪瑙'라는 형태 속에서 전승되어 온 글자이므로 문헌 편찬자들이 특별한 생각 없이 '馬'의 음을 가져다 쓰지는 않았다고 생각된다.

그러므로 『집운』과 「마노륵조(瑪瑙勒條)」에서 보석의 명칭을 가리키는 어사(語辭)로 전승된 음이 반영된 결과라고 생각한다.

(7) [鬘]27)

L만(6회)〈석상6-10ㄴ/월석2-29ㄱ〉

■L만(4회)〈월곡18ㄱ〉

[SK] ?

[광운] 莫還切, 山攝2L刪明

여성의 머리 장식을 일컫는 의미로 쓰였다.

花鬘 瓔珞 빗이기 마롬과 놀애 춤 마롬과〈석상6-10ㄴ〉

내 쭐 勝鬘이 聰明ᄒ니 부텨옷 보ᅀᆞ텅면 당다이 得道를 샐리 ᄒ리니〈석상6-40ㄴ〉

勝鬘經을 니르시니라〈석상6-41ㄱ〉28)

西天에셔 고즐 ᄂ러니 엿거 남진 겨지비 莊嚴에 쓰ᄂ니 긔 花鬘이라〈월석2-29ㄱ〉

역시 『거요』에도 나타나지 않는다. 『집운』에는 刪韻 소속자로 출현하

---

27) 대만교육부이체자전에서는 '鬘'의 이체자 중 '䰅'도 들고 있지만, 동국정운 음은 'L승'다. 음이 일치하지 않기 때문에 별자(別字)로 취급한다. 『집운』에도 이체자는 없다.
28) 『승만경(勝鬘經)』은 재가불자인 승만 부인이 중심 인물로 나오는 경전이다.

는데 그 반절이 '謨還切'로, 반절상자(反切上字)만 바뀌었지만 명조(明母) 字
이므로 音은 『광운』 시기와 동일하다. 『석보상절』, 『월인석보』, 『월인천
강지곡』의 편찬자들은 『광운』 시기부터 전승되어 온 음에 따라 주음하였
으리라 생각된다. 물론 『동국정운』에 수록된 '曼' 성부 한자 중에 'ㄴ만'을 음
으로 취하는 것들도 있으므로 여기서 유추했을 가능성도 배제할 수는 없다.

> 曼 L만, H만, H먼(異音이 셋이나 문헌음은 오직 'L만'으로만 나타난다.)
> 蔓 H먼
> 慢 H만 L만

그러나 『광운』과 『집운』에 모두 실려 있다면 위 문헌의 편찬자들도 익
히 알고 있었을 것이라는 점에서 단순히 『동국정운』 속 수록자에서 유추
했을 가능성은 크지 않다고 생각한다.

(8) [硨]

> L챠 {4회} 〈석상13-19ㄱ/석19-3ㄱ/월석1-22ㄴ〉
> [SK] ?
> [광원] 尺遮切, 假攝3L麻昌

고유명사 '硨磲'(고운 조갯돌을 다듬어 만든 보석)의 '硨'다. 『거요』에는
실려 있지 않다.

일단 '硨'의 문헌음은 『동국정운』 속 '車'(L챠)의 음에서 유추했을 수 있
다. '車'의 현실한자음(L챠)이 반영된 것일 수도 있다.

그렇지만 '硨磲'라는 단어로 오랫동안 사용되었다는 점도 간안해야 한
다. 즉 『광운』에서는 '車' 소운(小韻)에 속하는데 자석(字釋)이 '硨磲'이며, 『집
운』에서도 역시 '車' 소운에 수록되어 비슷한 자석이 달려 있다(博雅硨磲石

之次玉者).『광운』에 포착된 음이 유지되어 반영되었을 배제할 수는 없다.

(9) [樒]29)

'香木'을 가리키는 글자로, 앞의 字들과 마찬가지로『거요』에는 수록되지 않았다. 역시『광운』에 수록되었으며 그 음도 동일하다.『광운』에 포착된 음이 반영되었을 가능성이 있는 것이다.

H밇{4회}〈석상13-51/법언1-217ㄴ〉
[SK] ?
[광운] (樒) 美筆切, 臻攝入3B質明 / (櫁) 彌畢切, 臻攝入3A質明

그러나『동국정운』의 다른 수록자에서 유추했을 가능성도 배제할 수는 없다. '密'을 성부로 하는 字들이『동국정운』에서 대부분 'H밇'로 나타기 때문이다. 또 '密'의 현실한자음(H밀)이 반영된 것일 수도 있다

다만 '密'을 성부로 하는 字들은 어차피 대부분의 운서나 자서에서 동음(同音)으로 나타나므로,『동국정운』이나 현실한자음을 참조하지 않더라도 주음이 달리 나올 여지는 많지 않다.『석보상절』권13의 편찬자는『광운』과『집운』등의 운서와『옥편』과 같은 자서의 정보를 어느 정도 알고 있었을 것이다.

---

29) 우선『용감수경』(香樹名也)과『옥편』(香木)에 '樒, 櫁'이 서로 이체자 관계라 표시되어 있지만,『광운』에서는 '樒'(香木)과 '櫁'(木樒樹名)이 각기 다른 글자로 나타나며,『집운』에서는 '樒'이 복수음을 가지되, 그중 하나가 '櫁'의 이체자(字林香木也)로 표시된다. 세 글자 모두 '香木' 또는 '香樹' 정도의 풀이를 달았고,『석보상절』권13 협주에도 '木樒은 香남기라'라고 쓰고 있으므로 동의자(同義字)로 볼 수 있다. 이상을 고려하여 '樒, 櫁, 櫁' 세 글자를 이체자 관계로 파악한다. 한편『광운』의 '樒'과 '櫁'은 반절하자가 다른데, 각기 진섭(臻攝)의 3등 A류와 B류로서 어차피 한국 현실한자음에서는 구분되지 않는다. 한국한자음은 진섭(臻攝)에서 중뉴(重紐)의 차이가 나타나지 않기 때문이다.

(10) [袈]

L강(6회)〈석상23-28ㄴ/석상24-6ㄴ/남명하25ㄱ〉

■L가(3회)〈월곡21ㄱ〉

[SK] L가

[광운] 古牙切, 假脣2L麻見

‘袈裟’를 용례로 쓰인 글자로서, 범어(梵語)의 음역이다. ‘袈’는『거요』에서는 찾을 수 없다. 한편『설문해자』에는 실려 있지 않지만,『광운』과『집운』에 실려 있는데,『광운』은 자석(字釋)으로 ‘袈裟’를 제시하고 있다.『집운』의 음도『광운』과 같으며, ‘毛衣謂之氁裟或作毨袈’라는 풀이를 달았다. ‘氁’를 기본자로, ‘毨袈’를 이체자로 본 것이다.30)

加를 성부로 하는 다른 글자들의 동국정운 음을 살펴보면 ‘L강’로 주음되는 것이 그리 특이해 보이지는 않는다.

架H강, 迦L강L걍, 加L강, 茄L강L꺙, 伽L꺙, 駕L강H강

이와 같은 점을 고려하면 ‘袈’는『동국정운』속 다른 글자들의 음에서 유추하여 주음하였을 수도 있고, 현실한자음의 반영일 수도 있으며,『광운』에 반영된 음의 영향일 수도 있다.31)

현재로서는 더 이상 논의를 깊이 하기는 어렵지만, 다만 모든 용례가 ‘袈裟’로만 나타나므로 적어도『광운』이 반영하는 시기까지 올라갈 수 있는 불교음이 유지되었을 가능성을 고려할 필요가 있다.

---

30)『집운』은 이체 관계 字들을 나란히 배열하되 기본자를 제일 먼저 앞에 놓는 방식을 취하고 있다.

31) 물론 현실한자음 역시 중국음의 일정 층위를 반영하는 것이므로, 그 자체가 중고음과 대응 관계를 가질 수 있다.

(11) [裵]

‘裟裵’의 용례로 쓰인 것이므로, 음의 연원에 대한 추론은 ‘裟’의 경우와
같다.

L상{6회} 〈석상23-28ㄴ/석상24-6ㄴ/남명하25ㄱ〉

■ L사{3회}〈월곡21ㄱ〉

[SK] L사

[광운] 所加切, 假開2L麻生

‘裟’와 마찬가지로 『거요』에도 수록되지 않았다. 『광운』의 자석(字釋)도
‘裟裵’로 되어 있다. 『집운』에도 수록되어 있는데 자석(字釋)은 『광운』과
대동소이하다(毛衣謂之裟裵或从毛).[32]

『동국정운』에서는 같은 성부(聲符)를 가진 ‘裟(心母)’가 복수음 셋을 가
지지만(L상, R상, H상) 문헌에서는 모두 ‘L상’로만 나타난다.

이와 같은 점들을 고려하면 ‘裵’의 주음은 『동국정운』에 수록된 ‘裟’에 유
추되었을 가능성도 있고,[33] 현실한자음을 반영한 것일 수도 있다. 또 『광
운』에 수록된 음이 유지된 것으로 생각할 수도 있다. 반면에 ‘裟裵가 범어
의 역어(譯語)인 만큼 불교 용어로 오랫동안 전승되어 온 음이라고 설명할
수도 있다. 이런 점에서 ‘裟’와 같은 경우인 것이다.

---

32) 『집운』의 자석(字釋) 중 ‘或从毛’란 ‘裵’의 이체자를 가리킨다. 글자의 아랫부분이 ‘衣’가 아니
라 毛다. 이 글자는 『옥편』에도 ‘裵’의 ‘一作’ 字로 제시되어 있다.

33) ‘裟’의 성모가 심모(心母)이기 때문에 엄밀히 말하자면 ‘裵(生母)와 다르다. 그러나 『동국정
운』 서문에서 명백히 밝힌 대로 정치음 내부의 음성적 차이이기 때문에 동국정운 주음에 영
향을 미칠 요소는 아니긴 하다.

(12) [鈷]

R공{6회}〈남명상69ㄴ(2, 兩鈷), 71ㄱ(兩鈷)ㄴ(兩鈷)〉

[SK] ?

[광운] 公戶切, 遇開1R姥見

'鈷'는 『남명집언해』에서만 발견된다.

錫杖이 두 鈷 여슷 골회 잇ᄂᆞ니 兩鈷ᄂᆞᆫ 眞진과 俗쑉과 表ᄒᆞ고〈남명상69ㄴ〉

兩鈷 여슷 골회 비록 됴ᄒᆞᆫ 보람이나〈남명상71ㄱ〉

비록 兩鈷六鐶ㅅ막대를 아라도 ᄒᆞ다가 ᄒᆞᆫ 옰 막대옷 아디 몯ᄒᆞ면〈남명상71ㄴ〉

'鈷'는 본래 '다리미'의 뜻인데 여기서는 여래(如來)의 지팡이에 달린 고리를 표현한 것이다.

먼저 『동국정운』에서 '古'를 성부로 하는 다른 글자들에서 유추되었을 가능성을 생각해 볼 수 있다. 그러나 '古' 계열의 글자는 성모와 성조가 단일하지 않다.

L공 姑酤沽蛄䍜㚉

R공 古詁估牯沽酤罟肐羖

H공 沽詁

L콩 枯

오히려 『광운』에서 '鈷'가 고(古) 소운(小韻)에 속힌 깃에 유의할 필요가 있다. 『집운』에서도 복수음 셋 중 하나가 '古' 소운에 속한다.[34] 문헌 편찬자가 이 두 글자가 같은 소운에 속한다는 것을 알고 있을 수 있다. 이럴 경

우 '古'의 현실한자음(R공)이 반영되었을 수도 있고, '古'의『동국정운』음
이 유추된 것일 수도 있다.

현재로서는 어떤 연원이든 '古'에서 유추했을 가능성이 크다는 정도
로 정리해 둔다.

(13) [鵬]

'鵬'은 중국 신화에 나오는 북방의 큰 새를 가리키는 한자로, '鵬'의 주음
은 하등 낯설 것이 없다. 그런데『동국정운』은 이 글자를 싣지 않고 있다.
특이한 점은 이 '鵬'이 다른 미수록자와 달리『거요』에 표제자로 실려 있다
는 사실이다. 물론『집운』에도 표제자로 나온다.

L뾩{3회}〈남명상-11ㄱ/남명하40ㄴ〉
[SK] L붕35)
[광운] 步崩切, 曾開1L登並

이제까지 살펴본 미수록자들은 모두『거요』에 표제자로는 물론 다른
표제자의 이체자 정보로도 나오지 않았다는 공통점이 있다. 유독 '鵬'이『거
요』에 실려 있지 않은 점은 의문이다. 이러한 의문은 '鵬'의 동국정운 음에
서 풀린다. 즉『동국정운』에는 '鵬'이 수록되어 있는데, 그 음이 복수음으
로, 'L명'과 'L뾩'이다. 여기서는 두 가지가 특이하다. 첫째,『동국정운』에서

---

34)『집운』은 복수음 3개를 가진다.『광운』보다 음이 증가한 것인데, 그중 평성자는 '鵬'의 이체
자이므로 특별히 논의할 것이 없다. 남은 두 음은 상성과 거성인데 상성은『광운』과 마찬가
지로 고소운(古小韻)이며 자석(字釋)도 유사하다(鈷鏻溫器). 흥미로운 것은 거성 음인데 고
소운(顧小韻)으로서, 같은 고소운(顧小韻)에 '鋼'가 있다. '鋼'의 이체자로 쓰인 것이 아닌가
생각해 볼 수는 있다. 그러나『남명집언해』의 음이 상성이므로 '鋼'와 어떤 연관관계가 있다
고 할 수는 없다.
35)『계초심학입문(誡初心學入文)』출전(伊藤智ゆき 2007 자료편: 195).

는 복수음이 있는 한자는 반드시 각기 '우운(又韻)' 표시를 하고 있는 것이 원칙이나, '鵬'은 마치 별개의 한자인 듯 '우운(又韻)' 표기가 없다는 사실이다. 둘째, '鵬'은 『광운』, 『집운』, 『거요』 어디서든 명모(明母), 명소운(明小韻)으로, 中古 시기부터 근고 시대까지 거의 음 변화가 없는데, 유독 『동국정운』에서는 복수음 즉 'ㄴ몽ㄴ뿡'을 가진다. '鵬'의 복수음 중 'ㄴ뿡'이 바로 '鵬'일 수 있으니, 『동국정운』의 편찬자는 아마도 '鵬'의 別字로 '鵬'을 대신하였으리라 생각된다. 한 가지 대단히 흥미로운 사실은, 周祖模(1984)가 '鵬'에 대하여 "일본 송본건상본(日本 宋本巾箱本)에서는 이 글자를 '鵬'으로 하였는데, 이는 위작(僞作)"이라 규정하여 '鵬'을 '鵬'으로 교감하고 있다는 것이다.[36)]

즉 '鵬' 대신 '鵬'을 쓰는 것은 僞作의 영향을 받은 것이라는 점이니, 『동국정운』 편찬자들이 과연 일본 송본건상본 『광운』의 위음(僞音)에 따라 주음한 것인지 앞으로 깊은 연구가 필요하다.

여하튼 '鵬'의 주음은 '鵬'의 이체로 이뤄지긴 했으나 엄밀한 이체 관계가 아니라 일종의 오류로 보고 『동국정운』 미수록자에 포함시켜 다루었다. '鵬'의 현실음은 비록 실제 문헌 예를 찾지 못했으나 '朋'을 성부로 하는 다른 음을 참고하면, 아마도 'ㄴ붕' 정도였을 것이다. 어쨌든 전탁(全濁) 순음을 사용하였다는 점에서는 동국정운식 한자음의 일반적인 면모가 여기서도 발견된다고 하겠다.

(14) [卍]

'卍'을 한자로 보기는 어려울 수 있으나, 이 연구에서는 音에 관심을 두므로 일단 포함시켰다. '길상(吉相)'을 표시하는 불교 문양에서 생긴 문자로,

---

『거요』를 비롯하여『광운』이나『집운』에도 실려 있지 않다.

　　H먼{3회}〈능활1-82ㄴ/남명하65ㄴ〉
　　[SK] ?
　　광운 등 중고음 정보 없음.

　　운서 중에는『용감수경』(10세기)에 수록된 정도인데, '俗音万'이라 주음하고 있다. 자서(字書) 중에는『번역명의집(翻譯名義集)』(송대 宋代 법의 法義가 편찬한 불교역명사전, 12세기로 추정)이 수록하여 '音萬'이라 주음하였다.

　　'萬'과 '万'은 이체자 관계이며[37] 이들의『동국정운』음은 'H먼'이므로, '卍'의 문헌음은 이들과 통한다. 그렇다고 해서『용감수경』이나『번역명의집』을 직접 참고하여 주음한 것이라고는 생각되지는 않는다.『능엄경언해』나『남명집언해』편찬 당시에 '卍'은 이미 익숙한 문자였을 것이고, 그 음이 '萬'과 같다는 점도 익히 알려져 있었을 것이다. '萬'의 현실한자음이 'R~H만'이었다는 점에 유의할 필요가 있다. '卍'의 주음은 현실한자음이 아닌 것만은 분명하다.

　　결론적으로 '卍'의 문헌음은 10세기 자료부터 포착된 음("音萬")이 전승되어 나타났을 가능성이 크다. 이때 "音萬"이라는 인식에 따라서『동국정운』속 '萬'의 音을 따랐다고 볼 수도 있다. 그렇다고 하더라도, 이전 시기부터 전승된 현실음으로 주음하였을 가능성이 크다는 점이 중요하다.

　　(15) [錠]

　　H뎡{3회}〈석상6-8ㄱ/월석1-8ㄴ〉

---

37)『거요』와『집운』에 각각 '通作 萬'으로 주기되어 있다.

[SK] H뎡38)

[광운] 徒徑切, 梗開3H徑定 / 丁定切, 梗開3H徑端

　고유명사 '정광불(錠光佛)'에서 쓰였다. 『거요』에도 수록되지 않았다. 같은 형성(形聲) 계열이라 할 수 있는 '定'의 『동국정운』음이 'H뗭'이므로 여기서 유추했을 가능성은 없다.39)

　현실한자음과의 관계도 생각해 보아야 한다. 다만 현실한자음 역시 'H뎡'으로 나타나기는 하나 이것은 18세기 자료인 『삼운성휘』에 수록된 것이므로 15세기 음으로 간주하기는 어렵다.

　한편 『광운』에 포착된 음이 반영되었을 수 있다. 그럴 경우 특이한 점은 『광운』의 복수음 중 단모(端母) 음을 선택했다는 것이다. 『광운』의 복수음 중 정모(定母) 字의 자석(字釋)은 "豆有足曰錠無足曰鐙"40)인데 반해, 단모(端母) 字는 '錫屬' 즉 금속 종류의 명칭이다. 정광불(錠光佛)이란 연등불(燃燈佛)이라 불리기도 하는 보살의 별칭인데, 『광운』의 단모(端母)의 자석(字釋)과는 어울리지 않는다.41) 『월인석보』와 『석보상절』의 주음에는 또 다른 까닭이 있을 것이다.

　한 가지 단서는 『집운』에서 찾을 수 있다. 『집운』이 『광운』과 달라진 것은 霰韻 음이 하나 추가되었고, 제기(祭器) 명칭을 가리키는 의미가 더해졌다. 그리고 『광운』의 단모(端母) 字가 『집운』에서 '鐙'의 의미를 가지게 되었으니, 『월인석보』와 『석보상절』의 편찬자들이 'H뎡'으로 주음한 것은

---

38) 『삼운성휘』(1751)에 수록된 음이다(남광우 1995).

39) '定'의 복수음으로 'H뎡'도 있긴 하지만 문헌음은 모두 'H뗭'으로 수렴하므로 'H뎡'을 직접 참조하여 '錠'을 주음하였을 가능성은 적다고 생각된다.

40) '豆'는 중국 고대의 제기 종류의 한 명칭이며, '錠'은 굽이 있는 것이고 '鐙'은 굽이 없다는 뜻이다(『한어대사전』 '豆' 항목 참조).

41) 부처의 명칭에 사용된 글자라는 점에서 불교용 한자로 취급할 수도 있으나, 중국 고대의 제기 명칭으로 사용되어 온 용례가 많을 뿐 아니라 '錠光'의 의미도 이와 가깝기 때문에 여기서 다루었다.

『집운』의 자석(字釋)과 연관이 있을 수 있다.

> [집운] H堂練切, 霰韻, 定母(燈有足也)
>
> H丁定切, 徑韻, 端母([說文]鐙也)
>
> H徒徑切, 徑韻, 定母(鐙也)

자서류(字書類)의 자석(字釋)도 대응하고 있다.『설문해자』錠 조(條)는 '鐙也'라 풀이하고 있다. '鐙' 역시 두류(豆類)에 속하는 제기의 하나지만, '鐙'에 대한 서현(徐玄)의 주(註)는 "錠中置燭, 故謂之鐙. 今俗別作燈, 非是"로서, 등불을 켜는 그릇을 가리키는 유의자로서 '錠, 鐙'이 같이 사용되고 있다. 이 '鐙'의 中古 성모가 단모(端母)이며,42)『동국정운』에서는 'H등'으로 수록되고 있다.『월인석보』와『석보상절』의 편찬자들이 아마도 '鐙'의 단모(端母)에 이끌렸을 가능성도 생각해 볼 수는 있지만 무리가 있는 추론임은 부인할 수 없다. 그러나 어떻든『거요』에서는 연원을 찾을 수 없는 것이다.

한 가지 제기되는 문제는『설문해자』,『광운』,『집운』의 자석(字釋)으로 미루어 '錠'과 '鐙'을 이체자로 취급하여 '『동국정운』 미수록자'에서 제외할 수도 있겠느냐는 의문이다. 그러나 두 글자의 음이 전혀 다르기 때문에 이 연구에서는 이체자 관계로 취급하지 않았다.

(16) [哩]

불교 음역어인 '梅哩麗耶'에 사용된 글자로서, 전승된 불교독송음이 반영되었을 가능성이 크다. 용례와 음의 연원을 차례로 살펴보면 다음과 같다.

---

42) 都鄧切, 증섭(曾攝) 開H1嶝端(『광운』)

H링{2회} 〈월석1-51ㄴ(梅哩麗耶를 그르 닐어 彌勒이시다 ᄒᆞᄂᆞ니)〉

[SK] ?

[광운] 수록되지 않음.

『광운』이나 『집운』과 같은 전통적인 운서에는 없다. 『월인석보』 편찬
자가 어떤 운서를 직접 참고하여 음을 달았을 가능성은 적다고 할 수 있다.

한편 『동국정운』에서 성부(聲符)로 '里'를 가지는 한자들 중 쓰임이 많은
자들이 대체로 상성(里 R링, 理R링 俚R링, 狸L링)이다. '哩'(L링)의 주음을
『동국정운』 안에서 유추했을 가능성도 적은 것이다.

다만 자서(字書) 중 『옥편』(543년)에 '力忌切, 音吏'라는 주음과 함께 '出陀
羅尼'라고 풀이되어 있다. 이로 미루어 '哩'(L링)는 전승된 불교 독송음이 반
영된 것이라고 볼 수 있다.

(17) [嘍]

R릏{2회} 〈월곡-49ㄴ〉

[SK] ?

[광운] 落侯切 流中開1L侯來 / 郎斗切, 流中開1R厚來

불교의 신조(神鳥) 기파조(耆婆鳥)와 관련된 고유명사 '迦嘍茶'와 '優婆
嘍茶'의 표기하는데 쓰였다.

됴ᄒᆞᆫ 곳 머근 머리는 일훔이 迦嘍茶ㅣ러니 世尊ㅅ 몸이 이 넉시러시니
모딘 곳 머근 머리는 優婆嘍茶ㅣ러니 調達이 몸이 뎌 넉시러니(월곡-49ㄴ)

역시 『거요』에는 수록되지 않았다. 『집운』에도 『광운』과 같이 복수음
(侯韻, 厚韻)으로 나오지만 모두 '謱'의 이체자로 제시되었다.

『동국정운』에서 유추했을 가능성은 희박하다. ㅁ 종성을 쓴 것은 류섭(流攝) 字에 일률적으로 적용된『동국정운』의 특징이긴 하지만, 상성으로 반영된 것은 설명하기 어렵기 때문이다. '婁'를 성부로 하는 글자의 주음 중에 상성(R룸)이 있긴 하지만 평성과 거성도 있을 뿐 아니라 평성이 훨씬 많은 것이다.[43]

따라서『월인천강지곡』의 편찬자가 '嘍'를 특별히 상성으로 주음한 것은『동국정운』의 다른 자에서 유추했을 가능성보다는 불교역음으로 전승되어 온 음이 반영되었을 가능성이 더 클 수 있다.

한편『광운』의 복수음(평성, 상성)이나『집운』에 수록된 복수 성조 중에서 상성이 곧 불교역음에 해당하는지는 판단하기가 쉽지 않다.『광운』평성 字의 자석(字釋)은 '시끄럽게 새가 우짖는 모습(嘍唳鳥聲)' 정도의 뜻이며, 상성 字의 자석(字釋)은 '(새가) 시끄럽게 계속 우는 모습(連嘍煩皃)'의 뜻인데, 의미의 차이가 크지 않아 보인다.

어째서 상성으로 주음되었는지 더 연구해 볼 필요가 있는 것이다.

(18) [殑]

R응{2회}〈영험16ㄴ(2, 八十八殑伽沙俱胝百千諸佛이 흔가지로 펴니르시니라,
　　　　殑伽ᄂᆞᆫ 恒河ㅣ오)〉
[SK] ?
[광운] 其餕切, 曾開3H證群 / 其矜切, 曾開3L蒸群 / 其拯切, 曾開3R拯群

『영험약초』에 '殑伽'(R응L꺙)로 출전한 예가 유일하다.『동국정운』은 물론『거요』에도 수록되지 않았다.『집운』에서는『광운』의 3음 이외에 평성

---

43) 평성 字는 18字이며('L룸' 婁樓髏螻髏顗 등), 상성 字는 9字('R룸' 塿蔞嶁 등), 거성 字는 4字('H룸' 鏤嶁僂瘻)가 있다.

음이 추가되었지만 자석(字釋)이 '鬼出'이니, 이 연구의 논의와는 무관하다.

『영험약초』의 주음은 성모가 업모(業母)인 점이 매우 특이하다. 『광운』, 『집운』의 음은 모두 中古 군모(群母)이므로 동국정운식으로 반영한다면 'ㄲ'(『동국정운』 규모 虯母)로 주음해야 하기 때문이다. 그런데 『광운』의 자석(字釋)은 평성과 상성 條에 똑같이 '欲死'라 풀이되어 있는데 반해, 거성 조(條)에는 '釋典殑伽'로 주기되었음에 주목해야 한다. 『영험약초』의 협주 풀이에 따르면 '殑伽'는 곧 '恒河' 즉 불가(佛家)의 강 이름이다.[44] 바로 『용감수경』에서 "其極反欲死也又凝等反梵語河名也"를 얻을 수 있으니, 『영험약초』의 음은 『용감수경』에서 범어(梵語)로 주기(注記)한 이음(異音) 즉 의모(疑母) 음과 대응하는 것이다.

『동국정운』의 다른 수록자에서 '殑'을 中古 성모 의모(疑母) 혹은 동국정운 업모(業母)로 유추했을 근거는 찾기 어렵다. 『영험약초』의 편찬자는 아마도 『용감수경』에 의모(疑母)로 반영된 음과 관련이 있는 전승 불교음을 따랐다고 생각된다.

동국정운의 업모(業母)는 『거요』의 자모 체계에 반영된 中古 후기 이후의 음 변화를 반영한다(조운성 2011가:21-22). 그러나 『영험약초』의 '殑'이 업모(業母)를 취한 것은 이러한 태도와 무관하다.

(19) [跉]

'비틀거리며 걸음'을 뜻하는 '跉跰'로 사용되는 글자로,[45] 이 연구가 조사한 문헌 중 『능엄경언해』(활자본)에 나온 예가 유일하다. 『거요』에는 수록되지 않았다.[46]

---

44) 겐지스 강을 가리킨다(『불교학대사전』).
45) 『광운』의 자석(字釋)이 '跉跰'이며, 『옥편』에도 비슷한 의미로 "行不正也"라 풀이되었다.
46) 『집운』에 이체자 관계로 제시된 '冷', '跨'도 『거요』에 수록되지 않았다.

L령{2회}〈능활1-15ㄴ(蛉嫭흔 아드리 ㅎ마 寶藏을 가졔니, 蛉嫭은 시드론 양지
　　　　라)〉

[SK] ?

[광운] 郎丁切 梗開4L靑來

『집운』에는 '跉'과 함께 '衿'의 이체자로서 靑韻, 령소운(靈小韻)에 포함되
어 있는데, 반절은 『광운』과 같다(郎丁切).

　　한편 『동국정운』 내에서 주음을 유추하였을 가능성도 없지는 않으나 단
정하기는 어렵다. '令'을 성부(聲符)로 하는 字들의 성모나 운모는 대체로
'령'으로 일치하지만 성조가 평성, 상성, 거성으로 나뉘기 때문이다. 평성
字가 월등히 많지만 상성과 거성 자도 있음을 무시할 수 없다.

　　L령(令伶舲輪酼岭羚聆齡哈胎冷泠蛉玲鈴輪怜囹)

　　R령(領嶺衿)

　　H령(令零)

게다가 '令'은 문헌음에서 거성으로 나타나는 경우가 압도적이다.

[令]

　　동운H령{18회}〈석상6-27ㄴ, 46ㄱ, 13-26ㄴ/석상24-12ㄱ, 13ㄴ, 20ㄱ, 30ㄱ, 46
　　　　　　　ㄴ, 48ㄱ/월석1-9ㄴ, 10ㄱ/법언1-90ㄴ(2)/남명상-68ㄱ, 하-5ㄴ,
　　　　　　　24ㄱ, 35ㄱ, 70ㄴ〉

　　　■H령〈월곡-47ㄱ〉

　　동운L령{1회}〈법언1-72ㄴ(이체, 令人樂聞에 니르린)〉

　　한편 '令'의 현실한자음은 'L령'이다. 현실한자음의 반영일 수도 있는 것
이다. 그렇지만 현실한자음의 내원(來源)도 중국음이므로 『광운』에 나타

난 中古 시기의 음이 전승되어 반영된 것이라는 풀이도 충분히 가능하다.

　(20) [鉐]

　　入셕{2회}〈법언1-219ㄱ(鍮鉐과 赤白銅과, 鍮鉐은 돌 藥으로 구리에 노길씨
　　　　라)〉
　　[SK] 入셕
　　[광운] 常隻切, 梗開3入錫禪

　　금속 종류를 가리키는 글자로(『광운』의 자석 字釋이 ‘鍮鉐’임), 『거요』에
도 없다. 동국정운 ‘石(H쎡)’에 이끌려 주음했을 가능성도 완전히 배제할
수는 없으나, 『광운』음도 이와 같으므로 中古 시기의 음이 반영되었다는
추론도 성립한다. 『집운』에는 2개 이음(屋韻, 作木切/ 昔韻, 常隻切)으로 수
록되어 있는데, 그 중 常隻切(禪母)이 『광운』과 일치하는 고음(古音)이다.

　(21) [蹭]

　　H층{2회}〈남명하45ㄴ(2 蹭蹬ᄒᆞ야 속졀업시 듣논 들 아로니, 蹭蹬은 行ᄒᆞ야 나
　　　　ᅀᅡ가디몯홀시라)〉
　　[SK] ?
　　[광운] 千鄧切, 蹭소운, 曾開1L登淸

　　‘失足’, ‘失道’의 의미로서, 『남명집언해』에서 ‘蹭蹬’의 용례로 출현하였
다. 지금까지 살펴본 다른 미수록자와 마찬가지로 『거요』에 수록되어 있
지 않다. 『동국정운』에 ‘층’이라는 음절이 없기 때문에 『동국정운』의 다른
글자에서 유추한 것이라 볼 수는 없다. 다음은 ‘曾’을 성부로 하는 글자들
의 『동국정운』 속 주음이다.

L증(增憎譄曾), H증(增), L쯩(層曾嶒繒贈譄), H쯩(贈). L승(僧)

‘譄’의 주음은 『광운』의 음과 같으며, 자석(字釋) 역시 ‘譄蹭’이다. 『집운』의 주음과 자석(字釋) 역시 동일하다(七鄧切, [說文]蹭蹬失道也).[47] 흥미로운 것은 『설문해자』에서 ‘譄’을 ‘失道也’로 풀이하였다는 점이다.

이상의 내용을 고려하면 『남명집언해』의 주음은 『동국정운』과 가까운 시기의 자료가 아니라 그 이전부터 전승되어 온 음이 반영된 결과라고 할 수 있을 것이다.

(22) [靼]

‘靼’은 『남명집언해』에만 2회 출현하며, 현실한자음 정보는 확인되지 않았다.

H닳{2회}〈남명하57ㄱ, 58ㄴ〉
[SK] ?
[광운] 當割切, 山開3A入曷端 / 旨熱切, 山開3A入薛章 /

『남명집언해』의 용례는 다음과 같다.

朦憧ᄒ며 頑皮靼호믈 기피 슬노니〈남명하57ㄴ〉
頑皮靼은 쇠고갯 ᄀ장 둗거운 가치니〈남명하58ㄴ〉

‘중생의 몽매하기가 쇠가죽처럼 질기다’는 문구 속에 쓰인 것이다. 역시 『거요』에 없다. ‘旦’을 성부로 하는 글자 중 입성인 것은 『동국정운』에서 ‘H

---

47) 『집운』에는 음이 하나 더 있지만 ‘靼’의 이체자이며 성모(聲母)는 종모(從母)다.

닳'밖에 없다(怛呾妲狚) 또 현실한자음은 확인되지 않지만 '旦'계열 입성 자의 현실음이 'H달'이다(怛).

한편『광운』의 복수음 중 단모(端母), 曷韻 字와 음이 대응한다. 자석(字釋)은 '柔革'이며 이는『설문해자』의 풀이와도 같다(靼柔革也).

이와 같은 점을 모두 종합하면 '靼'의 문헌음은 어떤 쪽으로도 추론이 가능하다.『동국정운』안에서 유추했을 수도 있고 '怛' 등의 현실한자음의 영향일 수도 있으며,『광운』이든『설문해자』이든 모종(某種)의 운서나 자서(字書) 음의 영향일 수도 있다. '旦' 계열의 입성자 음이 큰 차이가 나지 않기 때문인데, 좀 더 연구가 필요하다.

(23) [鍱]

'鍱'은 '靼'과 마찬가지로『남명집언해』에서만 나타나는데,
'쇳조각'의 의미로 쓰인 것이다. 역시『거요』에 수록되어 있지 않다.

    H뗩{2회}〈남명하4ㄱ(盆 올이며 비를 鍱호미 엇뎨 數ㅣ 다ᄋ리오,
         비를 鍱다호ᄆᆫ 外道ㅣ 구리로 비를 벗고 닐오ᄃᆡ)〉
    [SK] ?
    [광운] 與涉切, 咸開3A入葉以

홍미로운 점은『광운』의 성모(以母, 喩4)와는 대응하지 않는다는 사실이다. 지금까지 살펴본 미수록자들이 대부분『광운』음과 대응하는 것과는 전혀 다르다. 한편『집운』은 복수음 4개를 수록하였는데 모두 함섭(咸攝)이며 성모가 정모(定母) 음인 것이 있다(達協切, 牒小韻, '鋌也'[48]). 따라서『집운』과의 대응관계를 배제할 수는 없으나 복수음 중 하나일 뿐 아니

---

[48] '鋌'은 '쇳덩이'라는 뜻임.

라 나머지 음도 뜻풀이가 대동소이하기 때문에 직접적인 관계가 있다고
단정하기는 어렵다.

그런데 같은 해성(諧聲) 계열 한자의 『동국정운』음은 'H뗩'으로 주음된
경우가 압도적이다.

　H뎝(喋)

　H뗩(牒諜蝶鰈喋堞蹀篗渫鰈揲)

　H섭(葉鰈)

　H협(偞)

　H엽(葉楪揲)

현재로서는 '鰈'의 문헌음(남명집언해)이 『동국정운』에서 유추했을 가
능성을 보인다고 하겠다.

(24) [你]

　R닝{1회}〈석상9-39ㄱ(頻你羅大將과)〉

　[SK] H니

　[광운] 乃里切 止開3R止泥

『거요』에도 없다. 이 연구가 조사한 바로는 『석보상절』에 단 1회 출현
한다. 현실음과는 성조가 다르다. 『석보상절』의 주음은 『광운』음에 대응
한다. 『집운』에는 상성 止韻과 紙韻에 각각 출현하는데, 『집운』 시기에 紙
韻音이 증운(增韻)된 것이다. 그러나 『집운』의 두 음 모두 '汝也'라 풀이하
고 있다. 『집운』의 紙韻은 '伱儞你' 순서로 표제자를 배열하였으니, '伱'를
기본자로 보았음을 알 수 있다. 결국 『집운』의 紙韻은 후대의 이체 관계로
생긴 음이고 止韻 음이 『광운』 시기부터 이어진 고음(古音)임을 알 수 있

다.『석보상절』의 편찬자들은 中古 시기의 음을 반영하는 모종의 운서나 자서(字書)를 참조하였거나, 그 시기의 음이 전승되어 나타난 결과라고 생각할 수 있다.

(25) [膀

　　L빵{1회}(능활1-51ㄱ)
　　[SK] L방
　　[광운] 步光切, 宕脣1L唐並

'膀胱'을 용례로 쓰였다.

『거요』에는 수록되지 않았다.『광운』에서는 방소운(傍小韻)에 속하는데 음이 서로 통하며, 자석(字釋)은 '膀胱'이다.『집운』은 이음(異音)이 둘인데 모두 唐韻이면서 성모(聲母)는 방모(滂母, 鋪郎切), 병모(並母, 蒲光切)로 나뉜다.

한편 '旁' 계열의 해성(諧聲) 字들은『동국정운』에서 전청(全淸 ㅂ), 차청(次淸 ㅍ), 전탁(全濁 ㅃ) 모든 경우로 나타나기 때문에 특별히『동국정운』에서 유추했으리라 단정하기는 어렵다.

　　L방(搒榜謗), R방(榜), H방(謗榜搒)
　　L팡(滂磅鎊), H팡(滂)
　　L빵(旁傍徬), H빵(傍徬旁)

다만 '膀'이『광운』에서 방소운(傍小韻)에 속하고『동국정운』에서 '傍'이 'L빵'이므로 여기서 유추 관계가 성립할 수 있다고 볼 수도 있으나, 이는 역으로 中古 시기의 운서의 영향이라는 반증이라고 풀이할 근거도 된다. 한편 현실한자음에서는 전탁(全濁) 성모를 취한 字가 없다.

따라서『능엄경언해』의 한자음은『광운』에 포착된 중고음 시기의 성모
를 계속 유지한 것으로 보인다.

(26) [胱]

　　L광{1회}〈능활1-51ㄱ〉

　　[SK] L광

　　[광운] 古黃切, 宕合1L唐見

역시 '膀胱'의 용례로 쓰인 것인데,『거요』에도 없다.『집운』에서는 唐韻
광소운(光小韻)에 포함되어 있는데(姑黃切), 이는『광운』과 동일한 음이다
(『광운』역시 광소운 光小韻에 속하며, 반절상자 '沽'와『집운』반절상자
'姑'는 같은 견모 見母다).

현실한자음과 일치하며,『동국정운』속 '光'과도 같은 음이다.[49] 따라서
'胱'의 주음은 비록 동국정운 미수록자이긴 하나 현실한자음의 영향,『동
국정운』속 '光'의 유추, 혹은 중고음 시기를 반영하는 모종의 운서나 자서
(字書)의 영향 등 어느 쪽으로도 추론이 가능하다. 그만큼 '胱'의 음이 특별
할 것이 없기 때문이기도 할 것이다.

4.1.3. 소결: 미수록자 주음 양상의 함의

1) 미수록자 주음의 양상

지금까지 미수록자 26자를 살펴본 바를 종합하면 다음과 같다.

---

49) '光'은『광운』에서 唐韻 소속 小韻字로, '胱'을 포함하고 있다.

(1) ‘鵬’을 제외하면『거요』에 수록된 글자가 없다.『동국정운』이 ‘鵬’을 ‘鵬’의 이체로 생각하여 수록했을 가능성을 감안하면, 실질적으로『동국정운』미수록자는 곧『거요』미수록자이기도 한 것이다.『동국정운』이『거요』의 자모운을 韻目字로 수용한 것과 일맥상통한다.『동국정운』편찬자는 수록자의 선택에도『거요』를 참조했을 가능성이 높다. ‘菩’(430회 출현50)), ‘眛’(38회), ‘囑’(15회) 등 출현 빈도가 결코 낮지 않거나 벽자(僻字)라 할 수 없는 字들이 포함된 것은 이렇게 설명할 수밖에 없다.

(2)『동국정운』 안에서 주음을 유추했을 가능성이 있는 字는 ‘囑, 袈, 裟, 壜, 瑪, 鼙, 碑, 樏, 卍, 鈤, 靻, 鰈, 胱’ 등 13字다. 그렇지만 이들은 현실한 자음과 같거나(袈, 裟, 瑪, 碑, 胱),『광운』등 여타 韻書나 자서(字書)의 음과 대응하기도 하기 때문에 주음의 연원을 어느 쪽을 추론해도 조금씩 가능성이 있다. 유일하게『동국정운』에서 유추했을 가능성만을 남기는 경우는 ‘鰈’로서, 오히려 특수한 예외로 보고자 한다.

(3) 26字 중 ‘瑪, 姝, 殈, 鰈’을 제외하면 대체로『광운』의 음과 대응한다.

(4) 현실음과 차이가 있는 경우는 전탁(全濁) 성모를 채택한 것(菩, 眛, 鈤, 膡), ㅱ 종성 표기(眛), ㅭ 종성 표기(樏), 성조의 차이(儞)로 나타난다.

(5) 한편 미수록자 중 불교음역자는 ‘菩, 眛, 袈, 裟, 哩, 嘍, 殈’ 들인데, 이들의 주음은 아마도 전승된 불교음에 따른 것이라 생각할 수 있다. 문헌의 편찬자들에게는 굳이『동국정운』을 직접 참조할 필요가 없었을 수 있다. 다만 전탁(全濁) 성모나 ㅭ, ㅱ 종성의 사용은 편찬자들이『동국정운』의 표기 원칙을 충실히 따른 결과라 할 수 있다.

(6) 그밖에 ‘殈’은 중고음 및 中古 후기 운서(『집운』)와 달리 견모(見母)가 아니라 업모(業母)로 주음되었지만, 문헌음이 中古 시기 불교음을 비교적 충실히 반영한 것을 고려하면 동국정운의 업모(業母)와는 무관

---

50)『월인천강지곡』 4회를 더한 횟수다.

한 표기라고 할 수 있다.

위와 같은 주음 양상이 무엇을 의미하는지 생각해 볼 필요가 있다. 가장 눈에 뜨이는 것은 미수록자 음이 『광운』 수록음과 대응하는 경우가 많다는 것이다. 문헌의 편찬자들이 미수록자를 만났을 때, 상식적으로는 『동국정운』의 다른 수록자에서 유추했을 가능성을 먼저 떠올리게 된다. 그러나 실제 주음이 中古 시기에 더 가까운 음으로 나타난 빈도가 상대적으로 높은 것이다.

그렇다고 해서 문헌 편찬자들이 『광운』을 직접 참고하여 그대로 따랐다고 풀이하기는 어렵다. 조선 초기의 음운학자들이 『광운』을 비롯한 中古 시기 운서(혹은 절운계 운서)를 즐겨 참고했다는 문헌 근거가 전혀 없기 때문이다. 따라서 현재로서는 다음 두 가지 방향으로 그 연원을 추론할 수밖에 없을 것이다.

첫째, 한국 한자음의 주층(主層)에 대해서는 여러 학설이 있으나 대체로 중고음의 어떤 시기라는 점에서는 공통된다고 할 수 있는데,51) 이 시기의 음이 어떤 방식으로는 당시 조선의 음운학자들에게 전승되어 온 결과가 미수록자의 주음으로 나타났을 수 있다. 특히 '菩, 睰, 殌, 哩, 嘍' 등의 불교 음역자나 '膀, 胱'(膀胱), '硨'(硨磲), '瑪'(瑪瑙), '蹭'(蹭蹬)과 같이 고정된 어형(語形)으로 오래 전부터 쓰였을 경우에는 그 음의 특성이 크게 변하지 않을 수 있는 것이다.

둘째, 문헌 편찬자들이 中古 시기 전후의 음을 반영하는 모종의 운서나 자서(字書)를 참고하였을 것이고, 여기에 수록된 음이 미수록자의 주음으로 나타났다는 풀이도 가능하다. 『거요』에 미수록된 글자가 『동국정운』에도 수록되지 않았다고 볼 수 있는 점, 『거요』의 자모운 字를 『동국정운』의 운목자(韻目字)로 채택하였다는 점 등은 『동국정운』을 편찬한 조선 음

---

51) 상고음(上古音)의 영향은 별도로 한다.

운학자들이 운서의 편찬에『거요』라는 특정한 운서의 체재를 기준으로 삼았다는 사실을 알려준다. 그런데 막상『동국정운』의 주음, 특히 韻母가『거요』와 상당히 다르다는 점은 실제 한자음을 정립하는 데에도『거요』만큼의 비중을 두었던 어떤 문헌 혹은 문헌들이 존재했을 가능성을 역설적으로 말해준다. 다만 아직까지 그 문헌이 어떤 것이었는지를 특정하지 못한 상태라고 할 수 있는 것이다.

2) 미수록자의 주음과 '동국정운식 한자음'

지금까지 살펴본 글자들은 분명히『동국정운』에 수록되지 않은 글자들이다. 그렇다고 해서 이들을 '동국정운식 한자음'이 아니라고 할 수 있을까? 사실 '菩'(L뽕), '睮'(H흏), '膀'(L빵) 등을 보면 누구나 동국정운식 한자음이라고 생각할 것이다. 실제 현실음과 거의 동일할 뿐 표기만의 차이라고 할 수 있는 '櫁'(入밇)에 대해서조차 그러하다.

결국 어떤 경우이든 미수록자의 주음 양상에도『동국정운』에 전반적으로 나타나는 한자음 교정 원칙이 보이는 것이다. 즉 15세기 문헌 편찬자들은『동국정운』이 없이도 일정한 원칙에 따라 질서정연하게 주음을 했다고 할 수 있다. 미수록자의 주음에서는 그러한 원칙 중 다음과 같은 내역을 확인할 수 있다.

첫째,『동국정운』안의 다른 글자에서 직접 유추하는 것은 피한다.
둘째, 성모(聲母)의 청탁(淸濁)과 성조(聲調)를 최대한 교정한다. 다만 치두음과 정치음의 구분은 하지 않는다.
셋째, (표기의 문제로 보이지만) '종성자로 ㆆ, ㅱ, ㅇ'를 사용한다.

이와 같은 점에서, 이제까지 살펴본 미수록자들이『동국정운』에 나타나지 않는다고 해도 그 주음은 '동국정운식 한자음'이라 규정할 수 있다.

4.2. 『동국정운』 불일치음의 주음 양상

동국정운 불일치음이란『동국정운』에 수록된 한자가 실제 문헌에서 사용되었을 때, 그 주음이 동국정운 음과 일치하지 않는 음을 말한다. 제1장에서 거론한 불일치음들(巍, 耨, 琥, 堀, 卯, 昭) 이외에도 적지 않은 한자가 더 발견된다. 이 연구에서 확인한 불일치음은 45字로, 그 내역은 아래와 같다. 물론 앞으로 동국정운식 한자음 표기 문헌 전체를 전수 조사한다면 그 숫자는 더욱 늘어날 수 있다.

堀頃驗權醍 吒沾編貧隨 昭新殊授聿 恩殃耨巍部

霧垓解堀般 卯阿矩在雉 九受後子琥 水待損化度

現強拜徧報

성모 불일치, 운모 불일치, 성조 불일치 순서로 나누어 고찰하기로 한다. 동일한 음이 성모, 운모, 성조 등에 걸쳐서 불일치하는 경우에도 성모, 운모, 성조 별로 각각 다루기로 한다.

4.2.1. 성모의 불일치

성모가 불일치하는 경우는 아음 4, 설음 3, 순음 2, 치음 6, 후음 2 등 모두 17字다. 이들을 전통적인 칠음(七音) 순서 즉 아설순치후반설반치(牙舌脣齒喉半舌半齒) 순으로 살펴보되, 불일치음의 출현 빈도가 높은 순으로 배열하여 서술한다. 출현 횟수는 { }로 표시한다.

출현 장차(張次)는 각 문헌에서 처음만 표시함을 원칙으로 한다. 다만 불일치음의 연원을 추정하는데 도움이 되고자 출현 용례를 충분히 제시할 필요가 있다고 판단될 때에는 몇 面을 선별하여 적절히 제시한다.[52] 이와 함께『홍무정운역훈』의 음이 확인된 것도 표시하고,『집운』의 음과 자석(字釋),『광운』의 자석(字釋)도 필요에 따라 검토한다.

1) 아음(牙音)

(1) [堀]

'堀'은 사용 빈도가 낮지 않은 한자인데,『동국정운』수록음과 다른 주음이 발견된다. 성모와 운모가 모두 달리 나타난다.

> [동운] H궁{8회}〈석상13-1ㄱ(王舍城耆闍堀山中에 겨샤)/법언서-12ㄱ/법언
> 1-19ㄴ/남명하36ㄱ(堀에 드러 모미 갈마ᄂᆞᆫ ᄒᆞ오사)〉53)
> [불일치음{6회} H콣〈월곡-67ㄱ(七寶行樹間애 銀堀ㅅ 가온ᄃᆡ)/석상6-44ㄴ(須
> 達이 塔셰오 堀짓고)/석상23-39ㄴ(耆闍堀山ㅅ畢鉢羅堀애잇더니) 등〉
> [SK] H굴
> [광운] 衢物切, 臻合3入物群([說文]曰突也引詩曰蜉蝣堀閱…)/苦骨切 臻合1入沒
> 溪([宋玉]云堀堁揚塵)
> [역훈] H쿤

'H콣'은『월인천강지곡』,『석보상절』권6과 권23에서 발견된다. 모두『석보상절』권23권 등에서 쓰인 용례와 다를 바 없이 '窟, 穴'의 뜻으로 모두 쓰였다.

그런데 이런 의미라면『광운』의 物韻(평성은 3등운인 文韻이 상배한다)에 대응하므로, 굳이 '콣'로 표기될 까닭이 없다. '콣'(堀)은『광운』의 沒韻(1등운) 音으로서, 그 자석(字釋)은 "먼지가 날린다(堁揚塵)"는 뜻이기 때문이다.

---

52) 전체 출현 장차(張次)는 차익종(2014) 부록 참조.
53)『석보상절』(13-ㄱ)의 주음은 '콣'에서 '궁'로 교정된 것이다.

한편 『거요』는 '入, 渠勿切, 群母, 匋字母韻' 한 음뿐이기 때문에 역시 'H콯'
과 무관하다. 그렇다고 15세기 현실음(H굴)과도 유사하지 않다.

한 가지 가능성은 '窟'(H콯)의 이체자로 쓰인 것이다. 『설문해자단주본
(說文解字段注本)』 '堀' 조(條)에 "堀突也突爲犬穴中暫出因謂穴中可居曰突亦曰
堀俗字作窟古書堀字多…"라는 주기가 있는 것으로 미루어 '堀'과 '窟'이 이체
자 관계에 있음을 짐작할 수 있다.[54] 그렇지만 『동국정운』에서는 이들을
별개의 음, 별개의 字로 취급하였다. 아마도 음과 의(義)가 다르기 때문이
었을 것이다.[55] 요컨대 전형적인 이체자라고 하기는 어렵기 때문에 이 연
구에서도 별도로 다루었다.

(2) [頃]

[동운] L켱
[동운] R켱{7회}〈석상6-25ㄱ(여든 頃 짜해)/석상서3ㄴ/월석서13ㄴ(頃은 近間
　　　　　이라)/남명서3ㄱ(頃刻), 46ㄱ(千頃山)/남명하76ㄱ(2, 見聞覺知)〉
■ 월곡R켱〈56ㄱ, 八十頃 東山애〉
[동운] R켱(上同 踥)
[불일치음] R켱{4회}〈남명상22ㄴ(2, 頃刻), 23ㄱ(頃刻), 24ㄴ(千頃山), 46ㄱ(千
　　　　　頃山)〉
[SK]R경
[광운] 去穎切, 梗合3R靜溪 / 去營切, 梗合3L淸溪
[역훈] L켱, R켱, R큉

『동국정운』은 복수음을 가지지만 실제 문헌음은 대부분 'R켱'으로 수렴

한다. 다만『남명집언해』의 'R꾕'은『동국정운』수록음과 일치하지 않는다. 이 불일치음의 연원은『광운』에서 찾을 수 없으며,『거요』에서도 찾을 수 없다.『거요』에서도 음의 분포는『광운』과 동일하며, 견모(見母) 흠은 없기 때문이다.

[거요] R犬潁切, 溪, 頃子母韻 / L窺營切, 溪母, 雄子母韻

불일치음의 용례가 '頃刻, 千頃山'인데, 이들이 동국정운 수록음인 'R쾽'으로 쓰인 용례가 다른 문헌에도 있으므로 '꾕'이라는 주음은 오류로 보인다.

여기서 '頃'의 현실음 성모 'ㄱ'에 주목하게 된다. 현실음에 이끌린 결과일 수 있는 것이다.『남명집언해』(1482)가 다른 문헌에 비해 후대에 발간된 것과 무관하지 않다고 생각된다. 다만 운모가 '쮕'인 것은 개합(開合)에 철저한 태도를 보인 동국정운의 편찬 원칙을 편찬자들도 반영한 결과일 것이다.

그러나『남명집언해』의 서(序)는『동국정운』대로 주음이 되었는데 서(序)와 본문이 차이를 보이는 까닭에 대해서는 연구가 더 필요하다.

(3) [驗]

[동원] H엄{2회}〈월석2-74ㄴ/능활1-85ㄴ〉
[SK] R험
[불일치음] H험{2회}〈영험4ㄱ〉
         R엄{1회}〈남명상21ㄴ〉
[광원] 魚窆切, 咸開H3B豔疑
[역훈] H염

'驗'은 본래 中古 의모(疑母)를 성모로 취하며,『거요』에서도 역시 의모

(疑母)를 유지한다. 『동국정운』에서는 『거요』의 의모(疑母)와 어모(魚母)를 'ㅇ(業母)'로 충실히 반영했음을 성모에 관한 기술에서 말한 바 있다. 그런데 『월인석보』나 『능엄경언해』 등 15세기 중반의 문헌에 비해 15세기 후반의 문헌인 『영험약초』와 『남명집언해』의 주음이 『동국정운』과 불일치한다. H험(영험)은 성모가 불일치한 것이고, 'R엄'(남명)은 성모는 『동국정운』 음대로 주음되었으되 방점에 차이가 있는 것이다. 이들의 주음은 각각 성모 방점에서 현실음에 이끌린 결과라고 할 수 있다.

(4) [權

　　[동운] L꿘{38회} ⟨석상13-38ㄱ(權은 저읏 ᄃ림쇠니)/법언1-4ㄱ(일후믈 비러 귀
　　　　導ᄒ시논 젼ᄎ로 權ᄒ고 實티 몯ᄒ며), 5ㄱ(權은 九界옛 三乘이시고
　　　　實은 佛界옛 圓承이시고), 21ㄴ(이 經은 權을 뫼화 實에 간 디라),
　　　　136(이 經은 權을 뫼화 實에 간 디라), 156ㄴ(ᄠ디 權엣 혀근 사ᄅ 믈
　　　　니르텨 내샤매 겨시니라), 158ㄴ(녯 權을 믈리와ᄃ샤 이젯 實을 알에
　　　　ᄒ시니)/능활1-15ㄴ/남명하36ㄱ⟩
　　[불일치음] L권{1회} ⟨법언1-158ㄴ(後ㅅ 네 句는 權을 믈리와ᄃ샤 니ᄅ시니라)⟩
　　[SK] L권
　　[광운] 巨員切, 山合3L仙群
　　[역훈] L꿘

　'權'은 『법화경언해』에서 총 32회 출현하는데 'L권'으로 주음된 것이 1회 나타난다. '權'을 견모(見母)로 주음할 근거는 『동국정운』은 물론 중국 운서에서도 찾기 힘들다. 『거요』에서도 군모(群母)로 나타나기 때문이다(『거요』, L逵員切, 群, 涓자모운). 『역훈』의 음과도 차이가 있다.[56]

---

56) 『역훈』의 음은 전탁(全濁) 성모를 유지하고 있을 뿐 아니라 3등 개음을 포함하고 있다.

　게다가 『법화경언해』의 같은 面(권1-158ㄴ)에서 동일한 용법으로 2회 출현하였는데 뒤의 것이 '권'으로 주음된 것이다.

　따라서 '權'이 '권'으로 주음된 것은 오류로 보인다. 이는 현실음에 이끌린 결과로 보고자 한다.

2) 설음(舌音)

(5) [醍]

　　[동원] R톙{2회} ⟨능3-26ㄱㄴ(醍醐)⟩[57]

　　[SK] L데

　　[불일치음 L뎽{6회} ⟨남명하7ㄴ(醍醐)⟩

　　[광운] 杜奚切, 蟹開4L齊端(醍醐)/他禮切, 蟹開4R薺透(醍酒又音啼)

　　[역훈] R톙

　모두 '醍醐'의 용례로 쓰였는데, 성모와 성조가 동국정운과 불일치한다.[58] 성모의 경우 『광운』은 물론 현실음과도 일치하지 않을 뿐더러 『역훈』음과도 다르다. 『거요』는 투모(透母) 字다. 다만 『집운』의 복수음 중 '醍醐也'라 풀이된 음이 정모(定母)라는 점이 주목된다(『집운』의 반절상자 '田'은 정모 定母임, 邵榮芬 2011:55).

　　[거요] R土禮切, 透, 己자모운

　　[집운] L田黎切, 齊韻(醍醐也)/R土禮切, 薺韻(酒赤也)

---

57) 『능엄경언해』 권3(목판본)의 한자음은 전수조사를 통해 확인된 것은 아니다.
58) 성조에 대해서는 '성조의 불일치 편' 참조.

여기서『집운』에 제시된 성모와『남명집언해』속 불일치음의 성모가 일치한다는 사실에 주목하게 된다.『남명집언해』의 편찬자가『집운』을 직접 참조하였으리라는 추론은 무리가 있지만, 이와 같은 음을 반영한 모종의 운서나 자서(字書)가 어떤 식으로든 반영되었을 수 있다. 아니면 전청(全淸)을 전탁(全濁)으로 교정한 용례가『동국정운』에 많음을 참조하여 이중 교정, 즉 현실음과 구분되는 또 다른 교정음을 선택한 결과일 수도 있다. 15세기 조선에서『집운』이 애용되었다는 근거가 뚜렷하지 않을 것을 감안하면, 성모의 불일치는 후자에서 찾는 것이 더 온당할 수 있다.

성조에 대해서는 어떻게 볼 것인가? 우선 현실음도 평성이라는 점을 감안할 필요가 있다. 다만『광운』의 복수음 중 평성의 자석(字釋)이 '醍醐'이기 때문에 'ㄴ뎽'로 주음할 근거는 중고음 시기부터 찾을 수 있다. 상세한 것은 4.2.3(성조의 불일치)에서 다루기로 한다.

(6) [吒]59)

[동원] H당{2회}〈석상13-13ㄴ(阿迦尼吒)/월석1-30ㄱ(提頭賴吒)〉60)

[동원] H탕(上同 詫)

[불일치] H장{4회}〈법언-61ㄴ(阿迦尼吒)〉

　　　　　L당{2회}〈남명하22ㄱ(여듧 블힌 那吒ㅣ 姦邪호미 귓것 굳도다)〉

[SK] H타

[광운] 陟駕切, 假開2H禡知

[역훈] H차(俗 本作 咤)

---

59) '吒'는 동국정운에는 이체자인 '咤'로 수록되어 있다.『광운』에는 '吒'와 '咤'가 나란히 실려 있는데 '咤'가 '吒'의 상동자(上同字)라고 주기(注記)되어 있으며,『거요』에는 '咤'만 표제항으로 실려 있되 '古作吒, 今作咤'로 주기되었다.

60)『불정심경언해(佛頂心經諺解)』에도 '吒'(H당)의 용례가 있다.
'大 · 땡力 · 륵無뭉邊변阿항吒 · 당鈥 · 뿡拘궁羅랑神 · 씬 · 괘'(불정12ㄱ).

『동국정운』음은 'H당, H탕'인데, 문헌음도 복수음을 가지되 'H당, H장'
로 나타난다. 문헌음의 하나인 'H장(『법화경언해』)'는 『동국정운』음인
데, 『광운』과 일치하지 않는 반면에 『거요』의 성모와 대응한다.

[거요] 咤 : 陟嫁切, 知母, 誃자모운

『거요』 역시 '咤'를 지모(知母)로 분류하긴 했으나, 『거요』의 지계(知系)
는 中古 설상음(舌上音, 지계 知系)과 정치음(正齒音, 조계 照系)이 합친 파
찰음 계통이기 때문이다. 앞서 '3.2.1. 동국정운의 성모 체계'에서 살펴본
바로, 동국정운과 『거요』의 두드러진 차이는 동국정운이 中古 지계(知系)
와 조계(照系)의 구분을 그대로 유지하고 있다는 점이다. 그러나 『법화경
언해』의 '咤' 주음이 『거요』와 대응한다는 점은 자못 특이하다. 다만 지모
(知母)의 주음이 『거요』와 대응하는 유일한 예이기 때문에 『거요』의 음을
따랐다고 결론을 내리기는 아직 어렵다.

　한 가지 더 살펴볼 점은 『역훈』의 음(H차) 역시 파찰음이라는 점이다.
그러나 이것은 직접적인 대응관계로 보기 어렵다. 『역훈』에서 '咤'와 같이
'H차'로 나타나는 글자는 '咤', '妊', '哆', '詫', '差' 등이 있는데 이들 중 본 연구
에서 조사한 문헌 속에 출현하는 것은 '差'가 유일하다. '差'는 『역훈』에서 'L
츠, L채, L처, H차, L차, H채, H쩌, H차' 등 8개의 복수음으로 나타나며, 동국
정운 문헌음은 'L차(26회, 법화경언해 등), L채(1회, 법화경언해)'이 있
다.[61] 그러므로 '差'의 문헌음은 『역훈』과의 대응관계가 없다. 따라서 『법
화경언해』의 '咤(H장)'가 『역훈』의 영향이라고 말할 근거는 희박하다.

<hr>

(7) [沾]

　　[동운] L텸, L겸, H뎜, L텸(上同 靦), H텸(上同 靦)
　　[불일치음] L뎜{2회}〈월석서7ㄴ(潤沾, 沾은 저질씨라 : 총 1회)
　　[SK] L텸, R텸
　　[광운] 張廉切, 咸開L3B鹽知 /他兼切, 咸開L4添透 /都念切, 咸開H4㭪端
　　[역훈] L겸, L첨, H첨

　　이 연구에서는 『월인석보』序에서만 '沾'의 용례를 확인하였다. 성모가 'ㄷ'(『동국정운』두모 斗母, 中古 단모(端母) 및 지모(知母)로 주음되었는데 이는 『동국정운』에 수록되지 않은 음이다. 특이하게 현실음도 'ㄷ'이 아니라 'ㅌ'로 나타나므로, 'L뎜'의 연원은 다른 데서 찾아야 할 것이다. 『광운』의 복수음 3개 중 지모(知母)와 단모(端母)가 있으나 자석(字釋)를 보면 모두 강 이름에서 기원하였으므로 여기서 연원을 찾기는 쉽지 않다.

　　[광운] 張廉切 (水名在上黨[說文]他兼切)
　　　　他兼切 ([說文]曰水出壺關東入淇一曰沾益也)
　　　　都念切 (水名在上黨)]

　　한편 『집운』과 『거요』도 각각 5개 및 3개의 복수음을 가지지만, 그중에서 '져질씨랴'와 상응하는 자석(字釋)를 찾기 어렵다. 참고로 이들의 자석(字釋)도 보인다. 『집운』은 반절 정보, 『거요』는 자모 및 자모운 정보를 함께 제시한다.

　　[집운] L處占切(沾沾自整頓也)/ L之廉切(沾沾輕薄也)/ L癡廉切
　　　　L他兼切([說文]水出壺關東入洪一曰沾益也)
　　　　H都念切(水出上黨壺口關一曰縣名在樂平)/ 入 的協切(沾沾自整皃)

[거요] L之廉切, 知母, 箈자모운([說文]曰水出壺關東入淇從水占聲或作添又本韻
今增又見添字注)

L他兼切, 透母,箈자모운(沾沾輕薄也〈前〉魏其傳沾沾自喜…)

入, 的協切,端母,結자모운(沾沾自整貌史記魏其傳沾沾自喜正義云自整頓
也音帖又鹽韻今增)

『한어대사전』에 따르면 '沾'이 '浸潤, 浸濕'의 의미로 사용된 것은 일찍이 『사기(史記)』 진승상세가(陳丞相世家)에서부터 보인다. 그러나 성모가 지모(知母)인지 투모(透母)인지는 여전히 판단하기 어렵다. '沾'의 불일치 주음에 대해서는 더 연구가 필요하다.

3) 순음(脣音)

(8) [編]

[동원] L변{2회}〈월석서11ㄴ(2, 各有編譜호ᄃᆡ, 編은 글월 밍글 씨라)〉

[동원] R변

[동원] L뼌

[불일치음] L편{2회}〈월석서18ㄴ(2, 隳括更添於新編하야62))〉

[SK] X편(新增類合-下37, 엿글 편)

[광원] 方典切, 山脣4R銑幫/布玄切, 山脣4L先幫/卑連切, 鞭소운, 仙脣3AL仙幫

[역훈] L변, H변

'編'은 동국정운에서는 복수음 3개를 가지는데, 실제 문헌에서는 'L변'으로 주음된 용례가 있으며(월석서 月釋序), 불일치음으로 'L편(월석서18ㄴ)'

---

62) 이에 해당하는 언해문은 "새 밍ᄀᆞ논 글워레 고텨 다시 더어"임.

이 있다. 『광운』은 모두 전청(全淸, 방모 幫母) 성모를 취했으므로 불일치음(L편)과는 일치하지 않는다. 한편 『거요』의 영향이라 볼 수도 없다. 『거요』도 복수음 둘을 가지는데, 모두 방모(幫母)이기 때문이다. 『집운』에서도 방모(滂母)는 없다.[63]

그런데 현실음의 성모도 '교'(차청, 次淸)이라는 사실이 주목된다. 그러나 이것은 16세기 문헌(『신증유합』)에 수록된 음이므로 '編(L편)'의 주음이 현실음의 영향을 받았다고 단정하기는 힘들다. 현재로서는 아직 연원을 알기 어려운 상태라고 할 수 있다.

(9) [貧]

[동운] L삔{2회} 〈법언1-231ㄱ(六道 衆生이 貧窮ᄒᆞ야, 貧窮은 쳔량 업슬씨라)〉
[불일치] L빈{2회} 〈석상23-3ㄱ(貧窮海ᄅᆞᆯ 걷낼 씨니)/석상24-2ㄱ(貧窮 바ᄅᆞᆯ
　　　　걷낼씨니)〉
[SK] L빈, L빙[64]
[광운] L符巾切, 臻開3B眞並
[역훈] L삔

'貧'은 『동국정운』, 『광운』 모두 병모(並母)로 나타나며, 『거요』에서도 마찬가지다. 반면에 현실음이 'L빈'임이 주목된다. 현실음의 성모에 이끌렸을 가능성을 생각해 볼 수 있다.

『석보상절』 권6, 9, 13, 19는 오류를 바로 잡은 교정 흔적이 많은데 반면에 권23, 24에는 그러한 교정 작업이 반영되지 않은 경우가 적지 않다. '貧'(L빈) 역시 교정 작업에서 누락되었을 가능성이 있다. 당시 언해본 편찬자

---

63) 『집운』 복수음이 5개나 되지만 방모(幫母), 병모(並母)뿐으로, 방모(滂母)는 없다.
64) 'L빙'은 『번역소학』, 『훈몽자회』(손 L빙)와 『전자문』(손 빙/빈)에서 발견된다(권인한 2009: 192).

들이 권23, 24까지 교정의 대상으로 삼았다면 역시 'ㄴ쒠' 정도로 교정하였을 것이다.

4) 치음(齒音)

(10) [隨]

> [동원] ㄴ쒱{11회}〈석상19-1ㄱ(이 法華經 듣고 隨喜혼 사ᄅᆞᆷ 묜)〉
> [불일치음] ㄴ쒱{5회}〈영험6ㄴ(일후미 隨求ㅣ니)/석상24-20ㄱ(바ᄅᆞᆳ ᄀᆞ색 잇ᄂᆞ
> 羯隨라 홇 새 우루미)〉
> [SK] ㄴ슈
> [광운] 旬爲切, 止合3ㄴ支邪
> [역훈] ㄴ쒜

『영험약초』의 주음(ㄴ쒱)이 동국정운 수록음과 다르다. 이 점에서『석보상절』과 차이가 있다.『광운』에서는 사모(邪母)이며『집운』(旬爲切)에서도 마찬가지다.

그런데『거요』에서는 반절이 '旬爲切'로 동일하지만 바로 다음의 오음(五音)은 '商次淸次' 즉 심모(心母)가 되어 있다. 이것은『거요』의 반절과 실제음의 차이를 보여주는 예의 하나인데,『영험약초』의 불일치음과 대응한다는 점이 주목된다. 한편 현실음의 성모 역시 'ㅅ'로서, 불일치음과 같다.

따라서『영험약초』의 주음은『거요』에 포착된 근고 시기의 음이 모종의 경로를 통하여 반영되었거나 현실음 성모에 이끌린 결과일 수 있다.

(11) [昭]

> [동원] ㄴ죻{8회}〈월석서9ㄴ(昭憲王后)/월석2-18ㄴ(周昭王), 49ㄱ(昭王)〉

[동원] L쑈{1회}〈월곡-10ㄴ(周昭王嘉瑞)〉

[동원] R죨

[동원] H죨(上同 照)

[불일치음] L쑈{1회}〈남명상8ㄱ(延昭禪師)〉

[SK] L쇼

[광운] 止遙切, 效開3AL宵章

[역훈] L졀, R졀, H졀

  ‘昭'의 주음에는 두 가지 특징이 있다. 첫째는 『동국정운』 수록음이 아닌 ‘L쑈'가 『남명집언해』에 나타난다는 사실이다. 둘째는 나머지 문헌음은 『동국정운』 수록음과 일치하는데, 유독 『월인천강지곡』에서만 ‘L쑈'가 나타난다는 점이다. 이 모든 문헌에서 ‘昭'는 전부 고유명사 표기에 쓰였다는 공통점이 있다.

  불일치음인 ‘L쑈'는 『집운』이나 『거요』와도 일치하지 않는다. 『집운』은 복수음 넷을 가지는데 반절상자가 ‘之, 止'로서, 모두 정치음(正齒音: 照3계)이다.65) 한편 『거요』에는 독음(讀音)이 셋 나타나는데 성모는 지모(知母, 반절은 L之遙切, R止小切)이거나 선모(禪母, 반절은 L時饒切)이므로 『남명집언해』의 ‘L쑈'와 일치하지 않는다.

  역시 주목할 점은 현실음의 성모가 ‘ㅅ'라는 점이다. 『남명집언해』의 편찬자가 현실음 성모에 이끌렸을 가능성이 있는 것이다. 이럴 경우 흥미로운 것은 종성은 동국정운식 표기를 취하였다는 사실이다. 운모(종성도 운모의 일부이므로)는 교정 원칙에 철저하되 성모는 그렇지 못한 결과라고 할 수 있다. ㅱ종성은 류섭(流攝)과 효섭(效攝)에 일률적으로 적용한 것이라 韻만 확인하면 쉽게 표기할 수 있지만 성모는 한 자 한 자 확인해야 하므로 쉽게 흔들릴 수 있었을 것이다.

---

65) 昭 (『집운』): L之遙切, 宵韻/L之遙切, 宵韻/H之笑切, 笑韻.

한편『월인천강지곡』이 다른 문헌과 달리『동국정운』속 복수음 중 'ㄴ
씬'를 선택한 것은 분명히『광운』(章母)과 어긋난다.『집운』과『거요』에
이와 대응하는 음이 있다. 이들 운서와 어떤 연관 관계가 있을 수 있다. 이
에 대해서는 복수음의 선택 양상을 논의하는 다음 장에서 다루기로 한다.

　　(12) [新]

　　　[동운] ㄴ신{7회} 〈석상13-42ㄴ, 훈언2ㄴ, 남명상5ㄴ, 남명하43ㄴ〉
　　　[불일치음] ㄴ쉰{1회} 〈월석서18ㄴ (隳括更添於新編ᄒ야[66])〉
　　　[SK] ㄴ신
　　　[광운] ㄴ息鄰切, 臻開3A眞心
　　　[역훈] ㄴ신

　　'新'은『광운』이래 독음(讀音)이 심모(心母) 하나뿐인데, 15세기 문헌에
서 동국정운 수록음인 'ㄴ신' 이외에 'ㄴ쉰'으로도 출현하는 것이 이채롭다.『월
인석보』序의 'ㄴ쉰'이 어디서 연원하였는지 아직은 알 수 없다. 물론 현실음
과도 다르다. 오각(誤刻)일 가능성을 생각해 볼 필요가 있다.

　　(13) [殊]

　　　[동운] ㄴ쓩{79회} 〈석상9-1ㄴ/석상19-18ㄴ/월석서14ㄴ/법언1-41ㄱ[67]/능활
　　　　　　　　　1-25ㄱ/남명상1-13ㄴ
　　　　■ 월곡 ㄴ쓔{1회} 〈30ㄴ〉
　　　[불일치음] ㄴ쯍{1회} 〈법언1-16ㄴ (文殊[68][殊]ㅣ疑心을決ᄒ샤)〉

---

66) 이에 해당하는 언해문은 "새 딩ᄀ논 글워레 고텨 다시 더어"임.
67)『법화경언해』에는 25회 출현한다.
68) '文殊'가 '文殊'로 새겨있다. 이에 대해서는 다음 쪽에서 논한다.

[SK] L슈

[광운] 市朱切, 遇開3AL虞禪

[역훈] L쓔

　『법화경언해』에서 'L쯍'로 주음한 것은『동국정운』과 불일치하며 현실음과도 다르다. 『광운』은 물론『거요』에서도 선모(禪母)이기 때문에 특별한 근거를 찾기 어렵다(L慵朱切, 禪母, 居자모운).

　자형(字形)이 비슷한 '珠'와 착각할 가능성은 적다. '珠'의『동국정운』음이 'L즁'로, 거리가 멀기 때문이다.[69] 덧붙여 지적할 점은 'L쯍'로 주음된 '殊'의 자형(字形)이 '殊'로 되어 있다는 점이다.『집운』에서는 '殊'가 '魊'(㸌栗切)의 이체로 제시되어 있어서 'L쯍'와는 거리가 멀다. 현재로서는『법화경언해』1-16ㄴ의 字形을 '殊'의 이체로 볼 수밖에 없을 것으로 생각한다.

　어쨌든『법화경언해』에서 단 1회 출현한 불일치음은 편찬자의 오류일 가능성이 높다. 다만 전탁(全濁)으로 표기되었다는 점이 흥미롭다.

(14) [授]

[동운] H쓩{21회}〈석상6-46ㄴ/석상13-25ㄴ/석상19-30ㄴ/석상24-33ㄱ/월석
　　　　1-4ㄱ/월석2-9ㄱ/법언1-6ㄴ/능활1-14ㄴ/남명상54ㄴ〉

　　■ 월곡H쓩{3회}〈3ㄴ〉

[동운] R쓩{3회}〈남명하22ㄴ, 25ㄱ(2)〉

[불일치음] H슝{1회}〈영험-11ㄴ〉

[SK] H슈

[광운] 承呪切, 流開3AH宥禪

[역훈] H씰

---

69) 珠: 遇開3AL虞章(『광운』), L쥬(SK).

『영험약초』의 주음은 성모가『동국정운』과 일치하지 않는다. ㅁ종성은 충실히 반영하였지만 성모를 전청으로 나타낸 것이다. 이것은『거요』속 성모와도 다르다.『거요』는 두 개의 음을 지니는데 성조의 차이일 뿐 성모는 모두 선모(禪母)로 동일하기 때문이다.

　　[거요] R是酉切, 禪, 九자모운/H承呪切, 禪, 救자모운

　　결론적으로,『영험약초』편찬자가 현실음 성모에 이끌린 결과일 가능성이 있다.

5) 후음(喉音)

(15) [聿]

　　[동운] H윮(欲母)
　　[불일치음] H륳{3회}〈월석서16ㄱ(仰事聿追컨댄)ㄴ(聿은말ㅆ始作ㅎㄴ겨치오), 17ㄱ(울워러 聿追를ㅅ랑ㅎ건댄)〉
　　[SK] H률
　　[광운] 餘律切, 臻合H3A術以
　　[역훈] H윤

　　'聿'은『월인석보』序에서만 확인되었다. 동국정운식 한자음 표기에 엄밀했던『월인석보』에서『동국정운』수록음과 달리 나타났다는 사실이 이채롭다.『월인석보』의 'H륳'은 현실음의 영향으로 볼 수 있는데, 현실음은 '律'의 유추일 것이다.[70]

---

70) '律'은『광운』(呂衄切, 臻合3A入術來)과『거요』에서 성모가 모두 래모(來母)다.

(16) [恩]

[동운] L흔{22회}〈석상6-1ㄴ(恩愛)/석상9-6ㄴ/석상13-39ㄴ/석상23-21ㄴ(恩
　　　　惠)/법언1-10ㄱ(慈恩)/능활1-24ㄱ/남명상9ㄴ/남명하64ㄱ〉
[불일치음] L은{2회}〈월곡46ㄴ(恩愛), 51ㄴ(恩惠)〉
[SK] L은
[광운] 烏痕切, 臻開1L痕影(恩澤也惠也愛也隱也…)
[역훈] L흔

‘恩愛’(석상6, 월곡), ‘恩惠’(석상23, 월곡)의 용례를 볼 때, 불일치음은 의
미의 차이에서 온 것이라 할 수 없다. 『광운』이나 『거요』, 『집운』에서도
음은 하나뿐이다. 그러므로 恩을 ‘L은’으로 주음한 것은 『월인천강지곡』
편찬자의 오류라 할 수 있다.

　여기서 주목할 점은 성모 ‘ㆆ’를 ‘ㅇ’이 아니라 ‘ㆁ’로 주음했다는 사실이
다. 이제까지 살펴본 불일치음은 현실음에 이끌린 결과로 볼 수 있겠으나,
‘恩’의 불일치음은 오히려 ‘ㆁ’로 주음함으로써 편찬자가 한자음을 교정하
겠다는 의도를 명백히 지니고 있음을 말해준다고 할 수 있다. 교정음을 착
각한 오류일 수 있는 것이다.

(17) [殃]

[동운] L향{4회}〈남명상61ㄱ(殃孽), 77ㄱ(殃禍)/남명하32ㄴ(殃禍)〉
[불일치음] L양{1회}〈영험14ㄱ(災殃)〉
[SK] L앙
[광운] 於良切, 宕開3L陽影
[역훈] L향

『영험약초』의 주음(L양)이『동국정운』수록음과 일치하지 않는다.『동국정운』을 따르자면 읍모(挹母, 中古 영모 影母)가 되어야 하나, 실제로는 욕모(欲母, 中古 이모 以母 즉 喩4)로 나타난 것이다.『광운』이나『거요』속 성모는 모두 영모(影母)이므로, 이들과의 대응 관계도 없다.

주목할 것은 불일치음 성모(L양)가 현실음과 일치한다는 사실이다. 현실음 성모에 이끌린 결과일 가능성이 있는 것이다. 다만 개음을 포함한 운모(양)는 현실음과 달리 유지되었다는 점은 특색이다.

이제까지 성모가 동국정운과 불일치하는 17자를 살펴보았다. 그 양상을 표와 함께 정리하면 다음과 같다.71)

① 오각(誤刻) 혹은 이체자 주음일 가능성 있는 '新'이나 '堀', '殊'를 제외하면 성모가 확실히 불일치한다고 할 수 있는 글자는 14자가 된다. '頃, 驗, 權, 醍, 吒, 沾, 編, 貧, 隨, 昭, 수 授, 殃, 恩, 聿'.

② 이중 출현 빈도가 2회 이상 되는 字는 '頃, 醍, 吒, 沾, 編, 貧, 隨, 聿, 恩' 9字로, 성모가 현실음과 같은 것은 '頃, 編, 貧, 隨, 聿' 인데 이들은 현실음 성모에 이끌린 주음일 가능성이 있다.

③ 한편 '醍'는 차청(ㅌ)이어야 할 것을 전탁(全濁, ㄸ)으로 주음한 것이며 '恩'은 'ㆆ'이어야 할 것을 'ㅇ'으로 주음한 것이다. 또 '吒'(H자)는 동국정운 한자음의 원칙과 달리『거요』의 지모(知母) 음가와 일치하는 양상을 보인다.

④ '新, 堀, 殊'를 제외한 字 중 출현 빈도가 1회인 경우는 '權, 昭, 授, 殃' 4字인데 이들은 모두 현실음 성모와 일치한다.

---

71) 동국정운의 복수음 밑줄 친 것이 문헌음이다. 상동음(上同音)은 (괄호) 안에 넣어 표시하였다.

140

字	동운	불일치음 { }는 출현수	현실음	비고
堀	H꿇	H쿓{6} (월곡, 석상)	H굴	연원을 알기 어려움. 窟의 이체로 표기하였을 가능성
頃	R켱 L켱	R궹{3} (남명)	L경	ㅋ〉ㄱ (성모가 현실음과 같음. 합구개음은 동국정운과 대응)
驗	H엄	R엄{2}(남명) H험{1}(영험)	R험	ㅇ〉ㆅ(영험: 성조를 제외하면 현실음과 같음) (남명상: 성조가 불일치)
權	L꿘	L권{1}(법언)	L권	ㄲ〉ㄱ(성모가 현실음과 같음. 광운·거요는 群母)
醍	R톙	L뎽{6}(남명)	L뎨	ㅌ〉ㄸ(전탁 성모로 과도 교정하였을 가능성)
吒	H당 (H탕)	H장{2}(법언) L당{2}(남하)	H타	ㄷ〉ㅈ(법언). 연원을 짐작하기 어려움 다만 거요의 知母와 일치함.
沾	L톔 L졈 H졉 (L톔) (H톔)	L뎜{2}(월석)	L톔 R톔	문헌음은 월석에서만 확인함. 성모의 연원을 찾기 힘듦.
編	L변 R변 L뼌	L편{2}(월석)	x편	ㅂ〉ㅍ(현실음과 성모가 일치함) (월석서의 다른 용례에서는 L변)
貧	L삔	L빈{2} (석상23)	L빈	ㅃ〈ㅂ(현실음과 성모가 일치함)
隨	L쒕	L쒕{5}(영험)	L슈	ㅆ〈ㅅ(현실음과 성모가 일치함)
昭	L죨 L숉 R죨 (H죨)	L숉{1}(남명)	L쇼	ㅈ〈ㅅ(ㅸ의 음가가 없음을 고려하면, '숉'는 현실음(쇼)과 일치한다고 볼 수 있음)
新	L신	L신{1}(월석)	L신	ㅅ〈ㅿ. 연원을 짐작하기 힘듦. 誤刻일 가능성이 있음
殊	L쓩	L쯍{1}(법언)	L슈	ㅆ〉ㅉ(珠와 착각하고 全濁으로 새겼을 가능성이 있음)
授	H쓭 R쓭	H쓭{1} (영험)	L슈	ㅆ〈ㅅ(현실음과 일치)
聿	H윩	H륧{3} (월석)	H률	ㅇ〈ㄹ(현실음과 일치)
恩	L흔	L흔{2}(월곡)	L은	ㆆ〈ㅇ(교정음을 'ㅇ'로 착각한 결과일 수 있음)
殃	L향	L양{1}(영험)	L앙	ㆆ〈ㅇ(성모가 현실음과 일치함)

<표 2> 성모 불일치 17字

출전 문헌과 자종(字種)을 관련시켜 보면, 15세기 중반 문헌 중 『월인석

보』序에서 3字(沾, 編, 新), 『월인천강지곡』에서 2字(堀, 恩), 『석보상절』(권23)에서 2字(堀, 貧), 『법화경언해』3字(權, 呪, 殊)가 발견되었다. 15세기 후반 문헌은『영험약초』에서 4字(驗, 隨, 授, 殃), 『남명집언해』에서 3字(頃, 醒, 昭)가 확인되었다. 『석보상절』권23은 그 이전 권에 비해 교정작업을 거치지 않았으므로(안병희 1981) 여기서 1字가 불일치음으로 주음된 것은 이해할 수 있다. 그렇지만『월인석보』의 경우는 자못 특이하다. 이 문헌 속의 불일치음(編, 聿)이 현실음에 이끌린 것이라면 초기 문헌이면서도 그러하였다는 점이 이채롭다.

한편 15세기 중후반 문헌인『법화경언해』, 『영험약초』, 『남명집언해』는 동국정운식 표기와 관련하여 두 가지 경향을 동시에 보인다. 첫째, 현실음 성모와 일치한 표기가 많다. '權'(법언), '隨'(영험), '授'(영험), '驗'(영험), '殃'(영험), '頃'(남명), '昭'(남명) 등이 그러하다. 둘째로 정칙 교정음에서 불일치 교정음으로 바꾸어 표기한 예가 보인다. '殊'(법언), '醒'(남명) 등이 그러한 예다. 이것은 현실음과는 구별하여 교정하되, 교정음 자체를 혼동한 결과일 가능성이 있다.

또『영험약초』와『남명집언해』에서는 현실음에 이끌리면서도 동국정운식 표기를 고수하는 태도가 동시에 나타나는 경우도 발견된다. ㅁ종성은 유지하였으되 성모가 불일치하였거나(昭, 授), 지섭(止攝) 합구(合口)에서 운미 'ㅣ'가 나타나는 동국정운 음의 특징은 유지하였으되 성모가 불일치한 경우(隨), 운모의 개모(介母)는 유지하였으되 영모(影母)를 소실한 경우(殃) 등이 그러하다. 편찬자들이 우선적으로 주안점을 둔 요소가 어디였는지를 간접적으로 추론하게 하는 예로 삼을 수 있을 것이다.

4.2.2. 운모의 불일치

운모가 불일치하는 글자는 모두 10자로 집계된다. '耨, 巍, 部, 霧, 垓, 解, 堀, 般, 卯, 阿' 등. 이들을 16攝의 순서로 살펴보되, 같은 攝 안에서는 불일치음의 출현 빈도가 높은 경우부터 검토한다.

  (1) [耨]

    [동운] H늏
    [불일치음] H뇩{30회}〈석상9-4ㄱ(阿耨多羅三藐三菩提)/석상13-3ㄴ(阿耨多羅
        三藐三菩提), 7ㄴ(阿耨達)/석상19-27ㄴ(阿耨多羅三藐三菩提)/석상
        23-9ㄴ(阿耨多羅三藐三菩提), 36ㄱ(阿耨達龍王)/석상24-35ㄴ(阿耨
        多羅三藐三菩提)/능활1-14ㄱ(阿耨菩提)〉
    [SK] H뇩, R누
    [광운] 內沃切, 通開入H1冬泥/ 奴豆切, 流開入H1候泥
    [역훈] H늏

  '耨'는 중고음부터 거성과 입성 둘을 가지는 복수음을 유지해왔다. 『집운』
에서도 마찬가지이지만, 다만 '槈'을 먼저 기본자로 제시하여 '耨'를 이체자
로 취급하였다.

    [집운] 槈 H乃頭切, 候운 ('槈鎒耨' 순으로 제시)/入奴沃切, 沃韻 ('耨槈辱' 순으
        로 제시)

  '耨'의 복수음은 그 의미의 차이로 분화한 것으로 보인다. 다음은 『광운』
과 『거요』의 자석(字釋)이다.

    [광운] 入聲: 釋典云阿耨
      去聲: 五經文字云經典相承從未久故不可改
    [거요] 去聲 [說文]薅器也本作槈從木辱聲今文作耨五經文字云經典相承從未久
        故不可改孟子深耕易耨纂文曰耨如鎒柄長三只(중략)呂氏春秋耨柄

尺其長六寸(중략)又屋韻

入聲 (실제 표제자는 없음)

위의 자석(字釋)에 따르면 입성(入聲)은 경전(대장경)에 나오는 고유명사 음이며(『광운』의 입성 條), 거성은 『설문해자』에서부터 밭 매는 도구 혹은 그 일을 가리키는 의미로 쓰였다.[72] 요컨대 '耨'의 복수음 중 입성이 바로 불교음역에 사용된 음이라 할 수 있다. 이 연구가 조사한 바에 따르면, 문헌에 출현하는 '耨'은 대부분 불교 고유명사인 '阿耨多羅三藐三菩提'를 주음하는 데 쓰인 것이며 나머지도 '阿耨菩提, 阿耨達龍王'으로 대동소이하다. 문헌의 편찬자들이 불교음역용으로 동국정운 수록음(거성) 대신 전통적인 입성 음으로 주음한 것이다.

그런데 '耨'는 본래 중고음(『광운』) 시기부터 입성음과 거성음 둘을 가지고 있었다. 물론 『집운』도 마찬가지다. 흥미로운 점은 『거요』에서는 거성음을 표제자로 수록하고 '又屋韻'이라 주기하였으면서도 정작 屋韻에는 이 글자가 누락되어 있다는 사실이다. 『동국정운』의 편찬자들이 『거요』에 누락된 것을 그대로 반영하여 입성음도 누락시켰을 가능성을 생각해 볼 수 있다. 앞서 미수록자에 관한 서술에서 미수록자가 대부분 『거요』에 등장하지 않는다는 공통점이 있음을 살펴보았거니와, 이 역시 『거요』가 그 외적인 체재에서 동국정운과 밀접한 관련을 맺고 있다는 근거가 될 수 있을 것이다.

(2) [巍]

[동원] L 윙{8회} 〈남상37ㄱ/남하32ㄱ(巍嵬ᄒ야 파란 바회 알픽 사마 잇ᄂ니라,

---

72) 『광운』의 거성 자석(字釋)은 "(전통 자서 字書의 하나인) 『오경문자 五經文字』에 따르면 오랫동안 이 글자의 형부(形部)로 '耒'를 써왔으므로 다른 이체로 고칠 수 없다."는 뜻이다(『한어대사전』에서 재인용).

144

巍嵬는 놉고클시라)〉

　[불일치음] L읭{5회}〈월석1-1ㄱㄴ, 월곡1-ㄱ(L외)〉

　[SK] L외[73)

　[광운] 語韋切, 止合L3微疑

　[역훈] L위

『월인석보』와 『월인천강지곡』의 "巍巍釋迦佛 無量無邊功德을 劫劫에 어
느 다 슬 ᄫ리"에 주음된 음이다. 中古에서는 지섭(止攝) 微韻3등(중뉴 重紐
B)자로서 순음을 제외하면 운모가 '읭'로 주음되는 것이 『동국정운』교정
원칙에 맞는다. 다음은 微韻 합구 및 거기에 상배하는 尾(상성)未(거성)의
『동국정운』음을 보인 것이다. '巍'가 거의 유일한 예외임을 알 수 있다.

　歸L귕 韋L읭 威L휭 揮徽L휭 鬼R귕 貴H귕 尉H휭 諱H휭 謂H읭
　非誹肥L빙 微L밍 尾R밍 味未H밍

다만 '畏'는 『동국정운』에서 'L휭, H휭' 두 음을 가지지만 문헌음은 모두
'H휭'로 수렴하며, 또 『광운』에서도 위소운(尉小韻)에 소속된 단일음이기
때문에 예외음으로 보기 어렵다.

　畏 [동운] L휭
　　[동운] H휭〈석상13-39ㄴ/석상23-11ㄱ/법언1-140ㄴ〉

또 한 가지 가능성은 中古 후기와 근고 사이에 일어난 음운 변화가 반영
되었을 가능성이다. '巍'는 『거요』에서 嬀자모운에 속하는데 嬀자모운의
합구자들이 주로 '읭'나 '웡'로 나타나기 때문이다. 그러나 嬀자모운은 中古

---

73) '巍然히, 巍然은 노폴 씨라'(『육조법보단경언해』 서6ㄱ), 노폴 외(『유합』-하53ㄱ).

지섭(止攝) 합구3·4등, 해섭(蟹攝) 합구1·3등이 합류한 것인데(권혁준 1995:161), 그중 '巍'와 같은 中古 지섭(止攝) 합구자(合口字)에서『동국정운』에 '욍' 계열 운모로 하여 나타나는 글자는 찾기 어렵다. 嫣자모운 중 '욍' 운모로 나타나는 글자는 中古 해섭(蟹攝) 합구자들이다.

> 隗 [동원 L욍R욍] [광운 蟹R合1賄疑 [거요] 嫣자모운, 魚母 / 軌자모운, 疑母
> 推 [동원 L퉹L췽] [광운 蟹合1L灰透 / 止合3L脂昌 [거요] 嫣자모운, 透母 / 嫣자모운, 徹母74)
> 瑰 [동원 L귕L힁] [광운 蟹合1G灰見 / 解合L1灰匣 [거요] 嫣자모운, 見母 / 嫣자모운, 匣母

그러므로 'L욍(巍)'는 15세기 현실음과 깊은 관계를 가진다고 할 수 있다. 주목할 점은 성모는 中古 의모(疑母)를 그대로 반영하였으되 운모에서 현실음에 대응한다는 점이다. 이를 성모 교정에만 충실한 결과 운모의 교정을 망각한 '오류'라고 하기는 어려울 것이다.『월인천강지곡』과『월인석보』제일 첫 머리 가사에 해당하므로, 눈에 띄는 오류를 그냥 넘어갈 수는 없었을 것이기 때문이다. 적어도 운모에서는 찬불찬송(讚佛讚誦)의 전통음을 그대로 보존해 놓은 것이 아닌가 한다. 거꾸로 말하면 성모만은 전통 음을 수정해서라도 교정음으로 교체하려고 노력했다고 평할 수도 있겠다.

흥미로운 점은『남명집언해』에서는 'L욍'로 주음하였다는 점이다. 15세기 후반이 되자『동국정운』음과 합치시킨 것이다.

---

74) '推'의 '퉹'는 嫣자모운이지만『광운』해섭(蟹攝)에 속하므로 '巍'의 주음에 관한 논의와 무관하다.

(3) [部]

[동운] R뽛{20회}〈석상9-1ㄴ, 13-16ㄴ/월석서19-ㄱ/월석1-4ㄱ/월석2-15ㄱ/영험15ㄱ〉

[동운] ■ 월곡 R뿧{5회}〈3ㄱ〉

[동운] R풍(上同 剖)

[불일치음] R뽕{5회}〈석상23-31ㄱ, 24-48ㄴ〉

[SK] H부

[광운] 裴古切, 遇開R1姥並/ 蒲口切, 流開R1厚並

[역훈] R뿌, R플(프+ㅸ)

'天龍八部', '八部' 등에 쓰인 예가 대부분인데, 『동국정운』 음은 셋이지만 문헌음은 'R뽛'로 주로 나타난다. 다만 『월인천강지곡』은 'R뿧'로 주음하였다.

『석보상절』 권23의 주음은 현실음(H부)의 운모 '우'의 영향일 가능성을 배제할 수 없다. 그러나 안병희(1981)에서 지적한 대로 이보다 앞서 간행된 『석보상절』에서 여러 차례 교정의 대상이 된 글자인 점을 감안하면,[75] 교정 작업을 진행하지 않은 상태인 권23의 특성 때문에 나타난 불일치음이라 할 수 있다.

(4) [霧]

[동운] H뭉, L뭉(上同 雺), H뭉(上同 雺)

[불일치음] H뭏{1회}〈남명상70ㄱ(蚩尤ㅣ 雲霧를 내니)〉

---

75) 『석보상절』 권9와 13에서 각각 주묵을 이용하여 'R뽕'를 'R뽛'로 교정한 바 있다(석상9-1ㄴ(八部), 석상13-16ㄴ(部衆)).

[SK] R무

[광운] 亡遇切, 遇中3H遇明

[역훈] H무

　‘霧’를 ‘H뭉’로 주음한 것은 『남명집언해』의 과도 교정이다. 동국정운에서는 ㅱ 종성이 中古 효섭(效攝)과 류섭(流攝)에서만 나타나기 때문에 우섭(遇攝) 소속자는 언제나 ‘ㅇ’ 종성으로 나타난다. 물론 이것은 『거요』에서도 마찬가지다. 우섭(遇攝)은 『거요』의 孤자모운, 居자모운(평성 기준)으로 나타나며 그 재구음은 각각 [u], [ɪu]다. 반면에 효섭(效攝)은 高자모운 [au]·交자모운[ĭau]으로 나타나며, 류섭(流攝)은 驕자모운[ɪu], 驍자모운 [iɛu]에 대응한다. 『광운』과 『거요』 어느 쪽으로 보아도 ‘霧’를 ‘ㅱ’ 종성 자로 표시할 근거는 없는 것이다.

　(5) [垓]

[동운] L갱

[불일치음] L깅{2회} 〈남명하5ㄱ(九垓)〉

[SK] L히 (嘉禮都監儀軌-20)[76]

[광운] 古哀切, 蟹開L1哈見

[역훈] L개

　『남명집언해』의 ‘垓’(L깅)는 『동국정운』 수록음과 다르다. 그런데 논의를 위해서는 『동국정운』 음부터 살펴볼 필요가 있다. 中古 해섭(蟹攝) 1등자는 동국정운에서 대부분 ‘잉’로 주음되는데[77] 유독 ‘앵’ 형으로 주음되는

---

76) 남광우(1995)에 의함.
77) 편의상 초성 자리에 ‘ㅇ’을 넣었음.

글자들이 있으니 대표적인 예를 보이면 다음과 같다. 『거요』는 성모와 자모운, 재구음을 표시하였다. 또 이 연구에서 확인한 문헌음이 있으면 마지막에 덧붙였다.78)

孩 [동운] L헝 [SK]L히 [광운]蟹開1L哈匣 [거요] 合母, 該자모운[ai]

頦 [동운] L헝 [SK]L히 [광운]蟹開1L哈匣 [거요] 合母, 該자모운[ai]

亥 [동운] R헝 [SK]R히 [광운]蟹開1R海匣 [거요] 匣母, 改자모운[ai]

荄 [동운] L갱 [SK]L히 [광운]蟹開1L哈見/蟹開2L皆見

　　　　　　　　　　　　[거요] 見母, 該자모운[ai]/見母, 佳자모운[ĭai~iai]

該 [동운] L갱 [SK]x히 [광운]蟹開1L哈見 [거요] 見母, 該자모운[ai]

垓 [동운] L갱 [SK]? [광운]蟹開1L哈見 [거요] 見母, 該자모운[ai]

咳 [동운] H캥 [SK]R히 [광운]蟹開1H代溪 [거요] 없음

痎 [동운] L갱 [SK]L히 [광운]蟹開2L皆見 [거요] 見母, 佳자모운[ĭai~iai]

駭 [동운] R행 [SK]R히 [광운]蟹開2R解匣 [거요] 匣母, 解자모운[ĭai~iai]

　‘亥’를 성부로 하는 한자들은 中古에서 哈韻(1등)이거나 皆韻(2등)이다.79) 그러나 현실음은 1, 2등 운모 차이를 구분하지 않을 뿐 아니라 성모 역시 모두 ‘ㅎ’로만 나타난다. 이는 ‘亥’에 이끌린 유추음이라 할 수 있는데, 『동국정운』에서는 이를 잘못이라 보고 성모와 운모를 모두 교정한 것이다.

　즉 中古 1등 및 2등의 견모(見母) 字는 모두 ‘갱’로 주음하였고(溪母 字도 여기에 준하여 ‘캥’로 주음하였고) 갑모(匣母) 字는 ‘행’로 주음한 것이다. 조운성(2011:87, 90-92)에서도 哈韻의 치두 및 후음과 端·透·定·來母가 모두 ‘ㅣ’로 표시되며, 아음(牙音)과 니모(泥母)는 ‘앵’로 표시하였다고 지적한 바 있다.

____

78) 『거요』 자모운의 재구음은 花登正宏(1997), 愼鏞權(2002)의 것이다.
79) 海韻(상성)은 哈韻과, 解韻(상성)은 皆韻과 상배한다.

그러므로『남명집언해』의 주음(L깅)은 성모 면에서는 현실음과 달리 동국정운의 견모(見母)를 채택했지만, 운모에서는 현실음과 달리『동국정운』을 따른 것이다. 아마도『남명집언해』의 편찬자는 교정음을 따르려 노력하였지만, 현실음의 성모(ㅎ)을 교정하려는 데에 초점을 둔 나머지 운모 교정은 누락시켰을 것이라고 생각한다.[80]

(6) [解]

> [동원] R갱{17회}〈석상13-40ㄱ/석상서5ㄴ/월석서5ㄱ/법언서-23ㄱ/영험12ㄱ
> /남명서-2ㄴ/남명상35ㄱ/남명하52ㄱ〉
>
> [동원] H갱
>
> [동원] H갱(上同 懈)
>
> R행{28회}〈석상6-29ㄱ, 9-3ㄱㄴ, 13-3ㄱ, 19-27ㄱ/석상23-9ㄴ/법언1-6ㄱ〉
>
> [동원] H행{10회}〈남명상31ㄱ(聖解)/남명하6ㄱ(聖解)〉
>
> [SK] R히, H히, R하
>
> [불일치음] R행{19회}〈법언1-26ㄴ(解脫흔 사ᄅ미니), 140ㄴ, 142ㄴ, 143ㄱ(2),
> 150ㄴ, 160ㄴ(5), 161ㄱ, 162ㄱ, 163ㄱ〉
>
> [광운] R胡買切, 蟹開2佳見/ R佳買切, 蟹開2佳匣
>
> H古隘切, (蟹開2卦見/ H胡懈切, 蟹開開2卦匣
>
> [역훈] R개(俗音 계), H개

'解'는 동국정운 음이 상동음(上同音)을 포함하여 5개이며, 문헌에서도 주로 의미에 따라 3개로 분화된다. 그중 다수는 'R갱', 'R행'이며 'H행'는『남명집언해』에서 1회 나타난 것이 유일하다.[81]

---

80) 위에 제시한 한자들 중에 문헌에서 확인된 것은 '垓' 이외에 '亥'가 있는데 그 문헌음은 동국정운을 따랐다. 亥: R행(석상6-40ㄱ, 법언서-21ㄴ, 월석2-66ㄱ)

81) 복수음이 문헌음에 실제 선택되는 양상에 대해서는 다음 장에서 주로 다룰 것이다.

불일치음인 'R행'는 모두 『법화경언해』 권1에서 20회 나오는데 '解脫'의 음으로 주음된 것이다. 그밖의 문헌에서는 '解脫'이 모두 'R갱H퇋'로 주음되었으니, 『법화경언해』의 주음이 특이한 것이다. 『법화경언해』 권1 중 'R갱', 'R행'로 주음된 경우는 용례가 다르다.

R갱: 법언1-9ㄴ(이 解를 밍글안마란), 10ㄱ(注解를 다窮究ㅎ야) 등.

R행: 법언1-6ㄱ(信解品), 32ㄱ(解空), 148ㄴ(第一稀有難解옛法이라), 161ㄴ(難解) 등.

『법화경언해』 권1의 '解'(R행)는 현실음의 영향이라고 생각된다. 현실음은 곧 전승음이므로 '解脫'이라는 불교 용어의 전승 운모를 그대로 유지한 것이다. 현실음은 'R희, H희, R하' 등으로 나타나는데 『육조법보단경언해』, 『번역소학』 등 여러 문헌에서 보인다. 다음은 『육조법보단경언해』의 경우다. 일부 예외는 있지만 'R하'는 '解脫'의 표기에 사용된 경우가 다수다.

R희: 육조서-5ㄴ(行과解왜)/상-29ㄱ(心中見解), 35ㄴ(見解), 47ㄱ(解ㅎ며)/중-4ㄴ(이解를 짓ᄂ닌), 93ㄱ(涅槃解)/하-29ㄱ(知解宗徒), 35ㄴ(見解), 36ㄴ(大乘見解)

R하: 육조상-59ㄱ(解脫), 89ㄱ(解脫), 91ㄱ(解脫)/중22ㄱ(解脫香), 22ㄴ(解脫知見香)/하-12ㄱ(涅槃知見)

H하: 육조중22ㄱ(解脫香)/하-11ㄴ(解脫知見), 36ㄴ(解脫得)

그런데 'R행'는 다만 성모를 전탁(全濁)인 中古 갑모(匣母)로 교정하였다는 점이 동국정운적 규범의 일면을 유지하고 있다. 어째서 『법화경언해』에서만 이렇게 주음하였는지에 대해 문헌의 성격이나 편찬 인력 등을 연구할 필요가 있을 것이다.

또 『육조법보단경언해』 중 유독 '解脫'의 주음에서만 발견되는 'R행~H

'행'를 과연 현실음으로 보아야 하는지도 의문이다. 일반적으로 이 문헌은 동국정운에서 벗어나 현실한자음을 전면적으로 도입하였다고 인정되고 있다. 그러나 여기 주음된 한자음을 모두 현실한자음이라 할 수는 없을 것이며, 거기에도 특이한 한자음이 있을 수 있다. '解'의 주음을 중심으로 이 문헌에 대한 별도의 연구도 있어야 할 것이다.

(7) [堀]

> [동원] H굻(8회) 〈석상13-1/ 법언서-12ㄱ, 법언1-19ㄴ/남명하36ㄱ((堀에 드러
> 모미 갈마ᄂ ᄒ오사))〉82)
> [불일치음](6회) H콣〈월곡-67ㄱ(七寶行樹間애 銀堀ㅅ 가온디)/석상6-44ㄴ(須
> 達이 塔세오 堀짓고)/석상23-39ㄴ(耆闍堀山ㅅ畢鉢羅堀애잇더니) 등〉
> [SK] H굴
> [광운] 衢物切, 臻合3入物群([說文]曰突也引詩曰蜉蝣堀閱…)/苦骨切 臻合1入沒
> 溪(宋玉云堀堁揚塵)
> [홍역] H귿

'堀'은 중고음에서 계모(溪母, 진섭臻攝 沒韻)와 군모(群母, 진섭 臻攝 物韻) 등 두 개의 음을 가지는데, 동국정운에서는 군모(群母)만 나타난다. 『월인천강지곡』과 『석보상절』 권6, 권23에서는 특이하게도 계모(溪母, 沒韻)로 주음한 것이다. 15세기 초기 문헌에서 이렇게 불일치음이 나타나는 것은 쉽게 설명하기 힘들다. 다만 성모의 불일치편에서 언급하였듯이 '窟'(콣)의 이체자로 사용되었을 가능성이 있다. 『설문해자단주』에서 그 근거가 보인다.83)

---

82) 『석보상절』(13-ㄱ)의 주음은 '콣'에서 '굻'로 교정된 것이다.
83) 이에 대해서는 '4.2.1. 성모의 불일치' 논의 참조.

(8) [般]

    [동원] L반(46회) 〈석상6-41ㄱ, 13-14ㄴ, 19-44ㄱ/석상23-32ㄱ/석상24-5ㄱ/월석

        서5ㄱ/월석2-4ㄱ/능목1-9ㄱ/능활1-3ㄴ/남명상6ㄱ/남명하1ㄱ〉

    [동원] L반84)

    [동원] R반

    [동원] L빤

    [불일치음] H밣(3회) 〈법언1-63ㄴ(般涅槃), 능목1-4ㄴ(네흔般若時[밣샤시]오)〉

    [SK] H반, L반

    [광운] L布還切, 山脣1L刪幫/L薄官切, 山脣1L桓並/L北潘切 山脣1L桓幫

    [역훈] L반

앞의 '阿H앟'과 비슷한 경우다. '般'은 동국정운은 물론『광운』,『집운』,
『거요』 모두에서 평성이나 상성으로 나타날 뿐 입성음은 없다. '阿(安葛)'
과 같은 방식의 한문 원문 반절을 찾지는 못하였지만, 역시 불교역음을 위
해 의식적으로 'ㅎ' 표기를 적용한 것으로 보인다. 그것도『법화경언해』권
1과 목판본『능엄경언해』에서만 나타나는데, 목판본『능엄경언해』의 '般,
H밣'에 대응하는 주음이 활자본『능엄경언해』(능활1-15ㄱ)에서는 'L반'이
다. 활자본『능엄경언해』에서 'L반'이라 주음하였으나 목판본에서 이를 'H
밣'로 수정한 것이다.

한편『광운』에서는 복수음 중 刪韻 부분의 자석(字釋)에서 '還師亦作班師
又盤䤾鉢三音'이라 풀이하고 있다. 입성(入聲)인 '鉢'과 같은 음도 있다는 지
적이다. 그러나 '鉢'의 소속운인 末韻에는 정작 '般'이 들어있지 않다. 이미
中古 시기에도 전통 중국음과 구별되는 불교역음용 이음(異音)이『광운』

---

84) 음이 완전히 동일한데 같은 운에서 또 한 번 출현하였다. 동국정운에는 이런 예가 몇 군데에
    서 보인다. 특히 '耳'는 연속으로 출현하고 있다. 그 연원을 어디서 찾을 수 있는지는 더 연구
    가 필요하다.

에도 수록된 것이라고 생각한다.

(9) [卯

> [동원] R묘{3회}〈석상6-42ㄱ(穆王 열둘 찻히 辛卯ㅣ라)/월석2-67ㄱ(永平 열 찻
> 히 丁卯ㅣ라)〉
> [불일치음] R묘{1회}〈월석서26ㄴ(天順三年己卯七月七日序)〉
> [SK] R묘
> [광운] 莫飽切, 效開2R巧明
> [역훈] R말

『월인석보』序의 'R묘'가 특이한 주음이다. 『광운』은 물론 『거요』에서
도 그 음을 찾기 어렵다. 특이하게 『집운』에서는 복수음이 되는데, 새로
늘어난 음은 상성 薺韻 중 濟소운에 속하는 글자로 『월인석보』序의 음과
무관하다.

> [집운] R莫飽切, 卯소, 攷운(字釋: [說文]萬物之冒也二月萬物冒地而出象開門之
> 形故二月爲天門)
> R子禮切, 濟소, 薺운(事之制也)

흥미로운 점은 『광운』, 『집운』, 『거요』에 이르기까지 반절이 동일하게
이어져 왔다는 사실이다. 전통적인 음 정보가 변하지 않고 전해 왔기 때문
에 『월인석보』序의 주음은 특이하지 않을 수 없다.

이 주음의 연원에 대해서는 먼저 현실음의 영향을 생각해 볼 수 있다. 『월
인석보』의 편찬자가 현실음을 의식적으로 따랐다고는 생각하기 어렵다.
ㅱ 종성을 표기한 것은 교정 한자음을 철저히 적용하려는 반증이기 때문
이다. 다만 '巍(L욍)'의 주음처럼 현실적으로 통용되는 불교독송음을 유지

154

한 태도가 이어진 것이라 생각할 수는 있다. '卯'는 불교독송에 사용된 字는 아니지만 十二支의 명칭이라서 일정한 규범성이 그 자체로 인정되었던 것이 아닐까 하는 추론이 있을 수 있다. 그렇지만 '巍'의 경우와 달리 설득력이 약한 것이 사실이다.

여기서 '卯'와 같은 韻 계통의 한자음을 살펴볼 필요가 생긴다. '卯'는 효섭(效攝) 2등운(爻·巧·效韻)으로, 이 韻에 속하는『동국정운』음은 대부분 '용' 형으로 주음되지만 명모(明母)만은 '옹' 형으로 주음되었다. 한편 현실음은 대부분 '요' 계통인데, 일부 글자에서 '오'로 나타난다는 점에서 동국정운 음과 차이가 있다.

交 效開2L肴見, L굥(동운), L교(SK)

包 效唇2L肴幫, L뵹(동운),[85] L포(SK)

茅 效唇2L肴明, L몽(동운), L모(SK)

肴 效開2L肴匣, L횽(동운), L효(SK)

巧 效開2R巧溪, R쿙(동운), R교, H교(SK)

卯 效唇2R巧明, R몽(동운), R묘(SK)

茆 效唇2R巧明, L몽(동운), ?(SK)

豹 效唇2H效幫, H뵹(동운), H표(SK)

校 效開2H效見, H굥, R굥, H횽(동운), R교(SK)

貌 效唇2H效明, H몽(동운), R모, H모(SK)

따라서 두 번째 가능성을 추론해 볼 수 있다.『월인천강지곡』의 편찬자가 명모(明母)만의 특징을 무시하였거나 누락하여 효섭(效攝) 2등운 다수의 음을 따른 결과일 수 있다. 그리고 이렇게 됨으로써 현실음의 중성과 동일한 음을 취한 결과를 빚은 것이라는 풀이다.

---

85) 상동음(上同音)으로 'L뾩'가 있다.

현재로서는 두 가지 가능성 모두를 지적하는 정도로 멈춘다. 앞으로 연구가 더 필요하다.

(10) [阿]

> [동원] L항[86] 〈석상6-9ㄴ, 9-4ㄱ, 13-1ㄱ, 19-1ㄱ/월석1-2ㄱ, 2-1ㄴ/법언1-22ㄴ/
>
> 능목1-17ㄴ(능활1-14ㄱ)/영험2ㄱ/남명상8ㄴ〉
>
> R항(上同 椻)
>
> ■ 월곡 L하(1ㄴ)
>
> [불일치음 H핳(법언1-20ㄴ{5회}, 능목1-19ㄴ(3회 이상)[87])
>
> [SK] L아
>
> [광운] 烏何切, 果開1L歌影
>
> [역훈] L허

동국정운 불일치음 중 가장 눈에 뜨이는 것으로, '阿'는 여러 문헌에서 무수히 나오는 글자이지만, 불일치음의 용례는 모두 『법화경언해』와 목판본 『능엄경언해』(1462)에서 인명 '阿難'을 핳난(LL)으로 표기한 것이다. 한편 목판본 『능엄경언해』보다 앞서 만들어진 활자본 『능엄경언해』(1461)는 '阿難'을 '항난'(LL)으로 주음하였다. 阿를 이렇게 '핳'로 주음하는 것은 『법화경언해』와 목판본 『능엄경언해』의 특수한 주음이라 할 수 있는데, 『법화경언해』 권1의 한문부에서 인명 阿㝹樓馱에 '阿-安葛'이라는 반절이 소자(小字)로 새겨 있고 거기에 대응하는 언해부에서 '핳'을 발견할 수 있다.

---

86) '阿'(L항)의 출현회수는 대단히 많아서 생략한다.
87) 『능엄경언해』(목판본)에 출현한 것은 전수조사를 통해 얻은 것은 아니다.

[법언] 摩訶迦旃延과 阿[安葛]㲉[奴侯]樓馱와 (권1-27ㄴ)

須菩提와 阿[[安葛]]難과 (권1-29ㄴ)

망항강견연과 H홇늉룽땅와 (권1-32ㄴ)

숭뽕폐와 H홇난과 (권1-32ㄴ)

『광운』은 물론『집운』,『거요』어디에서도 찾을 수 없는 '홇'은 곧 불교 인명 표기를 위한 음역용 주음이라 할 수 있다. 전통적인 한자음은 아니지만 원문의 반절에 충실한 주음이었다는 점에서 이 역시 동국정운식 한자음의 범주에 포함시킬 수 있을 것이다.

이제까지 살펴본 운모 불일치음의 양상을 우선 표로 제시한다.[88]

字	동운	출전(음)	현실음	비고
耨	H늏	H녹(30회) (석상, 월석, 법언, 능엄)	H녹	'阿耨多羅三藐三菩提'의 표기.
解	R갱 H갱 (H갱) R행 H행	R행(19회) (남명)	R히 H히 R하	'解脫' 주음에 쓰임. 오직 법화경언해 권1에만 배타적으로 나타남. 다만 성모는 匣母. 전탁음으로 교정하는 동국정운의 원칙을 적용함.
阿	R항 (R항)	H홇 (법언 5회, 능목 3회 이상)	L아	불교 고유명사 阿難의 동국정운식 음역. 법화경언해와 능엄경언해(목판본)의 반절을 따름.
堀	H굻	H콿(월곡, 석상6 · 13)	H굴	窟(H콿)의 이체자로 쓰였을 가능성.
巍	L윙	L윙(5회) (석상, 월석)	L외	찬불 가사 '巍鬼釋迦佛'에 주음됨. 불교 독성음으로서 현실음을 반영한 것으로 보임.
部	R뽕 R뿔	R뽕(5회) (석상23, 34)	H부	'天龍八部, 八部' 등에 쓰임. 석보상절 다른 권에서는 R뽕로 교정됨. 석상23의 주음은 현실음

	(R퐁)			운모의 영향. 석상23이 교정 작업을 거치지 않은 권이라 이대로 남은 듯.
般	L반 L반 R반 L빤	H밣(법언, 능목)	H반~L반	般涅槃(법언), 般若時(능목)의 표기에 쓰임. 불교용어 주음을 위한 음역 표기로 보임.
卯	R몰	R묥(월석)	R묘	월인석보 序 말미 年紀 표시에 쓰임. 같은 월석에서도 본문에서는 동국정운 음대로 주음함.
垓	L갱	L깅(2회) (남명)		亥 성부 한자는 현실음에서 대부분 '힝'로 나타남. 동국정운 이를 교정한 것. 〈남명하〉는 현실음 운모에 이끌림.
霧	H뭉	H뭉(남명)	R무	남명집언해의 과도 교정으로 보임.

〈표 3〉 운모 불일치 10字

교정 작업을 거치지 않은 것(部), 이체자로 풀이할 수 있는 것(窟)을 제외한 나머지 경우의 내역을 살피면 다음과 같은 점이 확인된다.

① 『법화경언해』와 『능엄경언해』(목판본)에서 쓰인 '핧'(阿難), '밣'(般涅槃, 般若)은 불경의 반절 주음을 동국정운식으로 표기한 것이다.

② '耨'(석상, 월석, 법언, 능엄), '巍'(석상, 월석) 또한 불교용어를 위한 주음이다. 동국정운의 음과 의식적으로 거리를 두고 전승 불교음(현실음)의 운모를 채택하였을 가능성이 있다. '巍'는 성모를 교정음인 업모(業母, ㅇ)로 주음하였다.

③ '卯'(묥)는 효섭(效攝) 2등운 중 명모(明母)만이 개음이 없이 중성 '오'로 나타나는 특징을 무시한 주음이다. 이는 연기(年記)의 주음에 현실한자음을 존중한 것일 수도 있다.

④ '解'(R행)는 '解脫'을 표기하는 데 사용되었는데, 오직 『법화경언해』(권1)에서만 발견된다. '阿難', '解脫' 등과 관련하여 『법화경언해』가 보이는 주음 경향에 대해서는 별도의 논의가 필요할 것이다.

⑤ 한편 '霧'(남명집언해)를 '뭉'로 주음한 것은 과도교정인데, 류섭(流攝)

과 효섭(效攝)에 대해서는 철저히 ㅱ 종성을 주음한 동국정운의 태도가 우섭(遇攝) 字에까지 과도하게 발휘된 결과라고 할 수 있다. 15세기 후기 문헌에서도 ㅱ 종성의 표기에 대해서는 강하게 의식하였다는 반증이라 할 수 있다.

문헌의 측면에서 살피면, 성모 불일치의 경우와 달리 15세기 초중반 문헌이 많다. 『월인천강지곡』, 『석보상절』, 『월인석보』, 『법화경언해』, 『능엄경언해』(목판본)이 그러하다. 후기문헌에서는 『남명집언해』(霧, 垓) 정도다.

4.2.3. 성조의 불일치

성조가 『동국정운』과 불일치한 경우는 20字가 확인되었다. 이들을 상성이 달리 주음된 것, 거성이 달리 주음된 것으로 나누어 살펴보기로 한다. 자못 흥미로운 점은 평성과 입성을 달리 주음한 경우는 나타나지 않았다는 사실이다.

성조의 불일치를 검토하는데 주의할 점은 간본(刊本)의 마모로 인한 오독(誤讀)을 피하는 것이므로 원본을 직접 열람하는 것이 원칙이다. 그러나 본 연구에서는 각 소장처가 제공하는 고해상도의 디지털 자료를 주로 이용하였다는 한계가 있다.[89] 따라서 방점 즉 성조 표기의 불일치는 판독이 분명할 경우만 인정하였다.

한편 오각(誤刻)의 가능성도 고려해야 한다. 단 1회 출현한 경우는 주음의 불일치라고 못 박기 어렵기 때문에 성조의 불일치를 논하기에는 부담이 있다. 이러한 한계를 피하기 위해서 아래의 논의에서도 불일치 성조의 출현 빈도 순서로 논의하기로 한다.

---

89) 자료의 이용에 대해서는 제2장 참조.

아래는 그 목록으로, 괄호 안은 '동국정운 수록 성조〉문헌의 성조'를 나타낸다.

상성이 달리 주음된 것(12개) : 後 在, 矩, 醍(R〉L), 損 雉 琥 受 水 待 九 子(R〉H)
거성이 달리 주음된 것(8개) : 現 强(H〉L), 化 驗 報 度 拜 徧 (H〉R)

1) 상성을 달리 주음한 것

『동국정운』상성 음이 다른 성조로 주음된 것은 12字가 확인되었다.

(1) [醍]

[동원] R텡〈능3-26ㄱㄴ(醍醐, R텡L홍)〉90)
[불일치음] L뗑{6회}〈남명하7ㄴ(醍醐, L뗑L홍)〉
[SK] L뎨
[광운] 杜奚切, 蟹開4L齊端(醍醐)/ 他禮切, 蟹開4R薺透(醍酒又音啼)
[역훈] R텡

'醍醐'의 용례로 쓰인 '醍'인데, 성모와 성조가 동국정운과 불일치한다. 성모의 불일치에 대해서는 『집운』의 영향이거나 全濁으로 과도 교정하였을 가능성을 앞에서 언급한 바 있다.91)

성조가 동국정운과 달리 평성으로 주음된 것에 대해서는 일단 현실음(평성)에 이끌렸을 가능성을 생각해 볼 수 있다. 그러나 『광운』의 복수음 중 평성의 자석(字釋)이 '醍醐(우유를 발효시켜 만든 유제품. 최고의 맛을

---

90) 『능엄경언해』 권3 (목판본)의 한자음은 전수조사를 통해 확인된 것은 아니다.
91) 성모에 대해서는 4.2.1.'성모의 불일치 편' 참조.

상징하는 불교용어)'이기 때문에 'L뗑'로 주음할 근거를 중고음 시기부터 찾을 수 있다. 물론『집운』도 평성과 상성이 있는데, 평성의 자석(字釋)이 똑같이 '醍醐'임을 확인할 수 있다.92)『거요』는 상성뿐인데 자석(字釋)에는 醍醐의 뜻이 없고『광운』및『집운』의 상성음 자석(字釋)에 대응하고 있다.

   [거요의 釋] 酒赤色…周禮 酒正糟床下酒其色紅…

그러므로 동국정운의 'R뗑'가 오히려 독특한 것이니, 그때까지 전해 오던 운서에서 상성만 취한 셈이다. 아마도『남명집언해』의 편찬자들은 '醍醐'라는 문헌 속 단어의 의미에 충실하기 위해,『동국정운』에서 배제된 평성을 의식적으로 선택하였을 수 있다. 혹은 '醍醐'라는 단어가 하나로 굳어져 '醍' 역시 평성으로 주음되었을 가능성도 있다.

  (2) [矩]

   [동원] R궁
   [SK] R구, H구
   [불일치음] L궁{2회} 〈남명하5ㄴ(2, 規矩ㅣ시니라, 規矩는 法이라'規'는 평성]93))
   [광운] 俱雨切, 矩소, 遇中3BR麌見
   [역훈] L규

『남명집언해』에서 '矩'를 평성으로 주음한 것은 동국정운은 물론『광운』,『거요』와도 불일치한다. 아래는『거요』의 것이다.

---

92)『집운』의 상성은 자석(字釋)이 '酒赤'로, '엷은 붉은 빛 술'을 의미한다(『한어대사전』 참조).
   '醍醐'와는 의미가 다르다.
93) '規'는『광운』과『동국정운』(L궹), 현실음(L규) 모두 평성이다.

[거요] R果羽切, 見, 擧자모운

『남명집언해』의 주음은 현실음의 영향이라 할 수도 없다. 편찬자들의 방점 혼란이거나 판각자의 오각(誤刻)이라고 풀이할 수밖에 없다.

(3) [在]

[동원] R찡{26회}〈법언1-23ㄱ/능활1-8ㄱ/남명상18ㄴ/남명하6ㄱ/영험2ㄴ〉
[동원] H찡{24회}〈석상6-18ㄴ, 9-19ㄴ, 13-6ㄱ, 19-33ㄱ/월석서9ㄴ/월석1-32ㄱ
        /월석2-15ㄱ〉
[불일치] L찡{2회}〈월곡-31ㄴ(他化自在天에 가샤 十地經을 니른시니)/법언1-
        184ㄱ(舍利弗아 現在ᄒ신 十方앳 無量百千萬億佛土中엣)〉
[SK] R지, H지
[광운] 昨宰切, 蟹開1R海從/ 昨代切, 蟹開1H代從
[역훈] R째, H째

'在'는 상성과 거성 음을 가지는데, 문헌에서는 양쪽 다 분포한다. 이 복수음이 파음자(破音字) 용법에 따른 것인지는 단정하기 어렵다.『광운』에서는 상성의 자석(字釋)이 '所在', 거성의 자석(字釋)이 '居也存也'로서, 매우 유사하기 때문이다. 실제로 위 문헌에서는 주로 '自在', '現在'로 쓰였는데 성조가 혼기되고 있다.[94]

어쨌든『월인천강지곡』과『법화경언해』(1-184ㄱ)에서 평성으로 주음한 것은『광운』이나『거요』, 현실음 어느 것과도 들어맞지 않는다. 오각(誤刻) 가능성도 생각해 보아야 할 것이다.

---

94) 동국정운 복수음이 문헌 속에서 선택적으로 나타나는 현상에 대해서는 다음 장에서 다룬다.

(4) [雉]

[동운] R띵

[동운] H뎅(上同 薙)

[동운] L뀡(上同 雓)

[불일치음] H띵{2회}〈법언1-50ㄴ, 51ㄱ(婆稚阿修羅王, L빵H띵L항L슈L랑L왕)〉

[SK] R팅

[광운] 直几切, 止開3R旨澄

[역훈] L찌

'雉'를 거성으로 주음한 것이 특이하다. 현실음과도 부합하지 않는다. 『거요』 역시 상성이기 때문에 부합하지 않는다(R丈几切, 澄, 己자모). 다만 『집운』은 고려할 수 있다. 『집운』의 '雉'는 음이 5개나 되는데 4개가 상성이고 하나가 거성이다(H直利切, 至운, 野雞也). 『집운』의 자석(字釋)이 '雉'의 의미와 대응하므로, 『집운』 음이 영향을 미쳤을 가능성을 배제할 수 없다. 『집운』의 반절하자 '利'의 동국정운 음이 'H링'일 뿐 아니라 문헌음도 전부 'H링'로 나타난다. 그러나 『집운』의 성조를 동국정운에 반영한 예가 드물다는 점이 고려되어야 한다.

따라서 편찬자들이 방점에 혼란을 일으킨 것으로 파악한다.

(5) [九]

[동운]　R굴{37회}〈석상9-1ㄱ, 19-1ㄱ/석상23-34ㄱ/월석1-21ㄱ/월석2-4ㄱ/법언1-5ㄱ/능활1-55ㄱ/남명상1ㄱ/남명하5ㄱ〉

　　　　■ 월곡R굴{36회}〈4ㄱ〉

[동운] L굴(上同 勼)

[불일치음] H굴{2회}〈영험5ㄱ(九十九德恒沙諸佛이)〉

[SK] R구, H구, H규

[광운] 擧有切, 流開3R有見

[역훈] L긿, R긿

『영험약초』는 거성으로 주음하였으나 동국정운과 일치하지 않는다.
‘九’는『집운』에서 복수음을 가지게 되며 그 중 하나가 거성이지만, 거성은
‘垸’의 이체자 음으로 제시되고 있어서 음(R胡玩切)과 뜻이 전혀 다르기 때
문에『영험약초』의 주음과는 관련을 짓기 어렵다. 한편『거요』도 복수 성
조를 보이나 거성은 없다(『거요』는 평성과 상성).

현실음에서는 거성을 찾을 수 있다. 현실음 출전은 대체로 다음과 같다
(권인한 2005에 의함).

九　　H구〈번소9-1ㄱ, 소학1-4ㄴ, 논어2-3ㄴ, 맹자1-29ㄴ, 대학19ㄱ, 중용6ㄱ,
　　　　효경19ㄱ 등〉

　　　　R구〈육조상4-9ㄱ, 육조하-39ㄴ, 진언46ㄱ, 삼단47ㄱ, 번소4-5ㄴ, 중용28
　　　　ㄱ, 훈몽하-14ㄴ〉

　　　　H규〈논어3-58ㄱ〉

『영험약초』의 주음은 현실음 성조에 이끌렸을 가능성이 있는 것이다.
다만 이 경우 류섭(流攝)의 종성을 일률적으로 ㅱ종성으로 표기한 동국정
운의 원칙을 견지하고 있다는 점이 특색이다. 편찬자의 주안점은 ㅱ종성
에 놓였다고 할 수 있다.

(6) [受]

[광운] R쓩(115회)〈식상6-4ㄱ, 9-7ㄱ, 13-17ㄱ, 19-34ㄴ/석상23-7ㄱ/석상24-29
　　　　ㄱ/월석서4ㄴ/월석1-6ㄴ/월석2-14ㄴ/법언서-16ㄴ/법언1-5ㄴ/능활

1-8ㄱ/남명상-42ㄴ, 하-23ㄱ/영험3ㄴ〉

　　■ 월곡 R쓩{2회}〈8ㄴ〉

[불일치] H쓩{2회}〈능활1-14ㄱ〉

[SK] HR슈

[광운] 殖酉切, 流開3R有禪

[역훈] R씹

　‘受’는 유독 『능엄경언해』 권1(활자본)에서만 방점 하나로 나타난다. 이에 대응하는 목판본에는 정칙(正則)대로 상성으로 주음되었다. 그러므로 『능엄경언해』 활자본의 거성 주음은 방점의 혼란이라고 볼 수밖에 없다. 목판본에서는 이를 교정한 셈이다. 거성으로 주음했던 것은 현실음에 이끌린 결과라고 볼 수 있다.

　(7) [後]

[동운] R薈95)〈석상6-10ㄴ, 9-2ㄱ, 13-14ㄴ, 19-1ㄱ/석상23-3ㄱ/석상서1ㄱ/월석서3ㄱ/월석1-3ㄱ, 2-3ㄴ/법언서-9ㄱ/법언1-5ㄱ(46회)/능활1-2ㄴ/영험2ㄴ/남명서1ㄴ/남명상3ㄴ/〉

　　■ 월곡R薈〈2ㄴ〉

[불일치음] L薈{1회}〈법언1-224ㄴ(시혹 滅後[H몛L薈]에 ㅎ다가 이 法 드르닌)〉

[SK] R후, H후

[광운] 胡口切, 流開1R厚匣/胡遘切, 流開1H候匣]

[역훈] R薈(ㆅ+ㅱ), H薈

　‘後’는 빈번히 사용되는 한자로 거의 예외가 없을 정도로 상성으로 주음

---

95) ‘後’는 대단히 많이 나타나므로 출현 횟수를 생략한다.

된다. 『광운』에서도 평성은 없으며, 『거요』 역시 마찬가지다.[96] 『법화경언해』에서 평성으로 나타나는 것이 극히 이례적이다. 『법화경언해』 권1에서는 총 47회 출현하는데 그 중 평성으로 주음된 것이 1회뿐이다. 평성 주음은 명백히 방점의 오류 때문이라고 생각된다.

　(8) [子]

　　　[동원] R중[97] 〈석상6-3ㄱ, 10ㄱ(弟子), 9-11ㄴ, 13-1ㄱ(弟子), 19-1ㄱ/석상23-3
　　　　　ㄴ/석상24-1ㄴ(弟子)/석상서1ㄱ/월석1-2ㄴ, 2-3ㄴ/법언서-21ㄱ/법
　　　　　언1-5ㄴ(四大弟子)/능활1-13ㄴ/영험3ㄴ/남명상4ㄴ〉
　　　　■ 월곡 R즈{29회}〈2ㄱ〉
　　　[불일치] H중{1회}〈법언1-190ㄴ(弟子, R뗑H중)〉
　　　[SK] H즈, R즈[98]
　　　[광운] 卽里切, 止開3A止精
　　　[역훈] Lス

　‘子’는 문헌에서 빈번히 출현한다. 이 연구에서 확인한 불일치음은 『법화경언해』에서 ‘弟子’의 주음에 1회 나타났다. ‘弟子’는 ‘R뗑R중’로 주음되는 것이 정칙으로, 『석보상절』 권6·13 등을 비롯하여 대부분의 문헌이 실제로 그렇게 주음되었으며 『법화경언해』의 다른 곳에서도 마찬가지다.[99]
　따라서 ‘H중’는 명백히 방점의 오류다. 현실음의 거성에 이끌린 결과라고 풀이할 수 있다. 어떤 면에서는 88회의 용례 중 87회가 충실히 상성으로

---

96) 『거요』도 『광운』과 마찬가지로 상성과 거성뿐이다.
97) ‘子’의 출현횟수는 생략한다. 다만 불일치음이 발견된 『법화경언해』에서는 ‘R중’로 주음된 것이 88회 나타난다.
98) ‘H즈’가 압도적이고 ‘R즈’는 적은 편이다. 다만 『훈몽자회』는 ‘H즈’(권인한 2009:356-359).
99) 『법화경언해』 권1에서는 ‘弟子’가 19회 출현한다.

주음하였다는 점이 더 중요할 수도 있다.

　(9) [琥

　　[동운] R홍
　　[불일치음] H홍{1회}〈석상19-3ㄱ(琥珀)〉
　　[SK] R호
　　[광운] 呼古切, 遇開1R姥曉
　　[역훈] R후

'琥珀'(H홍H픽)의 표기로 1회 등장한다. 거성으로 주음된 연원은 찾기 어렵다. 현실음과도 다르며, 『집운』 및 『거요』 역시 상성만 있다(『집운』 R 火五切. 거요 R火五切, 曉母, 古자모운).
『석보상절』19의 주음(H홍)은 편찬자의 방점 혼란으로 보인다.

　(10) [水

　　[동운] R숭{89회}〈석상13-51ㄴ,　19-17ㄱ/석상23-37ㄴ/석상24-31ㄱ/월석1-22
　　　　　　ㄴ, 2-32ㄱ/법언1-217ㄴ/능활1-13ㄴ/영험8ㄴ/남명상12ㄱ〉
　　　　■ 월곡R쉬{5회}〈8ㄱ〉
　　[불일치] H숭{1회}〈남명상66ㄱ(大悲水로 衆生을 饒益ᄒᆞ시ᄂᆞ르샤ᄃᆡ)〉
　　[SK] H슈
　　[광운] 式軌切, 止合3BR旨書
　　[역훈] R쉬

'大悲水(H땡L빙H숭)'로 주음되어, 'R숭'에서 벗어난 예를 1회 보인 것이 다. 본 연구에서 확인한 문헌 중 '大悲水'의 용례도 이것뿐이며, '大悲'의 주

음은 동국정운 수록음과 같다. 『집운』과 『거요』도 『광운』과 마찬가지로
상성뿐이다.

　상성을 거성으로 주음한 것은 현실음의 영향일 수 있다.

(11) [待]

　　[동운] R띵{1회} 〈법언1-206ㄴ(내 接待호ᄃᆡ 誠ᄋᆞ로 ᄒᆞ야)〉
　　[동운] H팅
　　[불일치음] H띵{1회} 〈법언1-206ㄱ, 至極ᄒᆞᆫ 精誠ᄋᆞ로 物을 接待ᄒᆞ실ᄊᆡ〉
　　[SK] R디
　　[광운] 徒亥切, 蟹開1R海定
　　[역훈] R때, H때

　'接待'의 주음에서 성조의 차이를 보인 것이다. 더구나 같은 『법화경언
해』 권1의 인접한 장(張)에서 주음의 차이가 생긴다는 점은 명백히 방점의
혼란이라고 할 수밖에 없다.

(12) [損]

　　[동운] R손{2회} 〈남명상-14ㄴ(損과 益괘 업스니), 49ㄱ(宗師ㅣ 모믈 損ᄒᆞ야 늠
　　　　　주시ᄂᆞᆫ 거시 잇ᄂᆞᆫ 듯 ᄒᆞᆯᄊᆡ)〉
　　[불일치] H손{1회} 〈남명상-13ㄴ(損과 益괘 업스니)〉
　　[SK] R손
　　[광운] 蘇本切, 臻合1R混心
　　[역훈] R순

　'損'은 중고음에서는 물론 『집운』, 『거요』 시기까지 상성 하나만 유지되

어 왔다.

　　[집운] R鎭本切, 混운 [거요] R鎭本切, 心母, 衮자모운

현실음 또한 상성이다. 따라서 'H손'으로 주음된 것은 자못 이례적이라고 할 수 있다. 『남명집언해』의 편찬자들이 혼란을 보인 것이라 생각된다.

3) 거성을 달리 주음한 것

동국정운의 거성이 문헌에 달리 나타난 예는 '現, 强, 化, 驗, 報, 度, 拜, 徧' 8字가 있다. 역시 불일치음의 출현 빈도가 높은 것부터 살피기로 한다.

(1) [化

　　[동운] H황[100] 〈석상6-7ㄴ, 9-1ㄱ, 13-6ㄱ/월석1-1ㄱ, 2-15ㄱ/법언서-12ㄴ/법언
　　　　1-5ㄱ/능활1-3ㄴ/영험4ㄴ/남명상-11ㄴ, 하-2ㄴ〉
　　■ 월곡 H화(6회) 〈31ㄴ〉
　　[불일치음] R황(11회) 〈석상19-2/석상23-10ㄱ/석상24-16〉
　　[SK] R화
　　[광운] 呼霸切, 假合2H禡曉
　　[역훈] L화, H화

'化'는 中古 시기 이후 줄곧 거성을 유지해왔다. 유독 『석보상절』 권19와 23에서만 상성으로 주음되는 것이다. 현실음 성조의 영향으로 볼 수 있다. 분명히 편찬자의 오류라 할 수 있다. 한편 『석보상절』의 교정에 대해서는

---

100) 출현 빈도가 높으므로 그 횟수는 생략한다.

그동안『석보상절』권6·9·13·19가 충실히 교정 과정을 거쳤다고 지적 되어 왔으나[101] '化'의 주음은 권19와 권23이 동일하게 개서를 거치지 않았 음을 알 수 있다.

'R황'로 주음된 것을 모두 제시하면 다음과 같다.

> 化 R황〈석상19-2ㄴ(2, 化生과), 3ㄴ(法化를), 32ㄴ(사ᄅ 를 化ᄒ야), 35ㄱ(三藐 三菩提敎化를), 36ㄴ(敎化ᄒ샤), 37ㄱ(저절로 化ᄒ야)/석상23-10ㄱ(敎 化ㅅ因緣을), 12ㄴ(부텻正化를), 29ㄱ(一千化佛이 現ᄒ야)/석상24-16 ㄴ(種種變化ᄒ야)〉

(2) [度]

> [동원] H똥{133회}〈석상6-30ㄱ, 13-8ㄴ, 19-1ㄱ(滅度)/석상23-3ㄱ/석상24-9ㄱ/ 월석서9ㄱ/월석1-18ㄴ, 2-18ㄱ/법언서-16ㄱ/법언1-37ㄴ/능활1-2ㄴ /남명상11ㄴ〉
>
> ■ 월곡 H또{3회}〈58ㄱ(勞度差ㅣ 열본 ᄠ디라)〉
>
> [동원] H딱{3회}〈남명하62ㄱ(度量)〉
>
> [불일치음] R똥〈영험12ㄴ(滅度)〉
>
> [SK] R도, H도, H탁
>
> [광운] 徒故切, 遇中1H暮定/ 徒落切, 宕開1入鐸定]
>
> [역훈] H뚜, H딱

『영험약초』에서 '滅度'를 표기할 때 '度'를 상성으로 주음한 것이다. '滅度' 는 여러 문헌에서 자주 출현하는데 이 때 '度'는 모두 거성이다.

---

101) 이들은 대부분 'R황'로 주음된 것을 'H황'로 고친 것이다. 한편 안병희(1981)에서는 '석상9-1 ㄱ'이 'L황'에서 교정되었다고 지적하였으나, 본 연구에서 확인한 결과 'R황'에서 교정되었다.

減度H몡H똥〈석상13-24ㄴ/석상19-1ㄱ/법언1-85ㄱ, 86ㄴ 등〉

『거요』또한 거성과 입성 음을 가진다(『집운』도 같다.『집운』은 생략).

[거요] H徒故切, 定, 顧자모/入, 達各切, 定, 各자모

어느 면으로 보나『영험약초』의 편찬자들이 방점에 오류를 보인 것이다. 현실음의 성조의 이끌렸을 가능성이 있다.

(3) [現]

[동운] H현{70회}('見'의 복수음으로 수록)[102]〈석상6-41ㄱ, 13-50ㄱ, 19-23ㄱ/
　　　석상23-26ㄱ/석상24-49ㄴ/월석서5ㄴ/월석1-34ㄱ, 2-10ㄱ/법언서-22ㄴ/
　　　법언1-6ㄴ/능활1-3ㄴ/영험2ㄴ/남명상15ㄱ〉
　■ 월곡 H현{1회}〈40ㄱ〉
[불일치] L현{2회}〈법언1-142ㄱ(諸煩惱漏ㅣ 삐와 現ㅎ니), 184ㄱ(舍利弗아 現
　　　在 ㅎ신 十方앳 無量百千萬億佛土中엣 諸佛世尊이 饒益ㅎ샤미)〉
[SK] R현
[광운] 胡甸切, 山開4H霰匣
[역훈] H현

『동국정운』은 '現'을 수록하지 않고 있다(미수록자). 그러나 '現'이『거요』 '見'條에 혹작자(或作字)로 주기되었음을 고려하면,『동국정운』'見'의 복수음 중 'H현'에 해당한다. 문헌에서는 '現'에 대하여 '見'의 복수음 'H현'을 주

---

102) '現'은『동국정운』에 표제자로는 수록되지 않았다. '現'의 古字인 '見'의 복수음에서 취한다.
　'見'의『동국정운』음은 'H견 H현'이다.

음한다. '現'이 평성으로 나타나는 것은『법화경언해』에서 2회 발견된다.
'現'이 단독으로 동사로 쓰이거나 '現在'로 쓰이는 경우인데, 실상 그 용례는
다른 문헌에서 여러 차례 거성으로 나타나고 있다.

> '現ᄒᆞ다': 〈석상13-54ㄴ(舍利弗아 現ᄒᆞ야 겨신 十方앳 無量 百千萬億 佛土 中
> 엣)/월석2-31ㄱ(坐 祥瑞 몬져 現ᄒᆞ니)〉
> '現在': 〈석상13-50ㄱ(三世ᄂᆞᆫ 過去와 未來와 現在왜니)/월석2-21ㄴ(三世ᄂᆞᆫ 過
> 去와 現在와 未來왜니)〉

그러므로 '現'이 평성으로 주음된 것은『법화경언해』의 편찬자들이 방
점에 혼란을 일으킨 결과라 할 수 있다.

(4) [强]

> [동원] H깡
> [불일치] L깡{2회}〈법언1-211ㄱ/남명하31ㄱ〉
> [SK] L강, R강
> [광운] 巨良切, 宕開3L陽群
> [역훈] L꺙, R꺙, H꺙

'强'은『동국정운』수록음과 문헌음 모두 음미할 필요가 있다.『동국정
운』음은 중고음(『광운』)과 성조가 다르다.『동국정운』음은『거요』의 성
조를 받아들인 결과로 보인다.

> [거요] 其亮切, 群, H 絳자모운

한편 성모에서는『동국정운』음과 문헌음 모두 군모(群母)를 취한다.『법

화경언해』권1의 주음은 성모가『동국정운』음 및『거요』와 일치한다. 반면에 성조는『거요』를 따르지 않고, 중고음(『광운』) 내지 현실음과 일치한다. 중고음과 현실음 모두와 대응할 경우 문헌음이 중고음 혹은 현실음의 어느 쪽을 따랐다고 말하기는 쉽지 않다. 현재로서는 둘 모두와 대응한다고 일단 정리해둔다.

(5) [拜]

　　[동운] H뱡{2회}〈영험10ㄱ〉
　　[SK] R배
　　[불일치음] R뱡{1회}〈남명상51ㄴ〉
　　[SK] R배
　　[광운] 博怪切, 蟹肴2H怪幫
　　[역훈] H배

　‘拜’는『영험약초』와『남명집언해』에 출현하는데,『남명집언해』에서 상성으로 주음되었다. 이것은 방점의 혼란이며, 현실음의 영향이라고 생각된다.『거요』의 영향도 아니다.『거요』는『광운』과 같이 거성음만 갖고 있기 때문이다.

　　[거요] H布怪切, 幫, 蓋자모운

(6) [徧]

　　[동운] H변{11회}〈석상13-27ㄴ/월석1-33ㄴ/법언1-58ㄱ/능활1-3ㄱ/영험11ㄱ〉
　　[불일치음] R변{1회}〈남명상74ㄱ〉
　　[SK] RH편, R변

[광원] 方見切, 山脣3AH線幫

[역훈] H변

　'偏'은 동국정운과 『광운』에서 모두 거성으로만 나타난다. 『거요』에서도 거성뿐이다(H卑見切, 幫, 見자모운). 『남명집언해』에서 상성으로 주음한 것은 방점의 혼란이라고 할 수밖에 없다. 현실음의 상성에 이끌렸다고 하겠다.

　(7) [報]

[동원] H·볼{46회} 〈석상9-12ㄱ, 13-17ㄱ/석상23-10ㄱ/월석서-3ㄱ/월석1-12ㄱ,
　　　　2-20ㄱ/법언1-64ㄴ/능활1-75ㄴ/남명상32ㄴ〉
　　■ 월곡H·볼{1회} 〈30ㄴ〉
[동원] H·풍
[불일치읽] R·볼{1회} 〈영험4ㄴ(報를 受티 아니ᄒᆞ리라)〉
[SK] R보, H보, R부
[광원] 博耗切, 效開3H號幫
[역훈] H·밭

　『광운』에서는 단일음이었다가 후대에 음이 증가하였다. 『동국정운』에서도 거성에 두 음이 있지만 문헌에서는 전부 'H·볼'으로만 수렴한다. 다만 『영험약초』가 'R·볼'로 주음한 것은 동국정운과 일치하지 않을 뿐 아니라 『거요』(거성 2음)나 『집운』(평성 1음, 거성2음)에서도 그 연원을 찾기 어렵다. 결국 『영험약초』의 성조 주음(R)은 현실음의 영향이라고 할 수밖에 없다. 효섭(效攝) 운미의 ㅱ종성을 규범대로 충실히 주음하였지만 성조는 그렇지 않은 것이다.

(8) [驗]

[동운] H엄{2회} 〈월석2-74ㄴ/능활1-85ㄴ〉

[불일치음] H험{2회} 〈영험 4ㄱ〉

R엄{1회} 〈남명상21ㄴ〉

[SK] R험

[광운] 魚窆切, 咸開H3B豔疑

[역훈] H염

'驗'에 대해서는 성모 불일치음에서 이미 다룬 바 있거니와, 불일치음 'H험'(영험)과 'R엄'(남명상) 중 'R엄'은 성조의 불일치를 보인 것이다. 『남명집언해』의 편찬자는 中古 의모(疑母)를 'ㆁ(동국정운 업모 業母)'로 충실히 표기했지만 성조에서는 현실음에 이끌린 것이다.

이제까지 살펴본 불일치음 20字를 표로 정리하면 다음과 같다.

字	동운	불일치음{횟수}	현실음	비고
醍	R톙	L뗑{6회}(남명)	L톄	광운 평성음 및 현실음과 성조가 대응.
矩	R궝	L궝{2회}(남명)	R구, H구	방점의 혼란, 현실음과 대응관계는 안 보임.
在	R찡 H찡	L찡{2회} (월곡, 법언)	R지, H지	방점의 혼란으로 보임.
雉	R띵 (H톙) (L뗭)	H띵{2회}(법언)	R티	집운의 거성음과 대응. 편찬자의 혼란 혹은 오각일 수도 있음.
九	R귷 (L귷)	H귷{2회}(영험)	R구, H구 H규	현실음 성조와 대응관계 있음. 다만 ㅱ 운미는 충실히 표기하였음.
受	R쓩	H쓩{2회}(능활)	H슈, R슈	현실음 성조와 대응함.
後	R휳	L휳{1회}(법언)	R후, H후	방점의 혼란으로 보임.
子	R중	H중{1회}(법언)	Hㅈ, Rㅈ	현실음 성조와 대응함.
琥	R홍	H홍{1회} (석상19)	R홍	편찬자의 혼란이거나 오각으로 보임.
水	R숑	H숑{1회}(남명)	H슈	현실음 성조와 대응함.

字	동운	불일치음{횟수}	현실음	비고
待	R뗭 H팅	H뗭{1회}(법언)	R딩	방점의 혼란.
損	R손	H손{1회} (남명)	R손	방점의 혼란.

<표 4> 성조의 불일치 – 상성을 달리 주음한 경우 (12字)

字	동운	불일치음{횟수}	현실음	비고
化	H황	R황{11회} (석상19, 23, 24)	R황	R황는 현실음의 영향. 석상6, 9, 13에서는 R황를 모두 'H황'로 교정하였으나, 석상19, 23이 교정 작업을 거치지 않은 것임.
度	H똥 H딱	R똥{3회}(영험)	R도, H도 H탁	현실음 성조와 대응함.
現	H현	L현{2회}(법언)	R현	현실음과 대응하지 않음. 現의 이체자.
强	H깡	L깡{2회}(법언)	L강 R강	현실음과 성조가 대응한다. 광운의 성조와도 일치.
拜	H뱅	R뱅{1회} (남명상)	R배	방점의 혼란. 현실음의 영향으로 보임.
偏	H변	R변{1회} (남명상)	R편, H편 R변	현실음에 이끌림.
報	H봉 H퐁	R봉{1회}(영험)	R보,H보 R부	현실음 성조에 이끌림. ㅸ 운미는 충실히 표기하였음.
驗	H엄	R엄〈남명상〉 H험{1회}(영험)	R험	R엄〈남명상〉이 성조 불일치. 현실음 성조에 이끌림.

<표 5> 성조의 불일치 – 거성을 달리 주음한 경우(8字)

이러한 결과에 대하여 서술하면 다음과 같다.

① 평성과 입성을 달리 주음한 경우는 없다. 이것은 상성이나 거성보다는 평성과 입성의 혼란이 적던 중세국어 성조의 특징과 연관시켜 생각할 수 있다. 거꾸로 말하면 성조의 불일치는 의미나 문법적 측면에서 기능의 차이라기보다는 방점의 혼란, 혹은 현실음의 영향으로 생

각할 수 있음을 의미할 수 있다.

② 20자 중 2회 이상 출현하는 성조 불일치음은 10字(醍, 矩, 在, 雉, 九, 受, 化, 度, 現, 強)로서, 전체의 절반을 넘지 못한다. 이중 '醍, 九, 受, 化, 度, 強'은 현실음의 성조와 같다. 이는 문헌 편찬자들이 현실음에 이끌린 결과일 수 있다.

특히 '化'는 『석보상절』 권23, 24에서만 출현하는데, 이는 편찬자가 현실음에 이끌려 주음한 오류로 보아야 한다. 권6·9·13·19에서는 이를 인출(印出) 이후 주묵으로 교정 작업을 가하였기 때문이다.

③ 그 밖의 10字는 출현횟수가 1회이기 때문에 특별한 의미를 부여하기는 어렵다. 다만 그중 6字(子, 水, 拜, 徧, 報, 驗)는 현실음과 대응한다. 역시 현실음에 이끌린 주음일 가능성이 있다.

④ 일부는 『광운』과 일치하거나(醍, 強), 『집운』(雉)과 일치한다. 이것이 이들 운서 혹은 그와 연관된 다른 운서나 자서를 참조한 결과인지는 속단할 수 없다.

한편 출전 문헌별과 자종(字種)의 관계를 살펴보면, 『남명집언해』가 7字로 가장 많고(醍, 矩, 水, 損, 拜, 徧, 驗), 『법화경언해』는 6字(雉, 子, 待, 在, 後, 現, 強), 『영험약초』는 3字(九, 度, 報)가 발견된다. 『영험약초』는 본문 18장에 불과한 문헌이기 때문에 불일치음의 절대적인 수는 적지만 상대적인 비율에서는 『남명집언해』나 『법화경언해』에 비해 결코 적다고 할 수 없다. 15세기 중반(법화경언해)부터 방점의 혼란이 상대적으로 두드러지기 시작하여 『남명집언해』와 『영험약초』 같은 후기 문헌에서는 그 비율이 제법 늘었다고 정리할 수 있을 것이다.

한편 15세기 초기 문헌인 『월인천강지곡』(在)과 『석보상절』 권19·23·24에서도 방점의 오류가 나타난다는 점도 기억해 둘 사안이다. '化'의 경우 『석보상절』 권23, 24에서 오류(R황)가 나타난다는 점은 이해할 수 있으나 권19에서도 똑같은 오류가 교정되지 않고 나타났다는 점은 주목할 필요가 있다. 또 권19에서 '琥'의 불일치 성조도 발견되는 것은 이 권(卷)의 교정 작업이 6·9·13권에 비해 완전하지 않았음을 나타내주는 근거가 될 수도 있다. 이에 대해서는 제5장에서 논의하기로 한다.

4.2.4. 소결: 불일치음의 주음 양상과 그 함의

불일치음의 양상을 총정리하면 다음과 같다.

(1) 성모 불일치 17자, 운모 불일치 10자, 성조 불일치 20자로, 자종(字種)으로는 45字(驗, 醒가 중복)가 된다.

(2) 현실음에 이끌렸을 가능성이 있는 것이 절반 정도다. 성모 불일치는 17字 중 11字, 운모 불일치는 10字 중 4字(ㅁ 종성이 음가가 없는 표기로 간주하면 '部, 霧'를 더하여 6字), 성조 불일치는 20字 중 12字가 그러하다. 현실음에 이끌린 표기는 『법화경언해』, 『남명집언해』, 『영험약초』 등 15세기 중후반 문헌에 주로 나타난다. 다만 운모 불일치음의 경우는 초기 문헌에서도 여럿 나타나는데, 불교 관련 한자음이나 연기(年記) 표기의 관행에 따른 것이 대다수다(阿, 般, 耨, 巍, 部, 解, 卯).

(3) 특히 운모 불일치음 중 '阿'(앓, 阿難), '般'(밣, 般若), '解'(행, 解脫)과 같은 표기는 그 음가도 달리 주음한 것으로 보인다(법화경언해, 활자본 『능엄경언해』).

(4) 교정음을 혼동한 결과로 여겨지는 주음도 나타난다. 전청이 되어야 할 곳에 전탁으로 주음했거나(醒), 전탁음 계열에서 혼동했거나(殊), 업모(業母, 中古 의모 疑母)가 되어야 할 곳에 욕모(欲母, 中古 이모 以母)로 주음하는 경우(恩)가 그것이다.

(5) '霧'(뭉, 님멍)는 ㅱ 종성으로 잘못 주음한 것인데, 이것은 우섭(遇攝)과 류섭(流攝)을 혼동한 과도교정이라 할 수 있다.

178

(6) 개별적으로 특이한 양상을 보이는 경우가 있다. '卯'는 현실음의 영향일 수도 있지만 효섭(效攝) 2등운 중 명모(明母)에 한하여 나타난 음운변화를 무시한 복고적 주음일 수도 있다. '吒'는 본 연구에서 살펴본 자료 중에서 유일하게 『거요』의 지모(知母)와 대응한다. 이것은 동국정운의 성모 체계와 모순이 되는 경우이므로 좀 더 연구할 필요가 있다.

한편 문헌별로 살펴보면 15세기 중후기 문헌(법화경언해, 영험약초, 남명집언해)에서 불일치음이 다수 나타난다. 초기 문헌에서는 불교 관련 음 혹은 관행적 음((阿, 般, 耨, 巍, 部, 解, 卯)을 『동국정운』과 달리 채택한 것이 대부분이며, 특이하게 교정음을 착각한 결과로 보이는 경우도 있다(『월인천강지곡』).

마지막으로 이러한 특징이 어떤 의미를 지니는지 짚어 본다.

첫째, 이 연구에서 추출한 문헌음 1,940여 字 중에서 불일치음이 45字라는 사실은 동국정운식 한자음이 15세기에 상당히 강력한 원칙으로 관철되었음을 의미한다고 할 수 있다. 세종과 성운학자들이 독자적인 운서를 발간하고 국가적인 언해 사업을 펼쳤다는 것은 그만큼 문자 정책에 대한 강력한 추진력을 발휘했음을 의미하므로 한자음의 교정 또한 그 현실성 여부와 무관하게 일정한 기간은 이들의 의지대로 관철된 것이다.

둘째, 45字의 불일치음에도 중요한 의미가 담겨 있다고 할 수 있다. 불일치음의 절반이 현실음에 이끌린 것일 수 있다는 점은 동국정운식 교정음을 관철하려는 노력이 현실음의 관행 또는 압력을 완전히 압도하지 못했다는 반증이라 할 수 있다. 그러면서도 주목할 특징이 있다. 불일치음 중에는 개합을 혼동한 경우 특히 합구 개음의 교정이 잘못된 경우는 거의 없다는 점이 중요하다. 당시 문헌 편찬자들이 개합의 교정을 상당히 중요하게 여기고 있음을 말해준다. 또 성모는 현실음에 이끌리면서도 운모는 ㅇ종성을 유지한 경우, 주음을 혼동하기는 해도 현실음이 아니라 다른 교정

시니)〉

　　L몽

[SK] R몽

[광운] 莫鳳切, 㬱소운, 通脣3H送明, R몽(上同 㬱)104)

　　莫中切, 䙢소운, 通脣3L東明([說文]曰不明也)

[거요] H莫鳳切, 㬱소운, 明, 弓자모운([說文]不明也…)

　　L謨中切, 䙢소운, 明, 公자모운([說文]不明也…)

『동국정운』에 평성(䙢소운)과 거성(㬱소운), 두 음으로 실렸는데, 이는 『광운』 및 『거요』와 상응한다. 『월인석보』에서 거성으로 주음한 것은 이들 운서의 자석(字釋)와 관련이 있다고 생각된다. 즉 『광운』 평성은 "어둡다, 어리석다(不明)"의 뜻이기 때문에 『월인석보』에서 '꿈'으로 쓰인 용례와 거리가 멀다. 『월인석보』의 용례는 거성 '㬱'(寐而覺)과 뜻이 통한다. '夢'은 '㬱'의 이체자인 것이다. 주목되는 점은 『광운』에서는 거성(㬱의 上同字)과 평성(不明也)의 의미가 분명히 구분되는 반면, 『거요』에서는 거성에도 '不明也'의 의미가 추가됨으로써 실질적으로는 의미 영역까지 중첩되었다는 사실이다.

　참고로 『집운』에서는 평성음이 하나 더 늘어나 독음(讀音)이 셋이 된다. 역시 '不明'이라는 의미와 '꿈', '꿈을 꿈'이라는 의미를 구분하고 있다. 두 의미를 하나로 더해 거성의 자석(字釋)를 확대한 것은 『거요』에서만 나타난다.

[집운] L謨中切, 東韻([說文]不明也)/L彌登切, 登韻/H莫鳳切. 宋韻([說文]不明也…)

　〈참고〉[㬱](집운) H宋韻, 夢소운, "[說文]寐而有覺也通作夢"

---

104) '㬱'의 『광운』 자석(字釋)은 다음과 같다. "寐中神遊也[說文]云寐而有覺周禮…… 亦作夢"

결과적으로 『월인석보』의 주음은 『광운』 거성의 자석(字釋)와 통한다고 할 수 있다. 다만 거성에 평성의 의미까지 더한 『거요』의 태도를 따른 것인지는 판단하기 어렵다. 문자학적 연구로 보충해야 할 필요가 있다.

그밖에 '佛', '從'의 경우도 간단히 살펴본다.

(3) [佛]

[동원] H뿛〈석상6-2ㄴ, 9-2ㄴ, 13-4ㄱ, 19-3ㄴ/석상24-4ㄴ/석상23-13ㄱ/석상서
　　　1ㄱ/월석서4ㄴ/월석1-1ㄱ, 2-9ㄱ/법언서-7ㄱ/법언1-3ㄴ/능활1-3ㄱ/
　　　영험1ㄴ/남명상1ㄱ〉
　■ 월곡H뿛〈1ㄱ〉
　　H뿽, H뿛(上同 {字+色}), H뿇(上同 佛), H뿇(上同 祓)
[SK] H불H필
[광운] 符弗切, 佛소운, 臻脣3入物奉(牟子曰漢明帝夢神人身有日光飛在殿前以
　　　問群臣傳毅對曰天竺有佛將其神也學記曰其施之也悖其求之也佛)
[거요] 薄密切, 並母, 國자모운(佛仡勇壯…[論語]佛肹魯人名也)
　　　符物切, 奉母, 穀자모운([說文]見不諟也從…[列子]西方有聖人焉其名曰佛
　　　…
　　　漢明帝夢神人身有日光飛在殿前以問群臣傳毅對曰西方有佛將其神也…)

'佛'은 동국정운에 복수음 다섯이 수록되어 있는데 문헌음은 'H뿛' 하나로만 나타나며 그 용례는 모두 '부처'를 뜻하는데 쓰인 것이다. 이 音은 『광운』의 수록음과 대응하며, 거요의 복수음 중에서는 봉모(奉母)-穀자모운 字와 대응한다.[105]

---

105) 이 경우 거요의 자모운과는 대응하지 않으며, 반절하자와 대응한다.

(4) [從]

　　[동원] L쭁〈석상6-10ㄴ/석상24-49ㄴ/월석1-12ㄴ/법언1-102ㄴ〉
　　　　L쫭, L총, H쭁, L죵(上同 縱), H죵(上同 縱)
　　[광운] 疾容切, 從소운, 通中3L鍾從(就也又姓漢有將軍從公何氏…)
　　　　七恭切, 樅소운, 通中3L鍾淸(從容)
　　　　疾用切, 從소운, 通中3H用從(隨行也)106)
　　[거요] L牆容切, 從소운, 從母, 弓자모운
　　　　([說文]從相聽許也…本作從增韻順也 左傳 言順曰從又就也又姓漢有將軍
　　　　　從公…)
　　　　L七恭切, 樅소운, 淸母, 弓자모운(從容休燕也 增韻 和緩貌…)
　　　　L鉏江切, 淙소운, 澄母, 光자모운(髻高也…)
　　　　H才用切, 從소운, 從母, 供자모운([說文]隨行也…)

　‘從’도 문헌음이『광운』복수음 중 하나(평성, 종모 從母)와 일관되게 대응한다. 이 대응관계는 역시『거요』(평성, 종모 從母)에도 이어지는데『광운』의 자석(字釋)(就也)이『거요』의 그것과 유사한 것이 특징이다.

　이제까지 살펴보았듯이 동국정운 속의 복수음은 문헌 속에서 단일음으로 나타나는 특징이 있다. 그리고 이 단일음들은 대체로『거요』나『광운』,『집운』등의 음에서 연원을 찾을 수 있다. 이 때 복수음 중에서 어떤 음이 문헌음으로 선택되는지는 음운론은 물론 문자학적 측면에서 의미 있는 주제라고 할 수 있다.

　다만 이에 대한 연구는 문자학 영역까지 넓혀야 할 뿐 아니라 대상이 되는 동국정운 수록음이 대단히 방대하므로 일시에 이루어지기 힘들다. 따

---

106)『광운』의 평성 종소운(從小韻) 항에서는 ‘卽容切’을 포함하여 3음을 우음(又音)으로 제시하고 있지만, 실제로 ‘直容切(정모 精母)’에 해당하는 글자는 없다. 따라서『광운』에서는 독음(讀音)이 4개가 아니라 3개다.

라서 본 연구에서는 복수음의 단일 문헌음 양상에 대해서는 지속적인 연구를 다짐하는 정도로 지적하고, 문헌음이 복수로 나타나는 경우에 초점을 맞추기로 한다.

문헌음이 복수로 나타난다는 것은 가령 다음과 같은 경우를 말한다.[107]

(5) [降]

[동원] H강〈석상서3ㄱ(降生) 등〉
　　　　L항〈석상6-17ㄴ(降服) 등〉
[SK] R강, H강, L항
[광운] 古巷切, 江中2H絳見(下也歸也落也) / 下江切, 江中2L江匣(降伏)

동자다음다의(同字多音多義) 즉 다음자(多音字)의 전형이라 할 수 있다. 실제로 동국정운 문헌음 중의 복수음 자는 다음자 용법이 많다. 그렇지만 모든 字가 그런 것은 아니어서, 한자음의 혼란으로 보이는 경우도 발견된다. 본 연구에서는 문헌 속의 복수음을 추출하여 그 양상을 살펴볼 것이다.

전통적으로 복수음은 그 의미 또는 기능에 따라 성조가 분화되는 양상(파음 破音 현상)의 측면에서 주목되었으며, 덧붙여 우리 한자음의 혼란 양상이라는 측면에서 주목받기도 했다. 본 연구가 확인한 문헌음 중에서도 파음자 용법으로 볼 수 있는 경우가 있는가 하면 한자음의 혼란으로 보이는 경우도 있다. 이를 살펴보면서 일정한 경향을 찾을 수 있다면 한자음 연구에서 의미 있는 진전을 이룰 수 있다고 기대한다.

본 연구의 논의는 전통적인 이중음 혹은 복수음 논의와는 관점을 달리

---

107) 제시된 출전은 모든 문헌을 보인 것이 아니다. 여기서는 논의의 편의를 위해 대표적인 문헌과 출전만 표시하였다.

한다. 즉 동국정운 문헌음의 복수음 양상에서 어떤 특별한 문젯거리를 찾기 위한 것이다. 이를 위해 복수음의 연원이 전통적인 복수음 양상과 동일한지, 혹은 그와 무관하게 모종의 운서나 자서(字書)를 참고한 것인지, 아니면 편찬자의 오류인지 등을 살펴보려 한다. 따라서 중국한자음의 복수음에 대해서는 『광운』, 『집운』, 『거요』 등 운서를 주로 참고할 것이고, 한국한자음의 복수음에 관한 논의는 최대한 기존 연구(최미현 2006, 이돈주 1997 등)에 기댈 것이다.

복수음의 양상은 성모 편, 운모 및 성조 편으로 구분하여 살펴본다. 이들을 中古 칠음(七音) 순서로 검토하되, 출현 용례가 다수인 경우부터 먼저 다룬다.

운모 및 성조 편은 中古 16섭 순서로 묶어서 검토할 것이다. 운모와 성조를 함께 고려하는 것은 16섭 안에서 平上去入 4개 성조를 상배 관계로서 함께 검토하는 편이 더 간명하기 때문이다. 복수음에 대한 논의에는 의미 분화의 문제를 빼놓을 수 없는데, 자의(字義)에 대해서는 『광운』, 『거요』, 『집운』을 비롯하여 『漢語大詞典』 등의 자석(字釋)을 참조한다. 또 필요에 따라서 『홍무정운역훈』(역훈)의 정음 및 속음도 제시하여 대비한다.[108]

불일치음이나 미수록자 주음으로 인하여 발생한 복수 문헌음은 원칙적으로 논의에서 제외한다.

4.3.2. 복수 문헌음의 양상 — 성모편

성모가 복수 문헌음으로 나오는 경우는 '土, 墮, 朝, 別, 夫, 曾, 參, 盡, 葉'으로, 모두 9字다. 이들을 오음(五音) 순서로 살펴본다.

---

108) 『홍무정운역훈』 음을 제시하는 것은 앞서 불일치음에 대한 논의에서 그러했듯이 한자음의 연원을 최대한 넓게 추적해 보기 위함이다.

1) 아음(牙音)

牙音 편에서 성모 복수음을 다를 대상은 없다. '車, 頃, 乾, 堀' 등을 생각해볼 수 있으나 이들은 운모 혹은 성조에서도 복수음으로 나타나기 때문에 뒤의 논의(4.3.3.)에서 다룰 것이다. 한편 불일치음으로 인하여 성모 복수음이 보이는 경우도 있다. '權, 驗' 등. 이들은 불일치음 편에서 다루었으며, 게다가 현실음에 이끌렸을 가능성이 있으므로 역시 복수음에 관한 논의에서 제외한다.

2) 설음(舌音)

설음 편에는 '土, 墮, 朝'가 있다. 그밖에 '斷(R돤H돤R똰)'도 있으나, 성모와 성조가 복수음을 가지므로, 운모 및 성조 편(4.2.3.)에서 함께 다룬다.

(1) [土]

'土'는 '圡'와 이체 관계인데, 복수음 셋 중 'R통, R똥'이 문헌음으로 선택된다. 아래 출전 용례는 검토를 위해 대표적인 것만 보였다.[109]

[동원]R동
[동원]R통{36회}〈석상13-7ㄴ(東土)/월석서4ㄴ(居常寂光土)/월석1-30ㄴ(東
　　　土)/월석2-18ㄱ(東土)/능활1-4ㄱ(千國土)/법언서-17ㄴ(樂土)/남명
　　　상20ㄱ(國土)/남명하5ㄴ(此土),22ㄴ(東土)/영험4ㄴ(淨土)〉
　　　R똥{15회}〈법언1-66ㄴ(東方萬八千土) 등〉
[SK]　H토, H두

---

109) 전체 출전은 부록 참조.

[광운]他魯切, 土소운, 遇中1R姥透(釋名曰土吐也吐萬物也…文字指歸無點也)

徒古切, 杜소운, 遇中1R姥定(土田地主也本音吐)

[거요]R董五切, 端母, 古자모운(圜土獄城也…)

R統五切, 透母, 古자모운([說文]土地之吐生萬物者也…)

R動五切, 定母, 古자모운(桑根也…通作杜…)

[역훈]L두(圜土獄城也…), L투(土地稱也…)L뚜(桑根白皮…)

여기서 가장 먼저 눈에 뜨이는 점이 있다. 'R똥'는 『법화경언해』에서만 보이는데, 자형(字形)이 모두 '圡'라는 것이다.[110] 『법화경언해』의 용례는 모두 다음과 같다.

R통〈법언서-17ㄴ(樂土)〉

R똥〈법언1-66ㄴ, 69ㄱ(이상東方萬八千圡), 88ㄴ(諸佛圡), 104ㄱ(東方萬八千圡), 117ㄱ(諸佛圡), 118ㄱ(2,東方萬八千圡, 諸佛圡)ㄴ(諸佛圡), 119ㄴ(國土), 154ㄱ(國土), 184ㄱ(無量百千萬億佛圡中엣), 193ㄴ(3, 國土, 淨圡, 方便有餘圡), 203ㄴ(十方佛土中에)〉

『광운』과 『거요』의 자석(字釋)을 참조하면 '土'의 복수음은 의미 기능에 따라 분화된 것이다. 『거요』에서는 『광운』에 비해 음이 하나 늘었는데, '흙으로 옥성(獄城)을 쌓는다'는 의미를 지니는 단모(端母) 음이 늘어난 것이다. 동국정운의 복수음이 셋으로 나타난 사실도 『거요』가 반영된 결과로 보인다.

『법화경언해』에서 'R똥'로 주음한 것은 의미의 차이로 풀이할 수 없다. 'R통'로 주음한 다른 문헌의 용례와 거의 동일하기 때문이다. 물론 『광운』

---

[110] 석상19-26ㄱ에도 '圡'가 나타난다. 흥미로운 점은 같은 面에 '佛土'가 두 번 쓰이는데, 본문 대자(大字)로 '圡'가, 협주문 소자(小字)로 '土'가 쓰였다는 사실이다.

(土田地主也) 및 『거요』의 정모(定母) 字(桑根也)와는 자석(字釋)이 맞지 않는다.

따라서 'R똥'는 『법화경언해』 편찬자들이 의식적으로 선택한 것일 가능성이 있다. 덧붙여 자형(字形)이 '土'로 공통된다는 점에도 주목하게 된다. 이 음을 취한 모든 용례가 '土'를 선택했다는 점, 『법화경언해』서는 유달리 'R통'로 주음하였는데 자형이 '土'라는 점이 자형과 音 사이에 어떤 관련이 있는지 생각하게 한다.

요컨대 '土(土)'의 복수 문헌음은 동자다음다의자(同字多音多義字)에 속하는 용례라 보기 어렵다. 이처럼 『법화경언해』는 다른 문헌과 다른 음을 취하는 경우가 더 발견되는데 이에 대해서는 앞으로 계속 지적하고 그 의미를 생각해 볼 것이다.

한편 『법화경언해』의 'R똥'는 『역훈』과 대응하지 않는다. 자석(字釋)을 고려하면 『역훈』 음 중 'R투'가 'R통'와 대응하는데 이는 『광운』, 『거요』에서 그리 변화하지 않은 것으로 보인다(『역훈』의 반절도 '他魯切'로, 『광운』과 같다). 그러나 'R똥'의 연원은 『역훈』에서도 찾을 수 없다.

(2) [墮]

[동원]R턍〈석상13-29ㄴ(쏘 흔 가짓 姓이샤 姓이 頗羅墮ㅣ러시니)〉

　　　R땽〈법언1-98ㄴ(쏘 흔 가짓 姓이샤 姓이 頗羅墮ㅣ러시니)〉

　　　H횡

　　　H휭(上同 隋)

　　　H땅(上同 惰)

[SK] R타, H타

[광운]他果切, 果合1R果透(倭墮髻也)

　　　徒果切, 果合1R果定(落也)/許規切,止合3AL支曉(上同 陸)

[거요]吐火切, 透, R롯자모운(埋祭餘也一曰火裂肉)

杜杲切, 定, R杲자모운([說文]落也…)

隓規切, 曉, L規자모운([說文]本作隓城敗皐曰隓…又壞也…俗作墮)

[역훈] R터(落也隆也), H떠, L휘

'墮'는『광운』과『거요』에서 복수음 다섯을 가지는데, 상동음(上同音)을 제외하면 세 음이며 이들은『거요』와 각각 대응한다.『광운』시기에 복수음이 둘이었다가 증음(增音)되어『거요』에 반영된 것이다.

이들 세 음은 의미에 따라 구분된다. 그러나『석보상절』과『법화경언해』의 용례는 모두 동일한 인명을 표기하고 있기 때문에 어느 쪽이 기본이 된다고 말하기 어렵다.

한편『역훈』수록음 중에 정모(定母)인 것이 있는데 자석(字釋)이 전혀 없이 우운(又韻)만 주기되어 있다. 이 음(H떠)과 모종의 관계를 배제할 수는 없겠으나 의미의 차이를 찾을 수는 없다. 현재로서는 어떤 이유에서인지『법화경언해』가 특이한 음을 선택했다고 보아야 할 것이다. 앞서 살펴본 '土'(R똥)와 비슷한 경우일 수 있다.

(3) [朝]

[동원] L듛{2회}〈남명상6ㄴ(千波萬浪이 바ᄅ래 朝宗ᄒ야)〉

  L똘{4회}〈월석서24ㄱ(百官은 朝士ㅣ오)/월석2-69ㄱ(2)ㄴ(이상 朝集)〉

[SK] L됴

[광운] 陟遙切 效中3AL宵知(早也…朝鮮國名…)/直遙切, 效中3AL宵澄(朝廷也….)

[거요] L陟遙切, 知母, 驕자모운(音與昭…自旦至食時爲終朝…朝鮮國名…)

  L馳遙切, 澄母, 驕자모운(覲君之總稱…禮記諸侯天子五年一朝)]

[역훈] L졀, L쪌

‘朝’는 지모(知母)와 징모(澄母) 두 음이 있는데,『광운』과『거요』를 참조하면 각각 ‘아침, 조선의 국명’, ‘신하의 임금 알현[朝宗]’의 의미로 구분된다.『남명집언해』가 ‘ㄴ듕’로 주음한 것은 이러한 의미 분화와는 무관한 것으로 보인다. ‘朝宗’의 의미라면 ‘ㄴ뜡’로 주음해야 하기 때문이다.

한편『역훈』의 성모는 파찰음(ㅈ, ㅉ)이므로 동국정운 음과는 무관하다.[111]

여기서 주목할 점은『남명집언해』의 주음이 현실음 성모와 같다는 점이다. 현실음 성모에 이끌렸을 가능성도 생각해 볼 수 있다.

3) 순음(脣音)

순음에서는 ‘別’(H볋, H뼗), ‘夫’(L붕, L뿡)를 다룬다. ‘徧, 比, 分’도 있으나 운모 및 성조 면에서도 복수로 나타나기 때문에 여기서는 다루지 않는다.

(1) [別]

> [동원] H볋〈훈언14ㄴ(漢語音齒聲은　有齒頭正齒之別ᄒ니)/석상6-6ㄱ(離別),
>   38ㄱ(別室)/석상서-4ㄱ(別爲一書ᄒ야),　4ㄴ(各別히)/석상13-10ㄴ
>   (各別히), 24ㄴ(特別히)/석24-16ㄱ(奇別)/월석2-46ㄱ(各別혼)/법언
>   1-16ㄱ(分別), 193ㄴ(差別相), 196ㄴ(各別히)/능활1-3ㄴ(分別)〉
>   ■월곡13ㄱ(分別), 62ㄴ(千別室百鍾室)
>   H뼗〈법언서-11ㄴ(支品別揭)/법언14ㄱ(特別)/능활1-23ㄱ(特別), 69ㄱ
>   (各別히)/남명상1ㄱ(各別), 14ㄴ(差別), 25ㄴ(萬別)/남명하6ㄱ(差別)〉
>   ■월곡H볋〈52ㄴ(離別)〉

> [SK] H별

---

111)『역훈』의 성모는『거요』의 지모(知母)와 대응관계가 있다.

[광운] 方別切, 山脣3B入薛幫(分別) / 皮列切, 山脣3B入薛並(異也離也[說文]…)

[거요] 筆別切, 幫母, 結자모운(廣韻分別增韻辨也…)

　皮列切, 並母, 評자모운(.廣韻又異也離也增韻解也訣也又姓)112)

[역훈] H볃(俗音 去볋), H뻗(俗音 去뼗)

‘別’은 中古 시기부터 방모(幫母)와 병모(並母)의 복수음을 가지는데 서로
의미가 달라서, ‘분별(分別)한다’는 뜻으로만 방모(幫母)를 취한다. 이는
『거요』에서도 같다. 15세기 한국 현실한자음에서는 이러한 구분이 없다.
동국정운의 수록음은 中古 이래의 복수음을 충실히 반영한 것으로 보인다.
　그러나 ‘別’이 문헌에서 복수음으로 나타난 근거는 뚜렷이 부각되지 않
는다. ‘분별한다’는 의미로 방모(幫母)를 쓴 경우는 ‘월곡13ㄱ, 훈언14ㄴ, 법
언16ㄱ’ 정도이며, 그밖에는 ‘離別, 各別, 特別, 差別’ 등이 방모(幫母)와 병모
(並母)로 아울러 쓰이고 있다. 문헌별로 보면 활자본『능엄경언해』가 두
음을 구분하여 쓰고 있는 반면에『석보상절』,『법화경언해』는 혼란을 보
이고 있다. 반면에『남명집언해』는 의미의 차이를 구분하지 않고 모두 방
모(幫母)로 주음함으로써 실질적으로는 단일음을 채택하고 있다.
　이들의 음이 동국정운 문헌음의 복수음 양상에 어떤 함의를 가지는지
는 말하기 어렵다. 다만 동국정운 복수음 중에서 전탁음으로 주음하는 것
은 상대적으로 복고적인 태도를 뜻하는 것으로 풀이할 수 있다. 즉『능엄
경언해』(활자본)나『남명집언해』의 편찬자가 교정음을 관철하려는 태도
가 강했다는 추론도 가능하다.
　물론『법화경언해』는 같은 문헌에서 ‘볋, 뼗’이 혼기되기 때문에 어떤 경
향성을 말하기 어렵다.

---

112)『거요』에서 말하는『증운(增韻)』이란 송대 모황 · 거정(毛晃 · 居正) 부자(父子)가 편찬
　한『증수호주예부운략(增修互註禮部韻略)』의 약칭이다.

(2) [夫]

[동운] L붕〈석상6-1ㄱ(摩耶夫人)/석상9-3ㄱ(調御丈夫)/석상19-15ㄱ(調御丈
夫)/석상23-16(凡夫)/월석서1ㄱ(夫眞源이 廓寥ᄒ고, 夫는 말ᄊᆞᆷ 始作
ᄒᄂᆞᆫ 겨체 쓰ᄂᆞᆫ 字ㅣ라)/월석1-3ㄴ(夫妻願으로 고ᄌᆞᆯ 받ᄌᆞᄫᆞ시니)/월
석2-4ㄴ(夫人), 61ㄱ(功夫)/법언1-25ㄱ(凡夫)/능활1-17ㄴ(凡夫)/남
명상3ㄴ(凡夫)/남명하3ㄱ(大丈夫)〉

　■ 월곡 L부〈3ㄱ(夫妻願)〉

　L뿡{1회}〈능활1-30ㄴ(功夫)〉

[SK] L부, L우

[광운] 甫無切, 遇脣3L虞非(丈夫又羌複姓…)

　　防無切, 遇脣3L虞奉(語助)

[거요] L風無切, 非, 孤자모운(…夫者妻之天也…)

　　L馮無切, 奉, 孤자모운(語端辭…)

[역훈] L부, L뿡

　『광운』과 『거요』의 자석(字釋)에서 알 수 있듯이 '夫'를 전탁(全濁: 奉母)
로 쓸 경우는 어조사(語助辭) 기능을 할 때다. 동국정운 문헌음 중의 '능활
1-30ㄴ'은 '功夫'를 표기하는 데 전탁(全濁) 성모를 쓴 것이므로 이와 어긋난
다. 이것이 어떤 의식적인 표기인지는 아직 단언하기 어렵다. 용례가 1회
뿐이기 때문이다. 본 연구가 조사한 바로는, 『능엄경언해』 권1에서는 '夫'
가 쓰이는데 다른 하나는 '凡夫'이므로 '功夫'와는 구별된다. 더 많은 용례를
찾기 전까지 속단할 수는 없을 것이다.

　덧붙이자면, 『역훈』 음은 성모가 'ㅸ'인데, 이는 『광운』, 『거요』의 奉母
와 대응하며 『능엄경언해』의 'L뿡'와 통한다. 앞에서 말한 대로 용례가 1회
이므로 그 이상의 추론은 삼간다.

4) 치음(齒音)

치음(齒音)에서는 '曾, 參, 盡, 葉'이 복수 문헌음을 가진다. '隨, 昭, 囑, 授'도 문헌음이 복수로 나타나긴 하지만 이들은 『동국정운』에 없는 불일치음이므로 여기서는 생략한다.

(1) [曾]

[동운] L증{2회}〈월석서19ㄱ(曾靡遺力ᄒ며)ㄴ(曾은 곧 ᄒ논 ᄠᅵ디오)〉
　　　L쫑{8회}〈법언1-88ㄱ, 104ㄱㄴ, 140ㄴ, 143ㄱ, 144ㄱ, 198ㄴ, 199ㄱ(이상
　　　　　未曾有)〉
[SK] L증
[광운] 作滕切, 曾開1L登精(則也又姓…)/昨楞切, 曾開1L登從(經也)
[거요] L咨騰切, 精, 拽자모([說文]詞之舒也…)
　　　L徂稜切, 從母, 拽자모운([說文]詞之舒也…廣韻又經也…)]
[역훈] L쯩(嘗也又不料之辭反辭也)

'曾'은 中古 시기부터 성모 차이로 복수음을 가지는데, '則'의 의미이자 문장을 시작하는 부사적 기능으로 쓰이는 정모(精母)와, '지나다, 경과하다 (經)'의 의미를 지니는 종모(從母)로 구분된다. 이는 『거요』는 물론 『집운』에서도 마찬가지다.

[집운] L咨騰切, 精母, 登韻(則也)/L徂棱切, 從母, 登韻, ([說文]詞文舒也)

'曾'은 동국정운 문헌에서 전승된 다음자 용법을 충실히 따른 것으로 보인다. 위에 제시된 이외의 용례는 아직 발견되지 않았으므로, 다소 유보적이긴 하나 『월인석보』나 『법화경언해』의 편찬자들이 이에 충실했다고 할

수 있다.

(2) [參]

‘參’은 이체자 ‘叅’도 포함하여 논한다.[113]

    [동운] L合〈남명하6ㄴ(參差), 7ㄱ(參差)〉

        L츰

        L참〈남명상49ㄴ(參禪), 59ㄱ(參預)〉

        R삼, H참, H참(上同 驂), L삼(上同 三)

    [SK] L참, L合

    [광운] 七紺切, 咸開H1勘淸(參鼓俗作叅)

        倉含切, 咸開L1覃淸(參承參觀也俗作叅)

        蘇甘切, 咸開L1談心(上同 三)

        所今切, 深開L3B侵生(參星亦姓世本云祝融之後)

        楚簪切, 深開L3B侵初(上同 參差)

    [거요] L初簪切, 徹母, 簪자모운(參差不齊詩參差又三…今增)

        L疏簪切, 審母, 簪자모운([說文]商星也…)

        L倉含切, 淸母, 甘자모운(…集韻謀度也閒厠也廣韻又參承也…)

        R桑感切, 心母, 感자모운(雜也…)/H七紺切, 淸母, 紺자모운(鼓曲也又參

            鼓야…)

    [역훈] L참L合R삼H참

‘參’은 『광운』과 『거요』에 복수음이 각각 5개로 나타난다. 동국정운에

서는 심섭(深攝) 莊계(3등B류)의 주요모음이 'ㆍ'로 나타므로 문헌음 중 'ㄴ
슴'(남명하6ㄴ)은 십섭(深攝),『광운』所今切)에 속하는 字라고 판단할 수
있다. 한편 'ㄴ참'(남명상49ㄴ 등)은 함섭(咸攝, 倉含切)에 속한다고 보인다.
『남명집언해』에서 'ㄴ슴'과 'ㄴ참'을 구분하여 주음한 것은 그 용례인 '參差'와
'參禪, 參預'에 의한 것이다. 다만 '參差'의 의미로는 中古 심섭(深攝)의 초모
(初母, 倉含切)를 따라서 'ㄴ참'이라 주음하는 것이 타당했으리라 생각된
다.114) 'ㄴ슴'은 '參星'(별자리 이름임)의 의미를 지니기 때문이다. 이에 대해
서는 앞으로 문자론적 측면의 연구까지 더해야 심도 깊은 논의를 할 수 있
으리라 기대한다.

   (3) [盡]

    [동원] R진{2회}〈법언1-73ㄱ(若人遭苦로 盡諸苦際예 니르린, 만약 사람이 苦를
             만나 모든 수고의 끝을 다하도록 하시며)/남명하64ㄱ(세짯 句는 無
             盡珍寶로 布施홀시라)〉
        R찐{20회}〈석상9-18ㄴ(無盡意菩薩)/석상23-14ㄱ(滅盡定에 드르시니
             이는 　順入이오)/석상서1ㄴ(人天所不能盡讚이시니라)/월석서19ㄴ
             (期致盡心ㅎ야)/법언1-25ㄴ(漏盡無惱ㅣ라)/능활1-64ㄴ(執着ᄋᆯ 曲盡
             히 ᄒᆞ시니)〉
        H찐
   [SK] R진, H진
   [광운] 慈忍切, 臻開3R轸從(竭也終也)
       卽忍切, 臻開3R轸精(曲禮曰虛坐盡前)
   [거요] R子忍切, 精母, 謹자모운(極也…禮記虛坐盡後食坐盡前)
       R在忍切, 從母, 謹자모운(([說文]器中空也…悉也竭也終也…)

<hr>

114) 이것은『거요』의 'ㄴ初簪切'(철모 徹母, 簪자모운)에 대응한다.

H徐刃切, 邪母, 斬자모운(竭也又盡之也…)

[역훈] R찐(空也竭也終也), H찐(竭也)

『법화경언해』(1-73ㄱ)와 그 밖의 문헌 사이에 성모의 차이가 있다. '盡'은 '다하다' 정도의 뜻인데, 『광운』에서는 이 의미 이외에 『예기(禮記)』 곡례(曲禮) 편 '虛坐盡後, 食坐盡前'의 구절을 인용하여 특별히 정모(精母)를 부여하고 있다.115) 『거요』도 정모(精母) 條가 이와 같은 의미를 지니고 있으나 '極也'가 추가되어 의미의 차이가 희석되었다. 『법화경언해』의 'R진'(1-83ㄱ, 盡諸苦際) 역시 '다하다'라는 의미에서 크게 벗어났다고 볼 수 없다. 『남명집언해』(하64ㄱ)의 주음도 마찬가지다.

홍미로운 점은 『역훈』은 전탁음만 있다는 점이다. 『역훈』까지 감안하면, 'R진'은 확실히 특이한 주음이다. 그러나 현재로서는 편찬자가 어떤 면에서 성모의 차이를 두었는지 확실히 말하기 어렵다. 성모의 혼란일 수도 있을 것이나, 아직은 명확한 판단을 유보한다.

(4) [葉]

[동훈] H섭{92회} 〈석상6-11ㄴ/석상13-1ㄴ/월석1-51ㄱ/월석2-8ㄴ,10ㄱ/석상
23-32ㄱ/법언1-5ㄴ/능활1-19ㄴ/남명상1ㄱ등 [모두 迦葉]〉
H엽{13회} 〈월석2-3ㄴ(阿葉摩王은子孫이七轉輪聖王이오), 57ㄱ(赤銅葉,
藿葉香)/능활1-32ㄱ(千葉寶蓮)/남명상23ㄱ(枝葉)〉
■ 월곡H섭{6회} 〈36ㄱ[모두 迦葉]〉
[SK] H섭, H엽, H업
[광운] 書涉切, 咸中3A入葉書(縣名在汝州)/與涉切, 咸中3A入葉以(枝葉又姓…)

---

115) 『광운』의 자석(字釋)에는 '虛坐盡前'이라 하였으나 이것은 '坐盡後, 食坐盡前'을 축약하여
인용한 것이다.

[거요] 入 失涉切, 審母, 結자모운(縣名…)

入 弋涉切, 喩母, 訐자모운(草木之葉…)

[역훈] H엽, H섭

'葉'은『광운』과『거요』에서 각각 '잎'과 고유명사(현명 縣名)의 의미로 복수음을 가진다. 동국정운 문헌음은 인명인 '迦葉'을 표기하는데 '섭'이 고정적으로 쓰였다. 다만 인명인 '阿葉摩王(월석2)'을 'H섭'이 아닌 'H엽'으로 주음했다는 점이 주목된다. 'H섭'은 '迦葉'에만 쓰인 것이다. '葉'의 문헌음 양상은 전형적인 다음자 용법이라 할 수 있다.

(5) 후음(喉音) 및 래모(來母)

후음(喉音) 및 반설음 래모(來母) 字에서는 여기서 다룰 것이 없다. '降'(H강L행), '解'(R갱, R행, R행), '爲'(L윙H윙), '樂'(H락, H악 H욜)는 운모나 성조에서도 복수음 양상을 보이므로 운모 및 성조 편에서 다룰 것이다.

지금까지 성모의 측면에서 복수 문헌음의 양상을 살펴보았다. 그 결과를 간략히 정리하면 다음과 같다.

① 성모의 복수음은 9字였다. 운모 및 성조의 복수음과 중복된 字도 있으나, 1,940여 字에 비하면 제법 적은 숫자다. 성모의 교정에는 문헌의 편찬자들이 각별히 유념한 결과라고 할 수 있을 것이다.

② 9字의 용법 중 동음이의(同音異議) 즉 다음자로 인정될 수 있는 것은 '曾, 葉' 정도였다. 나머지는 다음자로 보기 어렵거나(土, 墮, 朝) 파음자이지만 문헌의 편찬자가 성모를 혼동한 것으로 보이는 경우였다(別, 夫). 특히 '別'과 '夫'는 성모의 혼란을 보이면서도 전탁으로 주음되었다는 점이 특색이다. 성모의 주음에는 혼란을 빚어도 전탁으로

교정하려는 태도는 견지한 것이라 생각할 수 있다.

③ '盡', '參'의 복수음 양상에 대해서는 아직 명확히 논의하기가 어렵다.

④ 문헌별로 보면『법화경언해』가 다른 문헌과 다른 성모를 취한 경우가 있다(土, 墮, 盡).『남명집언해』는 현실음에 이끌린 경우(朝), 전통적 다음자가 단일화되면서도 성모는 전탁 성모로 규범적 주음을 보인 경우(別)가 나타났다.『법화경언해』는 문헌의 특이함으로,『남명집언해』는 동국정운식 표기 후기 문헌에 나타나는 양상이라 풀이할 수 있을 것이다.

4.3.3. 복수 문헌음의 양상 ─ 운모 및 성조편

여기서는 운모 및 성조에서 나타나는 복수 문헌음의 양상을 다룬다. 여기서 다룰 것은 모두 51字다. 이들을 16攝의 순서로 고찰하되, 복수음을 가지는 한자들이기 때문에 먼저 출현하는 攝을 기준으로 배열한다. 攝 이하의 기준, 즉 等, 韻, 개합(開合) 등은 별도로 분류하지 않는다. 논의의 대상이 되는 복수음 字가 절대적으로 많지 않기 때문이다.

1) 통섭(通攝)

(1) [動

[동원] R똥{71회}〈석상9-13ㄴ, 13-16ㄴ/석상23-22ㄱ/석상24-49ㄱ/월석서2ㄴ/
　　　월석2-11ㄱ/법언1-57ㄱ/능활1-20ㄱ/영험1ㄴ/남명상-52ㄴ(動과 靜과
　　　혼가진 禪션으로 외욤 사물시라),하-47ㄱ(動作애 믜우며듯 오미 업
　　　스리라)〉

　　■ 월곡 R똥{2회}〈8ㄴ(震動ᄒ니),59ㄱ(天動 번게를)〉

　　H똥{1회}〈남상18ㄴ(ᄒ오ᅀᅡ 안ᄌ며 ᄒ오ᅀᅡ 듣니다 호 動커나 靜커나

호매〉

[SK] R동, H동

[광운] 徒揚切, 通中1R董定(躁也出也作也搖也)

[거요] R杜孔切, 定母, 孔자모운([說文]作也廣韻出也搖也一曰躁也增韻動靜芝
　　　對…)

　　　H徒弄切, 定母, 貢자모운(動之也凡物自動則上聲彼動而我動之則去聲)

[역훈] R뚱, H뚱

'動'은 『광운』에서는 상성뿐이지만 『거요』에서 거성음이 늘었다. 복수 성조 중 문헌음에서는 철저히 평성을 취한다. 『집운』에서는 상성음이 둘 출현하는데, 새로 늘어난 것은 동소운(董小韻) 소속자로 '振動拜也'의 의미를 보이기 때문에 『거요』의 자석(字釋)과는 관련이 없다. 『거요』의 거성 자석(字釋)은 상성이 자동사인데 반해 거성은 타동사임을 말해준다. 이것은 '動'이 中古 이후에 와서 타동사 용법이 분화된 파음자임을 말해준다. 타동사적 용법은 가령 다음과 같은 한문에서 확인할 수 있다.

"自古人主好動干戈, 由敗而亡者, 不可勝數"(蘇軾, 「代張雲平諫用兵書」)[116]

그런데 이 연구에서 확인한 문헌들의 용례는 모두 자동사적 쓰임으로 보인다.

擧動을 니르니라〈석상6-13ㄴ〉

識境이 競動ᄒ거든〈월석서2ㄴ〉

威儀는 擧動이 싁싁고 본바담직ᄒᆞᆯ 씨라〈능활1-20ㄱ〉

---

116) 『한어대사전』에서 재인용.

그러나 과연 '動'이 동국정운식 표기 문헌에서 타동사로 쓰일 경우에 거성으로 주음되었겠느냐는 점은 단언할 수 없다. 현실음 문헌에서도 '動'을 거성으로 주음한 경우는 드물다. 『육조법보단경언해』에서 거성으로 주음된 경우가 있지만, 한 면에 '不動'이 5회 연속 출현할 때 한 군데에서만 거성으로 표기된 경우이므로(육조하-57ㄴ), 방점의 단순한 혼란이라고 보인다. 동국정운식 한자음 문헌에 과연 거성 용법이 실제로 있을지 앞으로 조사 대상 자료를 확장하여 밝힐 부분이다.

다만 현재까지 조사한 문헌음 중 'H뚱'(남명상18ㄴ, 動커나 靜커나 호매)은 자동사적 용법으로 보인다. 특히『남명집언해』에서 '動'이 두 번 더 출현하는데(상52ㄴ, 하47ㄱ), 모두 자동사적 용법이다.

이제까지 살펴본 바에 따라서,『남명집언해』의 주음은 오류이거나 오각(誤刻)일 가능성이 크다.

(2) [衆]

[동원] L즁{3회}〈법언1-184ㄴ(衆生),185ㄱ(衆生)〉

　　　H즁〈석상6-5ㄴ/석상9-1ㄴ/석상13-1ㄱ/석상19-2ㄴ/석상23-6ㄱ/석상
　　　서1ㄴ/월석서6ㄴ破魔兵衆ᄒᆞ시고, 衆은 할씨라)/월석1-5ㄱ/월석2-
　　　12ㄱ/법언서-7ㄱ(衆生)/법언1-3ㄴ(衆生)/능활1-3ㄱ/영험1ㄱ/남명
　　　상1ㄴ〉

　■ 월곡 H즁〈4ㄱ〉

[SK] R즁, H즁

[광운] 職戎切, 通中3AL東章(字釋 없음)/之仲切, 通中3AH送章(多也三人爲衆又
　　　姓…)

[거요] L之戎切, 知, 公자모운(爾雅漻管衆郭璞曰葉員銳莝毛黑布地又姓…)
　　　H之衆切, 知, 貢자모운([說文]多也…徐按國語三人爲衆數成於三也…)]

[역훈] L즁, H즁

'衆'은 『광운』과 『거요』에서 평성과 거성에 출현하는데, '무리'를 뜻하는 용법은 거성이다. 동국정운 역시 이를 반영하여 복수음을 수록하였다. 그러나 문헌음의 'L즁'(법언1-184ㄴ, 185ㄱ)은 『광운』이나 『거요』의 평성음과는 무관하다. 『법화경언해』에서 '衆生'의 표기로 'L즁'을 쓴 예가 많기 때문이다. 더구나 이 연구에서 조사한 문헌음 'H즁'은 절대 다수가 '衆生'의 용례로 나타나고 있으며, 특히 『법화경언해』1-185ㄱ에는 '衆生'이 두 번 출현하며, 그 중 1회가 평성이다. 그러므로 이 경우는 명백히 편찬자의 방점 혼란이거나 판각자의 오각이라 할 수 있다.

(3) [宿]

[동원] H슉〈법언1-5ㄴ(宿世因緣을 지서 닐어시늘)/능활1-45ㄱ(나는 ᄒ마 宿齋
　　　호니 네 比丘를 보라), 45ㄴ(이런ᄃ로 니르샤ᄃᆡ 나는 ᄒ마 宿齋호라
　　　ᄒ시니 宿은 미리 홀씨라)〉 117)
　　H슉(上同 踖)
　　H슣〈석상19-33ㄱ(星宿ㅅ 變怪難이어나, 星宿는 벼리라)/월석1-50ㄴ
　　　(아니왯는劫일후미星宿이니)/월석2-18ㄴ(이 二十八宿ㅅ 中에)/법
　　　언1-32ㄴ(劫賓은 星宿를 알오 憍梵은 하ᄂᆞᆯ 供養을 받고)〉
　[SK] H슉, H슈
　[광운] 息逐切, 通中3A入屋心(素也大也舍也[說文]止也…)/息救切, 流中3AH宥
　　　心(星宿亦宿留)
　[역훈] H슉(止息也,..), H싈(列星 又 止息也…)

'宿'은 입성과 거성 두 음이 있다. 거성은 별자리(星宿)의 의미로 쓰일 때

의 음이다. 동국정운 문헌음은 이를 구분하여 쓰고 있다. 논란의 여지가
없는 파음자 용법으로, 정칙(正則)의 주음이다.

(4) [重]

[동운] L뜡{4회}〈법언서-12ㄱ(普門品重頌偈)/능활1-40ㄱ(重閣은 층지비라/영
　　　험13ㄱ(重疊)〉

　　　R뜡{28회}〈월곡-24ㄴ(德重ᄒᆞ샤)/석상6-12ㄴ(天人이 重히 너길씨)/석상
　　　9-3ㄴ(尊重티 아니ᄒᆞ시릴씨), 22ㄴ(恭敬ᄒᆞ며 重히 너겨)/석상13-11
　　　ㄴ(尊重히 너기ᅀᆞᄫᅡ)/석상19-33ㄴ(恭敬 尊重 讚嘆ᄒᆞᅀᆞᄫᅡ)/석상23-5
　　　ㄴ(恭敬 尊重 讚歎ᄒᆞᄂᆞ니와)/월석1-29ㄴ(뭇 重혼 짜흔 ᄒᆞ롯 內예 八
　　　萬四千 디위롤)/영험2ㄱ(重罪)/남명상9ㄱ(地極重혼地獄이라)/남명
　　　하5ㄱ(너희 무리 믜며 둣논 ᄆᆞᅀᆞ미 重뜡ᄒᆞ야)〉

　　　■ 월곡 R뜡〈24ㄴ(德重ᄒᆞ샤)〉

　　　H뜡{3회}〈법언1-54ㄴ(供養恭敬尊重讚嘆), 84ㄱ(보살 ᄌᆞ개 重히ᄒᆞ샤),
　　　113ㄴ(尊重히 너기ᅀᆞ오며)〉

　　　R동(上同 湩)

　　　L뜡(上同 湩)

[SK] L듕, RH듕

[광운] 直容切, 通中3AL鍾澄(複也疊也)

　　　直隴切, 通中3R腫澄(多也厚也善也愼也)

　　　柱用切, 通中3AH用澄(更爲也)

[거요] L傳容切, 澄母, 弓자모운(複也增韻又疊也…)

　　　R柱勇切, 澄母, 拱자모운(厚也善也傾也增韻重輕之對…)

　　　H儲用切. 澄母, 供자모운([說文]厚也…廣韻更爲也…案 舊韻注輕重之重
　　　在上聲重再之重在去聲今案[說文]厚也卽與輕重義同增韻申明動静字
　　　旣許於上去二聲通押…)

[역훈] L뜡(同上[種]), L쭁(複也疊也…), R쫑(俗音 ‘쭁’, 輕重之重…)

　　　H쫑(再也難也厚也遲也輕重也滯也威尊也)

‘重’은 『광운』부터 平上去 세 독음(讀音)을 지니는데, 제각기 의미가 다르다. 『광운』의 경우 평성은 ‘거듭한다, 겹친다’는 뜻이며, 상성은 ‘무겁다, 두텁다, 중요하다’는 의미이고, 거성은 ‘다시 행한다’는 뜻이다. 『거요』는 대체로 이와 같되, ‘중요하다’는 의미가 거성에 추가되어 상성의 의미와 겹치게 되었다. 이에 따라 上去聲이 서로 통압(通押)한다고 주기하고 있다.

본 연구에서 확인한 동국정운 문헌음도 복수음을 보이긴 하지만, 『법화경언해』의 주음이 특이하다. 즉 『법화경언해』는 평성과 거성으로 구분하고 있는데, 거성이 ‘尊重’의 표기로, 즉 ‘무겁다, 중요하다’로 쓰이고 있는 것이다. 그 밖의 문헌이 평성과 상성으로 의미에 따라 구분하고 있음을 볼 때, 『법화경언해』는 상성으로 주음할 곳을 일관되게 거성으로 나타내고 있음을 알 수 있다.

여기서 주목할 점은 『거요』의 거성 자석(字釋)이다. 여기서는 상성의 자석(字釋)이 합류해 있는 것이니, 곧 『법화경언해』의 주음과 대응한다.

(5) [縱]

[동원] L죵〈법언1-86ㄱ(발오믈 닐온 縱이오 빗구믈 닐온 廣이라)/능활1-97ㄴ

　　　(縱橫ᄋ로 激發ᄒ샤미, 縱은 바를씨오 橫은 빗글씨라)〉

　　　H죵〈월석서16ㄴ(2,萬幾縱浩ᄒ나, 縱은비록ᄒ논ᄠᅳ디오)/남명히6ㄱ(縱橫)〉

　　　R죵

[SK] R죵

[광운] 卽容切, 通中3AL鍾精(縱橫也)/子用切, 通中3A用精(放縱[說文]緩也一曰

　　　舍也)

[거요] L將容切, 精母, 弓자모운(直也縱橫之對…)

R祖勳切, 精, 孔자모운(趣事貌[禮記] 喪事欲其縱橫爾⋯)

H足用切, 精, 供자모운([說文]緩也一曰舍也⋯廣韻放也⋯)

[역훈] L증

'縱'은 '바르다, 곧다'는 의미로 쓰일 때 평성으로 나타나는데, 『남명집언해』에서는 거성으로 주음되었다. 이것은 『남명집언해』 편찬자가 성조의 혼란을 일으킨 결과라고 생각된다. '縱'의 거성음은 『거요』에서 나타나는데 거기서도 '縱橫'으로 쓰일 근거는 없다.

(6) [供]

[동운] L공[118] 〈석상6-44ㄱ(供養)/석상9-3ㄴ(應供)/석상13-4ㄱ(供養)/석상19-21ㄱ(供養), 27ㄱ(應供)/석상23-3ㄴ(供養)/석상24-8ㄴ(供養)/월석서10ㄱ(供養)/월석1-9ㄴ(供養)/월석2-20ㄱ(應供)/법언1-24ㄴ(供養), 25ㄴ(應供)[119]/능활1-3ㄱ(供養)/영험12ㄱ(供養)/남명상3ㄴ(供養)/남명하63ㄴ(供養), 64ㄱ(供養)〉

   ■ 월곡L공 〈24ㄱ(供養)〉

H공{3회} 〈법언1-91ㄱ(應供), 111ㄱ(號ㅣ 日月燈明如來應供正遍知明行足⋯), 191ㄴ(應供이며)〉

[SK] L공R공

[광운] 九容切, 通中3BL鍾見(奉也具也設也給也進也)/居用切, 通中3BH用見(設也)

[거요] L居容切, 見母, 弓자모운([說文]設也一曰供給廣韻又奉也具也進也⋯)

   H居用切, 見母, 供자모운([說文]設也⋯一曰給也⋯[增韻]又養也具也)

----

118) 용례가 많아 출현 횟수는 생략한다.

119) 『법화경언해』 권1에서 'L공'으로 주음되는 예는 모두 37회 출현하는데, 36회가 '供養'이며 1회가 '應供'이다.

[역훈] L궁 H궁

문헌음이 평성과 거성으로 갈리는데, 자의(字義)에서는 구별하기 힘들
다. 그러나 거성의 경우『법화경언해』에서 '應供'(부처의 별칭으로 마땅히
봉헌을 받을 만한 존재라는 뜻)으로 표기한 용례라는 점이 주목된다. 다만
같은『법화경언해』에서 '應供'을 평성으로 주음한 예가 1회 출현한다.

　일단『법화경언해』의 편찬자가 고유명사 표기용으로 거성을 선택했을
수 있다. 이 경우 평성으로 주음한 예가 1회 있었다는 점은 엄격한 주음이
관철되지 못한 결과일 것이다.

2) 강섭(江攝)

　강섭(江攝)에 해당하는 복수 문헌음은 '降'이 있다. '降'은 성모에도 차이
가 있다. 함께 논한다.

(1) [降]

[동원] L행{27회} 〈석상6-17ㄱ(降服)/석상13-7ㄴ(降伏)/석상23-33ㄴ/석상서3
　　　ㄴ(降魔)/월석1-26ㄴ(降伏)/월석2-16ㄴ(降服)/법언1-32ㄴ(降伏), 47
　　　ㄴ47ㄴ(두 龍은 目連의 降히오니라)/능활1-38ㄴ(降伏)/영험11ㄱ/남
　　　상68ㄴ(降伏)/남명하3ㄱ(降伏)〉
　　　H강{5회} 〈석상서3ㄱ(降生)/월석서6ㄱ(降誕)/법언서-7ㄱ(降靈)/법언
　　　1-10ㄱ(降靈)〉
[SK] L항, R강, H강
[광운] 下江切, 江中2L江匣(降伏)/古巷切, 姜中2H絳見(下也歸也落也)
[거요] L胡江切, 匣母, 江자모운([說文]夅服也…會意今作降又下也…)
　　　H古巷切, 見母, 絳자모운([說文]下也…廣韻歸也落也…)

[역훈] L행(服也…又下也…), H강(下也貶也)

‘降’은 ‘항복하다’는 의미의 평성과 ‘내리다, 떨어지다’는 의미의 거성으로 구분되는데, 이는 동국정운 문헌음과 현실음 모두 공통으로,『광운』과도 대응한다.[120] 동형이음이의자(同形異音異義字)의 전형적인 예라 할 수 있다.

3) 지섭(止攝)

여기서 다룰 字는 ‘奇, 施, 爲,[121] 離’(이상 支紙寘韻), ‘梨, 比, 出’(脂旨至韻), ‘期, 使, 意’(之止志韻) 들이다. 열거한 순서대로 살펴본다.

(1) [奇]

‘奇’는『동국정운』에서는 복수음 넷을 갖지만 상동음(上同音) 즉 이체자 관계로 인한 이음(異音)을 제외하면 실질적으로는 복수음이 둘이 된다. 이 두 음은 문헌에도 나타난다.

[동원] L긩〈석상24-10ㄱ(일후미 波塞奇라)ㄴ(波塞奇王이), 11ㄱ(波塞奇王이),
16ㄱ(그 奇別을), 19ㄱ(世尊ㅅ 神奇ᄒ신 이리사 經에 다 닐엣거니
와), 22ㄴ(네 神奇를 내요려 ᄒ거든)〉
L긩(上同 踦)
L끵〈석상6-7(3, 釋迦太子ㅣ 지죄 奇特ᄒ실씨, 奇는 神奇ᄒ실씨오, ‘긩’에서

---

120)『거요』의 자석(字釋) 중에 평성에서 ‘下也’라는 의미가 들어 있다. 中古 이후에 의미분화가
해체되는 경향이라고 볼 수 있으나 더 이상의 논의는 감당하지 않는다.

121) ‘爲’에 대해서는 불일치음에 대한 논의에서 다룬 바 있으나, 대표적인 파음자이기 때문에
여기서도 다루되, 간략히 살펴볼 것이다.

교정함)/석상9-30ㄴ(續命神幡은 목숨 니슬 神奇흔 幡이라, '긩'에서
교정함/석상13-14ㄴ(世尊이 神奇ㄹ뷘 變化ㅅ 相올 뵈시ᄂᆞ니, '긩'에
서 교정함), 25ㄱ(種種 奇妙흔 것과)/월석1-14ㄴ(禪奇흔 變化ㅣ 몯내
앓 거시라)/월석2-33ㄱ(明月神珠는 블ㄱ 둘 ᄀᆞ튼 神奇흔 구스리라),
54ㄱ(神은 神奇ᄒᆞ야 사름 모를씨오), 67ㄴ(2, 奇異), 75ㄱ(神奇)/법언
1-85ㄴ(奇特히), 202ㄴ(神奇흔 구슬의 오새 이슙 ᄀᆞᆮᄒᆞ니)/능활1-2ㄴ
(奇特)/남명상3ㄴ(奇特), 10ㄴ(3, 奇特)/남명하36ㄱ(奇特), 57ㄱ(奇
特)〉

      R긩(上同 倚)

[SK] L긔

그러나 문헌음의 복수음 양상은 위의 예에서 보듯 의미의 차이로 설명
하기 어렵다. '神奇, 奇異'의 의미로 쓰인 용례가 中古 견모(見母), 군모(群母)
모두로 출현하기 때문이다.

이것은 『광운』이나 『거요』 등 중국의 운서 속 자석(字釋)과도 대응하지
않는다. 『광운』과 『거요』에서는 견모(見母) 음이 '홀수(不偶)'의 의미로 제
시되고 있기 때문이다.

[광운] 居宜切, 止開3L支見(不偶也又虧也)/渠羈切, 止開3L支群(異也[說文]作奇
又複姓…)
[거요] L居宜切, 見母, 羈자모운(不偶也…)
L渠羈切, 群母, 羈자모운([[說文]]異也…)

문헌음의 복수음 양상은 분명히 파음자 용법이라 할 수 없는데, 이는 출
전 문헌을 살펴보면 쉽게 해명이 된다. '奇'를 中古 견모(見母, 동국정운식
으로는 군모 君母)로 주음한 문헌은 『석보상절』 권24로서, 이보다 앞선 권
6, 9, 13, 19와 달리 판인(板印) 후의 교정 작업을 거치지 않은 예가 많은 것

이다. 권24는 '奇'의 주음에도 오류를 보인 것이고, 교정을 거치지 않은 상태고 전해지기에 '奇'의 문헌음이 달리 나타난 것이다.

(2) [施]

[동원] L싱〈석상6-8ㄴ(布施)/석상9-11ㄴ(布施)/석상13-5ㄱ(勇施菩薩)/석상
　　　19-3ㄱ(大施主)/석상23-3ㄱ(布施)/월석1-12ㄴ(布施)/월석2-52ㄱ(普
　　　施)/영험3ㄴ(布施), 10ㄱ(일후미 梵施러니)〉
　　　■ 월곡 L싱〈54ㄱ(布施)〉
　　　R싱〈법언1-41ㄴ(勇施菩薩), 77ㄱ(布施)/능활1-27ㄴ(平等혼　ᄆᅀᅳᄆᆞ로
　　　施케하니)/남명상42ㄴ(모딘 約을 施ᄒᆞ야늘), 61ㄱ(布施)〉
　　　H싱, H잉, L잉(上同 訑), R잉(上同 迤)
[동원] H잉
[SK] L시, R시, H시, R이
[광운] 式支切, 止開3AL支書(施設亦姓…)
　　　施智切, 止開3AH寘書(易曰雲行雨施)
[거요] L商支切, 審母, 羇자모운([說文]旗貌…一曰設也增韻用也…
　　　R賞是切, 審모, 己자모운(周禮施舍通作弛…)
　　　H施智切, 審모, 寄자모운(惠也與也…)
　　　H以豉切, 喩母, 寄자모운(及也…又延也…)
[역훈] L시, L이, H이

'施'의 독음(讀音)은 『광운』에서는 둘, 『거요』에서는 넷이 나타나는데, 그 의미가 제각기 다르다. 한편 동국정운의 복수음 여섯은 『거요』의 복수음에 이체자까지 합하여 수록한 것이다. 그러나 동국정운 문헌음이 복수로 쓰인 것은 의미로 구분하기 어렵다. 평성과 거성을 막론하고 '布施'(대부분의 용례임), '勇施' 등을 표기할 때 쓰였기 때문이다.

특징적인 것은 문헌별로 복수 성조가 나뉜다는 것이다. 평성은『석보상
절』,『월인석보』,『영험약초』에, 상성은『법화경언해』,『능엄경언해』(활
자본),『남명집언해』에 쓰이고 있다. 문헌 편찬자의 성조 인식에 차이가
있다고 할 것이다. 다만 상성으로 주음하는 근거를『광운』이나『거요』의
자석(字釋)에서 찾기 어렵다.

(3) [爲]

'爲'는 'NP이 NP을(NP로) 밍글다, NP이 NP이 드외다' 구성으로 쓰일 경우 'L
윙'(업모 業母)로, 'NP이 NP을 위하다, 돕다' 구성일 경우에는 'H윙'(욕모 欲母)
로 나타난다. 이는『광운』과『거요』의 복수 운모도와 잘 대응한다. 다만 성모
의 경우『광운』은 모두 운모(云母, 喩3)인데 동국정운은 이를 'ㅇ'와 'ㅇ'로 구
분하였다. 이것은『거요』의 성모 분화(어모 魚母, 유모 喩母)를 반영한 것이
다.122)

> [동원] L윙(業母, 中古 云母)〈훈언11ㄴ(則爲脣輕音ᄒᆞᄂᆞ니라)/석상19-30ㄱ(專
> 主는 오ᄋᆞ로 爲主홀씨라/석상서1ㄱ(爲는 ᄃᆞ외야 겨실씨니), 4ㄱ(別
> 爲一書ᄒᆞ야, 爲는 밍글씨라)/월석서21ㄴ(2, 盖文非爲經이며, 經非爲
> 佛이라)/석상23-29ㄴ(爲頭ᄒᆞ니)/석상24-24ㄱ(上座ᄂᆞᆫ爲頭ᄒᆞᆫ座니
> 라)/법언1-6ㄱ(爲頭ᄒᆞᆫ돌 가줄비시ᄂᆞ니), 79ㄱ(勇猛爲道ᄂᆞᆫ)/남명상18
> ㄱ(有爲, 無爲)〉
>
> *(월곡L위〈61ㄱ(願爲沙門이)
>
> H윙(欲母, 中古 以母)〈훈민서2ㄴ(내 이를 爲ᄒᆞ야)/석상서 3ㄴ(追薦은
> 爲ᄒᆞᅀᆞᄫᅡ)/월석서5ㄱ(機를 爲ᄒᆞ야), 17ㄴ(2, 上爲 父母仙駕ᄒᆞ고 兼

---

122)『거요』의 어모(魚母)와 동국정운의 업모(業母 ㅇ) 대응에 대해서는 본문 중 3.3.1『동국정운
의 이해, 성모편) 참조.

爲亡兒ᄒ야)/월석1-15ㄴ(衆生 爲ᄒ야), 52ㄴ(즈개爲ᄒ야)/월석2-10
ㄱ(諸天 爲ᄒ야)/법언1-5ㄴ(根人 爲ᄒ샤), 165ㄱ(이제 爲ᄒ샤)/능활
1-16ㄴ(一大事因緣을 爲티 아니ᄒ시니)/남명상10ㄱ(ᄂᆞᆷ 爲윙ᄒ야다
니ᄅᆞ실시), 39ㄱ(了義를 므스글가져 爲ᄒ야 펴 ᄀᆞᄅᆞ치료)〉

■ 월곡H위〈43ㄱ(衆生ᄋᆞᆯ 爲ᄒ시며), 48ㄴ(ᄂᆞᆷ 爲흥므슴은)〉

[SK] L위, R위, H위

[불일치음]

　　　H횡〈법언서-14ㄱ(增上의물나소믈 爲ᄒ시며), 21ㄱ(오직 혼 이ᄅᆞᆯ 爲ᄒ
　　　샤), 22ㄱ(오직 이 이ᄅᆞᆯ 爲ᄒ샤)/법언1-3ㄴ(衆生 爲ᄒ야 說法ᄒ시ᄂ
　　　니), 4ㄱ(無數方便이 이ᄅᆞᆯ 爲ᄒ시니), 5ㄱ(周는 上根ㅅ爲윙ᄒ샤)〉

　　　L윙〈법언1-169ㄴ(이 衆 爲ᄒ샤)〉

[광운] 薳支切, 止合3BL支云((爾雅曰造爲也[說文]曰母猴也又姓…)

　　　于僞切, 止合3BH寘云((助也)

[거요] L于嬀切, 魚母, 嬀자모운([說文]…爾雅作造也亦姓…)

　　　H于僞切, 喩母, 魄자모운(助也〈增韻〉所以也緣也被野又護也與也…)123)

[역훈] L위, H위

　　예외가 있다면 『법화경언해』의 서문과 권1에서 'H윙'로 주음할 곳을 'H
횡'로 주음한 경우가 6회, 'L윙'로 주음한 경우가 1회 발견된 것이다. 이는
명백히 『법화경언해』 편찬자의 혼란인데, 특이한 것은 'L윙'로 주음할 곳
에서는 오류가 없다는 점이다. 또 'H횡'로 주음한 경우들은 적어도 편찬자
들이 현실음 성모를 교정하려 했으며, 성조가 분명히 거성이라는 점도 인
식하고 있었음을 말해준다.

---

123) 『거요』에서는 두 음의 반절상자가 똑같이 '于'로 표시되었으나 실제 자모는 어모(魚母)와
　　유모(喩母)로 분화되었다. 『거요』 반절이 곧 실제 음을 반영하는 것은 아니라는 좋은 근거
　　가 된다.

(4) [離]

[동운] L링〈석상6-6ㄱ(離別)/석상13-2ㄱ(憍梵波提와 離婆多와)/석상19-27ㄱ
　　　(劫 일후믄 離衰오 나랏 일후믄 大成이러라)/월석서14ㄴ(要求出離
　　　之道ㄴ댄, 離ᄂᆞᆫ 여흴씨라)/월석2-11ㄱ(維那離國은 싸홈 즐기고)/법
　　　언1-32ㄱ(阿難 多聞과 波離 持律와)/남명상7ㄱ(實相ᄋᆞᆯ 證ᄒᆞ면 離와
　　　微왜 그츠니)/남명하14ㄴ(虛空ᄋᆞᆫ 잢간도 離散ᄒᆞ며)〉
　　　H링〈법언1-30ㄴ(憍梵波提와 離婆多와), 32ㄴ(離婆ᄂᆞᆫ), 79ㄱ(離欲修禪
　　　으로 讚諸法王애 니르린 禪度ㅣ오)〉
　　　H렝, L링(上同 漓), L팅(上同 劙)
[SK] L리, R리
[광운] 呂支切, 止開3AL支來(近曰離遠曰別[說文]曰離黃倉庚鳴…借離爲離別也)
　　　力智切, 止開(3AH寘來(去也)
　　　郞計切, 蟹開4H霽來(漢書云附離者也)
[거요] L隣知切, 來母, 羈자모운([說文]黃倉庚也廣韻今假借爲離別字鄭氏曰借音
　　　不借義近曰離遠曰別又麗也…)
　　　H力智切, 來母, 寄자모운(去也增韻漸相遠離…)/H郞計切, 來母, 寄자모
　　　운(去也)
[역훈] L례

‘離’는 동국정운에서 상동음(上同音)까지 포함하여 다섯 음을 가진다. 이
중 평성과 거성이 문헌음에 반영되어 있다.『광운』에 따르면 평성은 ‘멀다,
멀어진다’의 의미를 가지며 여기서 의미가 파생하여 ‘이별(離別)하다’에 쓰
인다. 거성은 ‘떠난다, 가다’ 정도의 의미일 것이다. 한편『거요』에서는 거
성에도 ‘漸相遠離’라 하여 모씨(毛氏) 부자의『증운』(『증수호주예부운략
(增修互註禮部韻略)』)에서 의미가 덧붙여졌음을 보여준다. 평성과 거성의
의미 차이가 희석되고 있는 것이다.

동국정운 문헌음의 경우 평성과 거성의 의미 차이가 어느 정도로 구분
되어 있는지 판단하기는 쉽지 않다. 용례가 많지 않고 고유명사 표기가 섞
여 있기 때문이다. 다만 '離ᄂᆞᆫ 여흴씨라(월석서)'는 'L링'로 주음하였지만
『광운』에 따르려면 'H링'로 주음했어야 할 것이다. 또『법화경언해』의 경
우는 다른 문헌과 달리 평성과 거성 복수음을 모두 표시하고 있는데 엄격
한 구분인지는 의문이다.124)

더 이상의 논의는 문자론적, 훈고학적 방면의 연구를 기대한다.

   (5) [梨]

   [동원] L링{10회}(上同 梨)〈석상6-10ㄱ(目連이 闍梨 ᄃᆞ외야'롕'를 '링'로 교정함
     /석상23-8ㄴ(니버 겨신 僧伽梨衣를 아ᅀᆞ시고), 12ㄴ(世尊이 도로 僧
     伽梨랄 니브시고)/석상24-2ㄴ(네헨 부텻 僧伽梨 드듸ᅀᆞ보미오)〉
     L롕{3회}〈법언1-118ㄱ(瑠璃頗梨ㅅ비치니), 217ㄴ(金銀과 頗梨와)/능활
     1-54ㄱ(阿梨耶識의 흔 念이)〉

   [SK] L리, L니

   [광운] 力脂切, 止開3AL脂來(梨의 上同字)125)

   [거요] L憐題切, 來母, 羇자모운(果明音義與支韻梨同…)

   [집운] L良智切, 脂韻(梨〈說文果名〉 의 이체자)/L憐題切, 齊韻(梨〈果名〉 의 이체
     자)

   [역훈] L롕

동국정운은 '梨'를 'L링', 'L롕'로 복수음으로 다루고 있다. 마찬가지로 문
헌음도 둘로 나뉜다. 그러나 이들의 연원을 찾기는 쉽지 않다.『광운』과『거

---

124)『법화경언해』는 출전 용례를 모두 제시한 것이다.
125) '梨'(『광운』: 力智切, 果名…).

요』모두 평성밖에 없기 때문이다. 근거를 찾는다면『집운』에서 찾을 수
있다. '棃'와 이체 관계에 있는 '棃'가『집운』에서 脂韻과 齊韻에 각각 출현하
기 때문이다. 자석(字釋)은 거의 동일하다.[126]『법화경언해』와『능엄경언
해』(활자본)의 편찬자는 '棃'를 齊韻으로 보고 주음한 것이다. 흥미로운 점
은『석보상절』(6-10ㄱ)에서 처음에 'ㄴ렝'로 새긴 반면(후에 묵서로써 ㄴ링로
교정),『석보상절』권23, 24는 오히려 이를 반영하지 않았다는 사실이다.
이것은 교정작업이 전권(前卷)에 비하여 정확하지 못하다고 평가 받던 권
23·24가 오각 없이 간인(刊印)하였다는 점에서 주목된다.[127]

다시 'ㄴ렝'에 대한 논의로 돌아가면 이것은 현실음과도 전혀 무관하다.
결국 15세기 초기부터 조선의 음운학자들은 이미『집운』에 齊韻으로 수록
된 음을 인식하고 있었을 가능성을 추론할 수 있다,『법화경언해』와『능
엄경언해』의 편찬자들은 이 음을 고수한 셈이다. 동국정운식 한자음 문헌
의 편찬자들이 반드시『거요』만을 참고하지는 않았음을 말해주는 근거가
될 수 있다.

(6) [比]

[동원] H뼁〈석상6-41ㄴ(부톄 比丘 드리시고 드러안즈신대)/석상9-1ㄱ(比丘),
　　　17ㄴ(比丘, 比丘尼)/석상13-1ㄱ(비구)/석상19-1ㄱ(比丘)/석상23-13
　　　(比丘)/월석서24ㄱ(比丘,比丘尼)/월석1-18ㄴ(比丘)/법언1-22ㄴ(比
　　　丘衆), 33ㄴ(比丘尼), 59ㄴ(2), 63ㄱ(2), 64ㄱ, 66ㄴ(3), 77ㄴ, 79ㄱㄴ
　　　(2), 104ㄱ(2), 110ㄴ, 119ㄴ, 124ㄱ, 159ㄴ(2), 163ㄴ(2), 164ㄱ, 167

---

126) 복수음 중 하나가『집운』과 대응한다는 점은 주목할 만하다. 지금까지 살펴 본 바로는 동국
　　정운의 수록자는 물론 복수음이 대부분『거요』를 바탕으로 정해진 것으로 보였기 때문이
　　다. 그러나 아직 이 복수음이『집운』에서 직접 가져온 것인지는 속단하기 어렵다.『거요』
　　의 혹작(或作) 정보를 더 확인해 볼 필요가 있으며,『집운』이외에도『예부운략』등 여타 운
　　서도 대비해 보아야 한다.
127) 이에 대해서는 안병희(1974)에서 일찍이 지적한 바 있다.

ㄴ, 171ㄴ(2), 192ㄱ(3), 195ㄴ(2), 196ㄴ, 239ㄱㄴ(이상比丘)/능활

　1-3ㄱ(月蓋比丘)/남명상29ㄴ(德雲比丘)/영험2ㄱ〉

　　■ 월곡H삐{9회}〈16ㄴ〉

R빙{3회}〈석상6-41ㄱ(2)(無比身 L뭉R빙L신 을 現ᄒ샤),

　　■ 월곡R비{1회}〈63ㄴ(無比身)〉

H빙

R핑(上同 庀)

L삥

H삥

[SK] R비, H비

[광운] 房脂切, 止開3AL脂並(和也並也)/卑履切, 止開3AR旨幇(校也並也爾雅曰

　　北方有比肩民⋯)/毗至切, 止開3AH至並(近也又阿黨也)/必至切, 止開

　　3AH至幇(近也倂也)/毗必切, 臻開3A入質並(比次)

[거요] L頻脂切, 並母, 羈자모운(和也一曰相次廣韻又並也⋯)

　　R補履切, 幇母, 己자모운([說文]密也⋯又校也並也⋯)

　　H必至切, 幇母, 寄자모운(密也增韻又及也⋯)

　　H毗至切, 幇母, 寄자모운(近也廣韻又阿黨也⋯)

　　入 簿必切, 並母, 訖자모운(次也⋯)

　[역훈] L삐, R비, R피, H삐 H삔

　　동국정운 수록음은 상동음(上同音)을 제외해도 다섯이며, 이는 『광운』

과 『거요』와도 대응한다. 문헌음에서는 이 중 ‘比丘, 比丘尼’를 가리키는 음

역자로 ‘H삐’를,[128] ‘버금간다(次)’는 의미로는 ‘R빙’(無比身)을 주음하고 있

다.[129] 파음자 용법에 따라 충실히 주음하고 있다고 생각된다. 정칙(正則)

---

128) 위에서 'H삐'의 용례는 대표적인 것만 보였다. 모두 '比丘, 比丘尼' 표기에 쓰였다. L빙의 용
　　례는 여기 제시한 것이 전부다.
129) 이들은 각각 『광운』, 『거요』의 해당 음과 자석(字釋)이 일치한다.

의 주음이므로 특별히 논의할 바는 없다.

(7) [出]

出은 주로 '츓'(진섭 臻攝)으로 나타나지만 이 연구에서 확인한 바로는 '쳥'(지섭 止攝)로 주음되는 경우가 있으므로 지섭(止攝)에서 다룬다.

[동운] H츓130)〈석상6-2ㄱ/석상9-15ㄱ/석상13-29ㄴ/석상서2ㄴ/월석서14ㄴ/

　　　　월석1-17ㄱ/월석2-16ㄱ/법언1-15ㄴ/능활1-65ㄴ/남명상25ㄴ〉

　　　■월곡H츓{8회}〈11ㄴ 등(出家)

　　　H쳥{11회}〈석상6-27ㄴ(出令), 46ㄱ(出令)/석상13-26ㄴ(出令)/월석1-9ㄴ

　　　　(2, 出令)131)〉

　　　■월곡H쳥{1회}〈47ㄱ(出令)〉

　　　H튷(上同 黜)

[SK] H츓, H츄(論諺4-71ㄴ)132)

[광운] 尺類切, 止合AH至昌(字釋 없음)

　　　赤律切, 臻合AB入術昌, H츓(進也見也遠也)

[거요] H 尺類切, 徹母, 媿자모운(自內而外也…[書]寅賓出日133)出納…)

　　　入 尺律切, 徹母, 匊자모운([說文]進也…增韻出入也…)

[역훈] H취, H츈

'出'은 中古 이래 복수음 둘을 가지는데, 동국정운 문헌음에서는 '나가다'는 의미의 입성음과 별도로 '出令'의 표기에만 거성을 주음하였다. 파음자

---

130) 출현 빈도가 높으므로 횟수는 생략하였다.
131) 'H츓'의 용례는 일부만, 'H쳥'의 용례는 전부를 보였다.
132) 'H츄'의 출전은 권인한(2009:449)에 따름.
133) '[書]寅賓出日'은 『서경(書經)』에 나오는 문구를 인용한 것이다.

용법에 충실한 주음이다.

　(8) [期

　　　[동원] L긩{2회}(上同 朞)〈법언서-22ㄴ(一期시問答을 그스기 보건댄, 一期는
　　　　　 흔 그슴이라)/법언1-222ㄴ(得道홀 期限이 잇디 아니ᄒ리니)〉
　　　　　 L낑{5회}〈석상24-6ㄱ(阿闍世王이 迦葉尊者끠 期約호ᄃ|)/월석서19ㄴ(2,
　　　　　 期致盡心ᄒ야, 期는긔지오)/남명하43ㄱ(期約)ㄴ(期約)〉
　　　　 ■ 월곡L끠{2회}〈28ㄴ(期約), 29ㄱ(期約)〉
　　[SK] L긔
　　[광운] 渠之切, 止開3L之群(期信也會也限也要也又姓…)
　　[거요] L渠之切, 群母, 羈자모운([說文]會也…廣韻又信也限也要也…)
　　[역훈] L끠

　　'期'는『동국정운』에서 복수음으로 나타나는데,『광운』이나『거요』에
서는 단일음이다. 특이하게도『법화경언해』에서 'L긩'로 주음되고 있다.
현실음에 이끌렸을 가능성을 배제할 수 없다. 다만『동국정운』에서 이 음
을 '朞'의 上同音으로 주기하고 있음도 고려해야 한다. '朞'가 '期'와 이체 관
계로 풀이된 것은『거요』에서다.[134]『거요』의 朞항의 자석(字釋) 중에 "說
文本作{禾+其}復其時也…惑作期…"라 풀이되고 있다. 자석(字釋)은『광운』
의 '朞' 條에서도 "周年又復時也"[135]라 비슷하게 풀이하고 있다.『법화경언
해』의 편찬자가『거요』의 자석(字釋)를 참조하였을 가능성이 있는 것이
다. "一期는 흔 그슴이라, 期限" 등의 용례가 그에 해당할 것이다. 그러나 이
때의 '期'가 'L낑'와 반드시 구분되는지는 단언하기 힘들다. 'L낑'와 대응하

---

134)『집운』에서는 이체 관계가 제시되어 있지 않다.
135) '주년(周年)'은 자기가 태어난 해가 돌아오는 것을 말함(『민족문학대백과사전』 참조).

는『광운』과『거요』의 '期' 자석(字釋) 중에도 '限也'가 있기 때문이다.

　현재로서는『법화경언해』의 편찬자들이 다른 문헌과 구별되는 태도를 취했다고 잠정적으로 결론을 내리기로 한다.

　(9) [使]

　　　[동훈] R승〈훈언3ㄱ(2,　欲使人人)/월석서12ㄴ(俾ᄂᆞᆫ使ᄒᆞ字ᄒᆞ가지라)/남명상
　　　　　52ㄱ(宋雲이使者ᄃᆞ외야)〉

　　　　　H승〈석상6상-2ㄱ(使者)/석상9-30ㄱ(使者)/월석2-47ㄴ(使者)/법언1-25
　　　　　ㄱ(5, 使ᄂᆞᆫ조차옮ᄂᆞᆫᄠᅳ디니), 189ㄱ(九十八使ㅣ오, 十使이 ᄀᆞᆺ고)〉

　　　　　　■ 월곡H슷〈10ㄴ(使者)〉

　　　[SK] R슷, H슷, R시(번소9-57ㄱ), H시(논언3-38ㄱ)136)

　　　[광운] 踈士切, 止開3R止生(役也令也)

　　　　　踈吏切, 止開3H志生(字釋 없음)

　　　[거요] R爽士切, 審母, 紫자모운(說文令也…廣韻役也)

　　　　　H疏吏切, 審母, 恣자모운(將命自又遣人聘問曰使…)

　　　[역훈] R시, H시

　'브리다(使)'의 의미로는 상성을, '사람을 보내 안부 등을 묻다(遣人聘問曰使)'의 의미로는 거성을 쓰고 있다(使者). 이는『거요』의 자석(字釋)에 대응한다고 할 수 있다. 다만『남명집언해』에서는 '使者'의 '使'를 상성으로 주음함으로써 다음다의(多音多義) 용법이 없어졌다.

---

136) 출전 정보는 권인한(2009:195)에 의함.

218

(10) [意]

　　[동원] L힝(上同 噫){1회}〈법언1-156ㄴ(坐 地前엣 發意예 디나시니)〉

　　　　H힝{63회}〈석상9-18ㄴ(無盡意菩薩)/석상13-11ㄱ(如意迦樓羅王이, 如意
　　　　눈)/석상19-9ㄴ(千二百 意功德을 得ᄒᆞ야, 意ᄂᆞᆫ 뜨디라)/석상23-26
　　　　ㄴ(네헨 구슬로 ᄭᅮ문 幢이 갓고로 디며 如意珠를 일코)/월석1-14ㄴ/
　　　　법언1-51ㄴ(如意迦樓羅王), 99ㄱ(有意오 二名은 善意오 三名은 無量
　　　　意오 四名은 寶意오 五名은 增意오 六名은 除疑意오 七名은 響意오
　　　　八名은 法意오)/능활1-4ㄱ(心意識을 여희여)/남명상19ㄱ(心意를 가
　　　　져 修行을 호고져)〉

　　　　H흑(上同 億)

　　[SK] RH의

　　[광운] 於記切, 止開3H志影

　　[거요] H於記切, 影母, 寄자모운[137]

　　[역훈] L히, H히, H힉

　‘意’는 『광운』과 『거요』에 모두 단일음으로만 수록되었다. 동국정운 문
헌음에서 복수로 주음될 근거가 뚜렷하지 않은 것이다. 『법화경언해』에
서 L힝(156ㄴ, 發意)로 주음한 것은 오류라고 생각된다. 용례도 1회에 불과
하다. 편찬자가 방점에 혼란을 일으킨 결과일 가능성이 있다.

4) 우섭(遇攝)

　여기서는 ‘輿, 疏, 處, 去, 車, 部, 聚’를 다룬다. ‘部’는 운모 불일치음 편에서

---

137) 『거요』에는 ‘又支職韻’이라 하여 복수음 정보가 주기되어 있지만 실제로 표제항에는 이 글
　　자들이 없다. 아마도 이는 『집운』의 음이 셋인 것과 관련이 있을 수 있다(『집운』에 추가된
　　것은 이체자들이다).

먼저 다룬 바 있지만, 불일치음 이외에도『동국정운』복수음이 문헌에도 복수로 출현한다. 따라서 여기서 함께 논의한다. 한편 오로지 불일치음 때문에 복수 문헌음인 경우는 생략한다.[138]

　(1) [輿]

　'輿'는 동국정운 문헌음에서 평성과 거성으로 나타나는데, 평성은 '땅'의 의미로, 거성은 '수레'의 의미로 쓰이고 있다.

　　　[동원] L영〈남명하20ㄴ(2, 黃輿는 엇뎨 어루ᄀ슬 다ᄋ리오, 黃輿는 大地라)〉

　　　　　　 H영〈법언1-77ㄱ(2, 보비로 ᄭ뮨 輦輿로, 술위 ᄢ 업스니 輿ㅣ라)〉

　　　[SK] L여, L예

　　　[광운] 以諸切, 遇中3L魚以(車輿又多也權輿始也 續漢書…)

　　　　　　 羊洳切, 遇中3H御李(車輿又方輿縣名)

　　　[거요] L羊諸切, 喩母, 居자모운

　　　　　　　　([[說文]車底也…詩詁曰輪軸之上加板以載物…堪輿天地總名…)

　　　　　　 H羊茹切, 有母, 據자모운(昇車也[增韻]兩手對擧之車…)

　'輿'가 '땅'의 의미로 쓰인 것은『광운』의 자석(字釋)에서는 근거를 찾기 어렵지만『거요』의 거성 자석(字釋) 중에 '天地總名'이 눈에 뜨인다.『남명집언해』(하20ㄴ)의 용례와 대응하고 있는 것이다. 그렇다고『남명집언해』의 편찬자가『거요』의 자석(字釋)를 직접 참고했다고 판단할 근거는 없다.『한어대사전』에 따르면[139] '輿'를 '天地'로 새기는 전거가『주역(周易)』등에서 발견된다.

---

138) '度'가 그러한 예다.
139)『한어대사전』에서는 '輿'의 풀이에 평성과 거성을 구분하지 않고 있다.

輿: 借指大地. 語出『易 · 說卦』“坤爲地……爲大輿”.『淮南子』“以天爲蓋, 以地
　　爲輿.”『史記 · 三王世家』“御史奏輿地圖.”唐司馬貞索隱“謂地爲‘輿’者, 天地
　　有覆載之德, 故謂天爲‘蓋’, 謂地爲‘輿.’

『남명집언해』의 편찬자는 ‘地’의 의미로 평성을 씀으로써, 거성과 의미
의 차이를 두고 주음한 것이다.

(2) [疏](疏)

　　[동원] L송{5회}〈월석서20ㄴ(疏達)/월석2-22ㄱ(疏 훌씨)/남명하43ㄱ(쪼　일즉
　　　　疏를 어드며 經論을 츠조니), 43ㄴ(그러나疏를 어드며經論을 츠자)〉
　　　　H송{7회}〈법언1-10ㄱ(智者와 慈恩괏 너븐 疏와 녜며)/능활1-13ㄱ(疏釋,
　　　　疏ᄂ 經 ᄠᅳ들 올오리 츠릴씨오)〉
　　[SK] L소, R소
　　[광운] 所葅切, 遇開3L魚生(通也除也分也遠也窓也…)/所去切, 遇開3H御生(記
　　　　也)
　　[거요] L山於切, 審, 孤자운([說文]通也…一曰遠也…或作疎…禮部舊出疎字今正)
　　　　H所據切, 審, 顧자운(條陳也又記也…)]
　　[역훈] L수, H수

『법화경언해』와『능엄경언해』의 H송은『광운』및『거요』의 자석(字釋)
와 잘 대응한다. 파음자에 충실한 주음이라 할 수 있다.

(3) [處]

　　[동원] R쳥(上同 處){3회}〈석상서2ㄴ(2, 處ᄂ 나아ᄃᆞ니디아니ᄒᆞ야ᄀᆞ마니이실
　　　　씨라)/법언1-79ㄱ(比丘ㅣ處閑誦經은 忍度ㅣ오)〉

H청[140] 〈석상6-36ㄱ(一生補處菩薩이)/석상9-28ㄱ(오직 一生補處菩薩 外예는)/석상13-12ㄱ(無量義處 三昧예 드르샤, 處는 고디라)/석상 23-13ㄴ(虛空處 虛空處로서 無邊識處 無邊識處로셔)/월석서-20ㄱ (處는 고디라)/월석1-35ㄴ(四空處에, 四空處는 네 번 싸히라)/월석 2-7ㄴ(補處ㅣ 두외샤 兜率天에 겨샤)/법언서-22ㄴ(無量義處에 跏趺 ㅎ샤)/법언1-20ㄴ(곧 넷 부텻 住處ㅣ시니 넷 부텨 住ㅎ더신 싸힐 시)/능활1-7ㄴ(이 海眼으로 陰入處界 다 如來藏인둘 비취여)/남명 상2ㄴ(落處)〉

[SK] R쳐

[광운] 昌與切, 遇中3AR語昌(居也止也制也息也留也定也…)

　　　昌據切, 遇中3AH御昌(處所也)

[거요] R敞呂切, 審母, 擧자모운([說文]止也…[廣韻]息也留也定也又制也…)

　　　H昌據切, 徹母, 據자모운(所也詳見語韻注)

[역훈] R츄, H츄

역시 명사적 용법(처소)과 동사적 용법(居하다)의 차이에 따라 잘 구분 되고 있다. 'R청'는 현실음과 일치하기는 하지만, 의미에 따른 용법의 차이 일 수 있다. 파음자의 전형으로 본다. 덧붙여『역훈』의 음은 운모가『동국 정운』음은 물론 현실음과도 다르다. 자못 흥미로운 점은, 上同音인 'R청'이 복수음으로 나타났다는 사실이다.『동국정운』속 上同音을 반드시 무의미 한 것으로 보기 어려움을 말해주는 예라고 할 수 있다.

(4) [去]

[동운] L컹

---

140) 출현 빈도가 높으므로 횟수는 생략한다.

R컹{2회}〈월석서19ㄴ(增感一兩句之去取호딕, 흔두 구를 더의며 더러
　　　　　브리며, 去는 덜씨오)〉

　　H컹{20회}〈훈언13ㄴ(去聲은 뭇 노푼 소리라)/석상13-50ㄱ(過去)/월석
　　　　　서2ㄱ(去는갈씨오), 19ㄴ/월석2-21ㄴ(過去)/법언1-90ㄱ(過去)/남명
　　　　　서2ㄱ〉

[SK] R, H거

[광운] 羌擧切, 遇中3R語溪/遇中3H御溪

[거요] L丘於切, 溪母, 居자모운

　　　R口擧切, 溪母, 擧자모운

　　　H丘據切, 溪母, 據자모운

[역훈] R규, H큐, L큐

　'R컹'(월석서)가 특이한 의미인 듯 보이지만 '덜다'는 의미로 쓰이고 있
으므로 정칙(正則) 주음이라 할 수 있다. 파음자의 전형적 용법으로 본다.

　(5) [車]

　'車'는 동국정운 문헌음에서 'L겅'와 'L챵', 두 음으로 나타나는데, '수레'의
의미는 'L겅'로, 인명으로 쓰일 때는 'L챵'를 취한다.

동운L겅{22회}〈석상13-19ㄴ(네 몰 메윤 寶車와 欄楯과)/월석1-27ㄴ(2,象兵 馬
　　　　　兵 車兵 步兵 네 가짓 兵馬룰, 車兵은 술위 튼 兵이오)/월석2-3ㄴ(6, 進
　　　　　力ㅅ 아둘 牢車 牢車ㅅ 아둘 十車 十車ㅅ 아둘 百車 百車ㅅ 아둘 牢弓),
　　　　　28ㄱ(2, 象兵과 馬兵과 車兵과 步兵괘니 車는 술위라), 35ㄴ(2, 摩耶夫
　　　　　人이 雲母寶車 트시고, 雲母寶車는 雲母로 쑤뮨 보비옛 술위라)/법언
　　　　　1-5ㄴ(2, 三車一車를 지어 니르시니)/능활1-66ㄱㄴ(2, 모든 闡提로 彌
　　　　　戾車룰 헐에 ㅎ쇼셔, 闡提로 彌戾車룰 ㅎ야브리게 ㅎ리라)/남상70ㄱ

(黃帝ㅣ 指南車를 ᄆ ᄀ라 ᄀ ᄅ치시니라)/남명하30ㄱ(4, 三車))〉

[동원] L챵{1회}〈석상6-4ㄴ(車匿이 돌아 보내샤 盟誓 ᄒ샤ᄃ)〉

　■ 월곡L챠{3회}〈19ㄱ(車匿이), 20ㄴ(車匿일 주시며), 51ㄱ(車匿이)〉

[SK] L거, L챠

이러한 음 분화가 중국의 다음자(多音字)와 대응하는지는 좀 더 연구할
필요가 있다.

[광운] 九魚切, 遇中3L魚見(車輅)

　　尺遮切, 假開(3)L麻昌(古史考日黃帝作車引重致遠少昊時加牛禹時奚仲加

　　　馬…)

[거요] L斤於切, 見母, 居자모운([說文]輿輪總稱…)

　　L昌遮切, 徹母, 嗟자모운([說文]車輿輪之悤名…)

[역훈] L규, L쳐

『광운』과『거요』모두 복수음을 취하지만, 자석(字釋)은 모두 '수레'의
의미이기 때문에 성씨 혹은 인명으로 쓰이는 용법이 분화되고 있는지는
말하기 어렵다.

현재로서는 동국정운 문헌음에서 파음자 용법을 보이고 있다고 할 수
있다.

(6) [部]

[동원] R풍(上同 剖)

　　R뽕〈석상9-1ㄴ5(八部)[141]/석상13-16ㄴ4(4部衆)[142]/월석서19ㄱ(出入

---

141) 'R뽕'를 'R뽕'로 교정하였다.

十二部之修多羅호디)ㄴ(十二部修多羅애出入호디)/월석1-4ㄱ(천룡
팔부), 14ㄱ(2, 천룡팔부)/월석2-15ㄴ(八部)/법언1-52ㄱ(八部), 68
ㄴ(四部衆)/영험15ㄱ(瞻部洲)〉

R뽕〈월곡-3ㄱ, 9ㄱ, 26ㄴ(이상 天龍八部), 29ㄴ(八部), 35ㄴ(天龍八
部)143)〉

[불일치음] R뽕{5회}〈석상23-31ㄱ/석상24-48ㄴ〉

[SK] H부

[광운] 裴古切, 遇脣1R姥並(部伍又部曲)/蒲口切, 流脣1R厚並(署也又姓出姓苑)

[거요] R伴姥切, 並母, 古자모운(說文天水狄…徐曰部屬也部之言簿也…廣韻部
伍又部曲)

R薄口切, 並母, 捨자모운(說文天水狄…一曰統也界也廣韻署也增韻部曲
也又姓…)

[역훈] R뿌, R플(프+ㅱ)

파음자 용법이라 하기는 어려움이 있다. '八部'라는 용례가 두 복수음에
다 출현하기 때문이다. 특히 『거요』에서는 자석(字釋)이 거의 같아짐을 알
수 있다. 『월인천강지곡』의 주음이 특이한 것으로 일단 파악한다.

(7) [聚]

[동운] R쮕{4회}〈석상9-6ㄱ(2, 三聚戒)/법언1-79ㄱ(戒 三娶 잇ㄴ니, 三娶ㄴ 세
혜 뫼홀 씨라)〉

H쭁{4회}〈능활1-35ㄴ(2, 紫金光聚를 能히, 聚ㄴ 모돌 씨라)/영험11ㄱ
(佛頂光聚微妙章句ㄴ), 12ㄴ(佛頂光聚功德神驗)144)〉

---

142) 'R뽕'를 'R뽕'로 교정하였다. 안병희(1974)에서는 'R뽕/뽕'가 아니라 'L뽕/뽕'로 적었는데 이
는 오타로 보인다.
143) 『월인천강지곡』의 용례는 여기에 모두 보였다.

[SK] R취

[광운] 慈庚切, 遇中3AR臡從(衆也共也歛也說文會也部落云聚)

　　　才句切, 遇中3AH遇從(字釋 없음)]

[거요] R在庚切, 從母, 擧자모운(會也邑落云聚…廣韻衆也共也…)

　　　H從遇切, 從母, 據자모운(說文會也…)

[역훈] R쥬, H쮸

『석보상절』과『법화경언해』가 상성을,『능엄경언해』와『영험약초』가
거성을 취하고 있다. 그러나 '뫼ᄒ다, 몯다'의 의미는 거의 같다고 할 수 있
으며,『광운』과『거요』의 자석(字釋)으로도 구분하기 어렵다. 다만『광운』
에서 거성의 자석(字釋)이 는 것으로 보면, 상성음이 기본자적 용법이라
할 수도 있을 것이다. 문헌음이 복수로 나타난 것은 문헌의 차이라고 할 수
있겠다.

5) 해섭(蟹攝)

해섭(蟹攝)에서 다룰 글자는 '在, 塞, 背, 解, 切'들이다. '切'는 산섭(山攝)과
해섭(蟹攝) 두 독음을 가지지만 편의상 해섭(蟹攝)의 글자와 함께 다룬다.
또 '塞'은 '슥, 싱' 둘을 취하나 '싱'가 특이하므로 해섭(蟹攝)에서 살펴본다.

(1) [在]

[동운] R찡〈법언1-23ㄱ, 26ㄱ, 45ㄴ(2), 46ㄱㄴ(2)(이상 自在), 61ㄴ(現在諸佛),
　　　99ㄱ(威得이自在ᄒ야), 141(現在), 190ㄱ(未來現在), 234ㄴ(自在)/
　　　능1-9ㄴ/능활1-8ㄱ, 21ㄱ, 23ㄱ(自在)/남명상18ㄴ(ᄀ룸업시自在ᄒ

____

144) 'R쫑', 'H쫑'의 용례를 모두 보였다.

시라), 41ㄱ(自在)/남명하6ㄱ(自在)ㄴ(自在)/영험2ㄴ(現在)〉

H찡〈석상6-18ㄴ(自在ㅎ야), 43ㄴ(一面觀自在經을), 44ㄱ(2, 觀自在菩薩), 석상9-19ㄴ(自在ㅎ야), 34ㄴ(自在ㅎ리라)/석상13-6ㄱ(4, 自在天子), 30ㄱ(自在ㅎ샤), 50ㄱ(2, 現在)/석상19-33ㄱ(雲自在燈王), 42ㄴ(一切自在혼)/월석서9ㄴ(2, 昔在丙寅ㅎ야, 痛言在疚ㅎ야), 10ㄱ(在ᄂᆫ 이실씨라), 13ㄱ(其在于今ㅎ야)/월석1-32ㄱ(2, 他化自在天), 36ㄴ(自在ㅎ야셔), 39ㄱ(他化自在天)/월석2-15ㄱ(他化自在天), 21ㄴ(2, 現在), 30ㄴ(化自在天)〉

■ 월곡L찡〈상-31ㄴ〉

[역훈] R째, H째

'在'에 대해서는 불일치음 편에서 논한 바 있으나 이는 『월인천강지곡』의 주음(L찡)에 대한 논의였으므로, 여기서는 다른 문헌들의 복수음 양상을 살핀다. '在'는 동국정운에서 복수음을 가지며, 이것이 문헌음에서도 복수로 나타난다. 다만 대표적인 용례인 '自在', '現在' 등이 상성과 거성으로 엇갈려 주음되는데, 이는 문헌의 차이로 보인다. 즉 『석보상절』과 『월인석보』는 거성으로, 『법화경언해』와 『능엄경언해』, 『남명집언해』, 『영험약초』는 상성으로 나타난다. 『석보상절』과 『월인석보』를 한편으로, 나머지 문헌을 다른 편으로 하여 주음이 갈리는 양상이다. 초기 문헌과 그 이후 문헌의 주음 차이로 볼 수도 있을 것이다.

(2) [塞]

[동원] H슥〈석상9-17ㄴ('싱'에서 교정함)[145]/석상13-12ㄴ, 14ㄱ('싱'에서 교정함), 15ㄴ('싱'에서 교정함), 31ㄴ, 43ㄱ, 46ㄱ(이상 '싱'에서 교정함)/

---

145) 안병희(1974)에서는 장차(張次)를 '16ㄴ'로 보였으나, 이는 오기(誤記)다.

석상24-10ㄱ(일후미 波塞奇라, 波塞奇王이)/월석서24ㄱ/법언1-57
ㄴ, 59ㄴ, 63ㄱ, 66ㄴ(2), 104ㄱ, 159ㄴ, 171ㄴ, 195ㄴ, 196ㄴ(優婆塞)〉

H싱〈석상19-1ㄴ(2), 21ㄴ, 26ㄱ, 29ㄴ, 31ㄱ, 32ㄱ, 34ㄴ, 35ㄴ, 38ㄱ(優
婆塞, 모두 교정되지 않았음)〉

[SK] H시, H쇠

[광원] 先代切, 蟹開1H代心 H시(邊塞)

蘇則切, 曾開1入德心(滿也窒也隔也)

[거요] H先代切, 心母, 蓋자모운(說文隔也…廣韻邊塞也…)

入 悉則切, 心母, 克자모(說文窒也…廣韻滿也隔也增韻塡也充也壅也…)

[역훈] H새, H싁

　'塞'은 거성과 입성 두 복수음을 가지는데, '優婆塞'을 표기할 때는 'H싁'이
正則이다. 특이한 점은 『석보상절』 권19에서 모두 'H시'로 주음하였다. 『석
보상절』의 교정이 엄격한 것은 익히 알려진 바 있으나, 권19에서 이것이
교정되지 않은 것은 의외라 하겠다. 오히려 권24가 '싁'으로 표기한 것이
이채롭다. 다만 '波塞奇'이므로 음을 달리 써야 할 가능성도 있기 때문에 속
단하기는 어렵다.

(3) [背]

[동원] H빙〈남명상28ㄱ(背叛)〉

H삥〈능활1-80ㄴ(背叛)〉

[SK] R븨, R픽, R패

[광원] 蒲昧切 蟹脣1H隊並(弃背)/補妹切, 蟹脣1H隊幫, (脊背)]

[거요] H補妹切, 幫母, 媿자모운(脊也)/ H蒲妹切, 並母, 媿자모운(違也)

[역훈] H뷔, H쀠

『광운』에서부터 복수음이 있었으나 자석(字釋)는 동일하다. 다만『거요』에서 자석(字釋)의 차이가 생겼다. 그러나 동국정운의 용례는 모두 '背叛'으로 같다. 파음자 용법이라기보다는 방점의 혼란, 혹은 복수음의 단일화 과정으로 볼 수 있을 것이다.

(4) [解]

[동원] R갱〈석상서5ㄴ(就加譯解ㅎ노니)/월석서5ㄱ(解脫), 8ㄱ(解脫)ㄴ(解脫)/석상13-40ㄱ(解脫), 43ㄴ(解脫, 'R행'에서 교정함)/법언서23ㄱ(이 解로 微妙혼 가라글 사몰 띠니라)/법언1-9ㄴ(이 解를 딩굴안 마른), 10ㄱ(注解를 다 窮究ㅎ야), 127ㄱ(알픳 解 글ㅎ니라=餘如前解)/영험12ㄱ(解脫)/남명서2ㄴ(解脫)/남명상35ㄱ(解脫)〉

H갱(上同 懈)

H갱

R행〈석상6-29ㄱ/석9-3ㄱㄴ(解空)/석상13-3ㄱ(解空), 14ㄱ(信解와…, 解는 알씨니), 27ㄴ(世間解無上士…), 62ㄴ(信解ㅎ야)/석19-27ㄱ, 28ㄴ(이상 世間解無上士…)/석상23-9ㄴ(光明 맛나아 解脫 아니ㅎ리 업스리라), 16ㄱ(法을 眞實로 보ᄂ 닌 解脫이라 ㅎ고)/석상24-16ㄱ(解脫)/법언1-6ㄱ, 14ㄴ(이상 信解品), 32ㄱ(解空, 吉解空), 79ㄱ(信解), 91ㄴ(號ㅣ…世間解無上…), 148ㄴ(第一稀有難解옛法이라), 161ㄴ(難解), 162ㄱ(難解)〉

H행〈남명상31ㄱ(聖解왜다업서)〉

[SK] R히, H히, R하

[불일치음] R행〈법언1-26ㄴ(解脫혼 사르미니), 140ㄴ(解脫), 142ㄴ(6, 解脫), 143ㄱ(2, 解脫), 150ㄴ(無所畏와 解脫와), 160ㄴ(5, 解脫), 161ㄱ, 162ㄱ, 163ㄱ〉

[광운] R胡買切, 蟹開2佳見/ R佳買切, 蟹開2佳匣

H古隘切, 蟹開2卦見/ H胡懈切, 蟹開開2卦匣

[역훈] R개(俗音 계), H개

운모의 불일치음에서 다룬 바 있다. 동국정운 수록음 중의 복수음은 파음자 용법으로 문헌에 출현한다. 가령 '解脫'은 모두 'R갱H퇋'로 주음되었다.

(5) [切

[동원] H쳻{2회}〈월석서22ㄱㄴ(切忌執指而留筌이니라, 切은 時急홀씨니)〉

　　　　H쳉146)〈석상6-8ㄴ, 9-3ㄱ, 13-1ㄱ, 19-4ㄴ/석상23-3ㄱ/석상24-17ㄴ/월

　　　　석서6ㄴ, 26ㄱ/월서1-10ㄴ, 2-15ㄴ/법언1-6ㄴ/능활1-3ㄱ/영험1ㄱ/

　　　　남명서2ㄴ/남명상-12ㄱ, 하-8ㄴ〉

[SK] H체, H졀

[광운] 七計切, 蟹開4H霽淸(衆也)

　　　　千結切, 山開4入屑淸(割也刻也近也追也義也[說文] 也)

[거요] R七計切, 淸母, 寄자모운(衆也又一切大凡也…)

　　　　入 千結切, 淸母, 結자모운

　　　　　([說文]折刊也…[廣韻](割也刻也近也追也[增韻]又急也…)

'切'는 『동국정운』에서 두 개의 독음을 가지는 데 문헌에서도 역시 복수음으로 나타난다. 문헌 속의 주음 중 입성 '졿'은 『월인석보』에서 '時急ᄒ다'는 의미로 쓰인 용례 2회뿐이며, 나머지는 모두 'H쳉'로서 '一切'의 독음으로 주음된 것이다. 이러한 독음 차이는 분명히 의미의 차이에 따른 결과이므로 파음자 용법을 따른 것이라 할 수 있다.

　그러나 이것을 중국어의 파음자적 용법으로까지 설명할 수 있는지는

---

146) 'H쳉'로 쓰인 용례는 모두 '一切'의 주음에 쓰인 것이다. 출현 횟수 표시는 생략한다.

아직 분명하지 않다. 『광운』과 『거요』이 거성과 입성에서 어떤 의미 차이로 분화한 것인지, 특히 입성의 자석(字釋)인 "割也刻也近也追也義也"이 어떻게 '時急'이라는 의미로 확장될 수 있는지 더 연구할 필요가 있다.[147]

6) 진섭(臻攝)

집섭(臻攝)에서는 '論, 近, 分, 蘊'이 있다. 차례대로 살펴보기로 한다.

(1) [論]

[동원] L론〈석상13-2ㄴ(論議), 17ㄴ(講論), 21ㄱ(法講論)[148]/월석서18ㄴ, 19ㄱ
/월선1-7ㄱ/월석2-2ㄴ, 10ㄴ/법언서-21ㄴ/법언1-32ㄱㄴ, 71ㄴ, 77ㄴ,
199ㄴ/능활1-16ㄴ/남명상2ㄱㄴ, 12ㄱ, 33ㄱㄴ/남명하2ㄴ, 8ㄴ, 11
ㄴ, 12ㄱ, 33ㄴ, 43ㄱㄴ, 49ㄱ, 54ㄴ, 64ㄱ, 65ㄱ, 67ㄱ〉
H론〈석상19-10ㄴ(議論), 25ㄱ(戲論, 議論), 42ㄱ(議論)/법언1-19ㄱ/석
상23-8ㄴ(達磨는 論이라), 54ㄱ(2, 議論)/석상24-30ㄴ(議論)〉
L륜
■ 월곡L론〈25ㄱ(議論)〉
[SK] L론, R론
[광운] 力迍切, 臻合3L諄來(言有理出字書)

---

147) 참고로 『한어대사전』에 따르면 '切'의 입성 條에서 "急切, 急迫"의 의미가 제시되며 그 전거로 『곡량전(穀梁傳)』이 제시되고 있다. 『곡량전』은 춘추시대의 노(魯)나라 곡량적(穀梁赤)이 저술한 『춘추(春秋)』의 주해집(註解輯)이므로 상고음 시대의 문헌이라 할 수 있다.
"切: (6)急切, 急迫『穀梁傳 · 僖公十年』"吾與女未有過切, 是何與我之深也。"范寧注:"吾與女未有過差切急."(『한어대사전』)
엄익상(2008:296-297)은 '切'의 독음 중 '절'(동국정운식으로는 '쳤')이 상고시기 중국음을 반영한 것이라고 지적한 바 있는데, 자의(字義)에 대한 논의는 제시되지 않았다.
148) 이상은 묵서(墨書)로 교정.

盧昆切, 臻合1L魂來(說也議也思也)

盧困切, 臻合1H慁來(義也)

[거요] L龍春切, 來母, 鈞자모운

L盧昆切, 來母, 昆자모운/H盧困切, 來母, 睔자모운

[역훈] L륜, H룬

문헌음이 복수로 나타나나 그 용법은 뚜렷이 구분되지 않는다. 다만『석보상절』권19와 권23은 교정되지 않은 채 남은 것으로 보인다.『석보상절』권19의 한자음에서 오류가 그대로 남은 경우는 이번이 두 번째다.

(2) [近]

[동원] R끈〈석상13-15ㄴ(親近, 근은 갓가볼 씨라)/석상19-21ㄱ(親近)/석상서 3ㄴ(近間), 4ㄱ(近間애)/월석서14ㄱ(近은갓가볼 씨라)/법언1-9ㄴ(近世)〉

■ 월곡R끈〈51ㄴ(親近)

H끈〈법언1-66ㄴ(無量諸佛을 親近供養ᄒᆞᅀᆞ오실씩), 82ㄴ(親近)/영험6ㄴ(親近)〉

H긔 (上同 㸐)

[SK] R근, H근

[광운] 其謹切, 臻開3R隱群(迫也幾也)/巨靳切,臻開3H焮群(附也)

[거요] R巨謹切, 群母, 謹자모운(迫也廣韻幾也不遠也指遠近…毛氏曰几遠近之近上聲附近之近去聲)

H巨靳切, 群韻, 靳자모운(說文附也…增韻親也近之也…)

[역훈] R낀, H낀

운서의 자석(字釋)을 살펴보면『광운』은 상성과 거성의 의미가 밀접하

긴 하지만 구분되는 반면에 『거요』에서는 의미가 거의 구분이 거의 없어
졌다고 할 수 있다. 『법화경언해』는 권1-9ㄴ의 음은 상성, 나머지는 거성
인데, 의미가 실질적으로 거의 같다고 여겨지므로, 방점에 혼란을 겪은 것
이라 할 수 있다.

(3) [分]

　　　[동원] L분〈석상6-25ㄱ(分揀…)/석상19-4ㄴ(分明), 5ㄱ(百分 千分 百千萬億分
　　　　　에), 10ㄱ(이 다 세 分으로 ᄒ나히 업슬씨), 10ㄴ(어듸썬 三分이 몯 ᄀ
　　　　　자 八百 사오나ᄫ 이리 이시리오), 37ㄴ(分身)/월석2-38ㄱ(分明)/법
　　　　　언1-16ㄱ(分別), 37ㄱ(分明히), 38ㄴ(分揀), 124ㄱㄴ(舍利分布)/능활
　　　　　1-3ㄴ(分別), 48ㄱ(分別, 分明,)/남명상1ㄴ(分明), 38ㄴ(分別)〉
　　　　H뿐〈석상9-18ㄱ(4, 八分은 여듧 가지니 齋옛 이리 여듧 가질씨 八分齋
　　　　　라 ᄒ니), 22ㄴ(八分齊戒), 32ㄱ(八分齊戒, 이하 'L분'을 교정함)/석
　　　　　상19-19ㄴ(分段身ᄋᆞᆯ 여희샤)/법언서-21ㄴ(죠고맛 分도 아디몯ᄒ리
　　　　　로다)/법언1-15ㄴ(序分一品, 正宗分, 流通分), 92ㄴ(劫은 닐오매 時
　　　　　分이라), 155ㄴ(져근 分도 能히 아디 몯ᄒ리며)/능활1-16ㄴ(分, 序
　　　　　分, 見道分)/남명상3ㄴ(옛올 分이 업스시니라), 10ㄱ(劫겁은 時分
　　　　　씽·뿐이라), 19ㄴ, 21ㄱ(이상 本分), 25ㄴ(佛眼도 옛올 分이 없슬시
　　　　　라), 26ㄴ(摩外옛올 分이 업스니라), 29ㄴ(本分)/남하9ㄴ(사ᄅᆞᆷ이샹
　　　　　녯分이라일時節거드리디아니ᄒ니라), 24ㄴ(옷傳홀分업슬시라), 28
　　　　　ㄱ(서르 傳ᄒ욜 分이 업슬시라), 44ㄴ(허물ᄒ욜分이 업스니라), 65
　　　　　ㄴ(모든 사ᄅᆞᆷ이 分上애 제게잇ᄂᆞᆫ 靈光이 古今애 비췩면), 68ㄱ(本
　　　　　分)〉
　　　　H뿐(上同 瓣)
　　　　■ 월곡L분〈13ㄱ(分別)〉
　　　　H뿐〈16ㄱ(兩分), 22ㄴ(三分)〉

[SK] L분, RH분

[광운] 府文切, 臻中3L文非(賦也施也與也說文別也)

　　　扶問切, 臻中3H問奉(分劑)

[거요] L方文切, 非母, 分자모운

　　　(說文分別也…以分別物也增韻判也裂也一曰與也廣韻又賦也施也…)

　　　H符問切, 奉母, 睔자모운(別也又均也)

[역훈] L분, R분, H뿐

　‘分’은 ‘분간, 구별’ 등의 의미로 쓰일 경우는 ‘L분’, ‘조각, 분량, 부분’의 뜻으로 쓰일 경우는 ‘H뿐’으로 나타난다. 『월인천강지곡』의 용례가 대표적이다. 나머지 문헌도 『석보상절』 권19를 제외하면 엄격히 구분하고 있다. 『석보상절』 권19가 여기서 혼동을 보이는 것이 주목된다(권6・13은 두 가지 용례가 모두 출현하지 않음). 앞에서 『석보상절』 권19에서 교정되지 오류를 발견하였듯이 이 경우도 그러하다고 생각된다.

　앞선 연구에서는 『석보상절』의 권23・24만 오류를 바로잡지 못한 문헌이라 지적한 바 있는데 『석보상절』 권19 역시 교정이 누락된 부분이 있음을 알 수 있다.

(4) [蘊]

[동운] L훈

　　　R훈〈남명상6ㄴ, 24ㄱ(五蘊), 26ㄱ, 32ㄴ, 33ㄱ, 53ㄴ, 56ㄱ/법언1-211ㄴ〉

　　　R훈(上同 菀)

　　　H훈〈월석1-35ㄱ(色蘊은 뷔여 묽디 몯ᄒᆞ야 빗 이쇼미오)ㄴ, 37ㄴ(色蘊)〉

[SK] R온

[광운] 於云切, 臻合3R문영(薀 익 俗作) 薀: 藏也說文曰積也春秋傳曰薀利生孽俗作蘊)

　　　作蘊)

[거요] L於云切, 影母, 雲자모운/R委粉切, 影母, 隕자모운

　　　 H紆問切, 影母, 運자모운

[역훈] L훈, L훈, R훈, H훈

운모는 동일하나 성조가 상성과 거성으로 나뉘어 주음되었다. 현실음과도 다르다.

'蘊'의 의미 면에서는 큰 차이가 없다고 보이지만 '五蘊'과 '色蘊'으로 쓰이는 차이이므로 여기서 성조가 달라져야 할 이유가 있는지 좀 더 조사해 볼 필요가 있다.

7) 산섭(山攝)

여기서 살펴볼 것은 '乾, 便, 難, 觀, 斷, 先, 傳, 轉, 散' 들이다. 하나씩 검토한다.

(1) [乾]

[동원] L간〈석상6-36ㄱ(金剛乾慧예 ᄒᆞᆫ 번 나면 後에 妙覺애 오르ᄂᆞ니)/월석2-59ㄴ(처어믄乾慧地오), 60ㄱ(乾慧地ᄂᆞᆫ ᄆᆞ른智慧ㅅ地位니), 62ㄱ(2)ㄴ(이상 乾慧)/능활1-37ㄱ(乾慧)〉

　　　 L껀〈석상13-8ㄴ(네 乾闥婆王樂 乾闥婆王과 美乾闥婆王과 美音乾闥婆王이), 13ㄱ(乾闥婆 阿脩羅 迦樓羅 緊那羅 摩睺羅迦), 32ㄱ(乾闥婆ㅅ 소리)/석상19-15ㄱ(乾闥婆와 乾闥婆女와), 21ㄱ(2(乾闥婆)), 38ㄱ(乾闥婆 阿修羅 迦樓羅), 39ㄴ(乾闥婆 阿修羅 迦樓羅)/월석1-14ㄱㄴ(이상 乾達婆)/법언1-49ㄴ, 59ㄴ, 104ㄱ, 118ㄴ, 163ㄴ(모두 乾達婆)/남명상71ㄱ(乾達婆)〉

　　　 ■ 월곡L껀〈66ㄴ, 那乾訶羅國이 毒龍羅刹ᄋᆞᆯ 계워〉

[SK] L간, L건(訓蒙)

[광운] 山開1L寒見, L간(古寒切, 干소운, 字樣云本音虔今借爲乾濕字又姓出何氏
姓苑)

山開3L仙群, L건(渠焉切, 乾소운, 天也君也堅也)

[거요] L居寒切, 見母, 干자모운(燥也[字林云]本音虔…今借爲乾習字…)

L渠焉切, 群母, 鞬자모운(說文上出也…廣韻又君也堅也..)]

[역훈] L건, L견

『동국정운』음 중 'L간'과 'L껀'으로 나뉘어 문헌에 쓰이고 있다. 쓰이는
용례로 볼 때 '마르다, 건조하다(乾慧)'는 의미일 때는 'L건'으로, '乾達婆' 등
범어 음역어일 때에는 'L껀'으로 주음하였다. 이것은『광운』과『거요』의
자석(字釋)과도 대응할 뿐 아니라 현실음에서도 동일하다. 아래의 예는 'L
간'과 'L건'이 현실음에서도 의미의 차이에 따라 구분되어 쓰임을 보여
준다.

乾肉(간슉)으란 不齒決(블치결)ᄒ며 … ᄆᆞᄅᆞᆫ 고기란 니로 버혀 먹디 말며〈번
역소학4-26ㄴ, 27ㄱ〉
하늘 L건〈訓蒙〉

요컨대『동국정운』복수음은 문헌에서 파음자 용법에 따라 분화되고
있으며, 이는 전통적인 중국 운서는 물론 한국 현실음의 용법과도 대응한다.

(2) [便]

[동운] L뻔〈석상6-5ㄴ(衆生ᄋᆞᆯ 便安케 ᄒᆞ시ᄂᆞᆫ 거시어늘), 20ㄴ(便安)/석상9-5ㄴ
(便安)/석상13-20ㄴ(便安)/석상23-17ㄴ(便安)/훈언3ㄱ(便安)/월석
서25ㄱ(便安)/월석1-18ㄴ(便安)/법언1-6ㄱ(三界 便安티 몯호ᄆᆞᆯ 가

즐비시니), 58ㄱ(便安)/능활1-16ㄱ(便安)/남명상4ㄱ(便安)/남명하
14ㄴ(便安)〉

H뼌〈석상6-ㄱㄴ(目連이 種種方便으로다시곰 솔뱅도)/석상9-5ㄱ(無量
無邊知慧方便으로), 20ㄴ(種種方便으로), 29ㄱ(工巧ᄒ신方便과)/
석상13-38ㄱ(方便)/월석상13-2ㄱ(方便)/법언서-22ㄴ(方便門　여르
샤)/법언1-4ㄱ(方便)227ㄱ(方便力, 方便)/능활1-3ㄱ(方便)/남명상
17ㄴ(方便)/남명하7ㄴ(方便)/영험6ㄱ(方便)〉

- 월곡L뼌{1회}〈8ㄴ(便安)〉
- 월곡H뼌{1회}〈31ㄱ(方便)〉

[SK] L편L변R편R변H변

[광운] 房連切, 山唇3AL仙並(便辟也安也又姓…)/婢面切, 山唇3ALH線並(利也)

[거요] L毗連切, 並母, 鞭자모(說文安也…一曰便 便辟也…溲也…)

　　　H毗面切, 並母, 建자모운(安也…廣韻利也…)

[역훈] L뼌, H뼌

　‘便安’과 ‘方便’의 두 용례에 따라 철저히 구분된다.『석보상절』,『월인석
보』는 물론『월인천강지곡』에서도 동일하다. 이러한 용법은『광운』복수
음에 주기된 자석(字釋)의 차이에 대응하는 것으로 보인다. ‘便(평성), 安
也’, ‘便(거성), 利也’가 그것이다. 대표적인 파음자 용법이라고 할 수 있다.

(3) [難]

[동원] L난〈석상6-9ㄴ(阿難), 13ㄱ(즐겨 艱難ᄒ며)/석상9-26ㄱ(阿難), 33ㄱ(難
은 어려븐 이리라)/석상13-2ㄴ(難陁와 孫陁羅難陁)/석상23-3ㄴ(阿
難), 9ㄱ(難行苦行ᄒ야)/석상24-2ㄱ(阿難)/월석서23ㄱ(觀者ㅣ 猶難
於讀誦커니와)ㄴ(難은 어려볼씨라)/월석2-1ㄴ(難陁, 阿難)/법언1-20
ㄴ(阿難), 30ㄴ(難陁와　孫陁羅難陁와)/능활1-16ㄱ(阿難), 17ㄴ(阿

難)/영험11ㄱ(阿難), 12ㄱ(賊難과 兵難과 王難과 獄難과, 艱難호미)/

남명상54ㄴ(濟度호디 難히아니호몷도날곧ᄒ리라ᄒ시니)/남명하4

ㄴ(阿難)〉

H난(9회)〈석상23-12ㄴ(八塗法難이며)/법언1-32ㄴ(이대 難ᄋᆞᆯ 對答ᄒ고,

難ᄋᆞᆫ 힐훓씨라)/능활1-51ㄱ, 53ㄱ, 55ㄱㄴ, 64ㄱ(2, 이상 詰難)〉

L낭

R낭(上同 樓)

■ 월곡 L난(5회)〈14ㄴ(難陁調達ᄋᆞᆫ), 40ㄴ(阿難)〉

[SK] L난, R난, L란, R란

[광운] 那干切, 山開1L寒泥(難也不易稱也又木難珠名其色黃生東夷曹植樂府詩

曰…)

奴案切, 山開1H翰泥(患也)

[거요] L那干切,泥母,干자모운(說文鳥也…徐曰今假借爲難易之難廣韻不易之稱

也增韻又重大也又木難珠名色黃生東夷曹植詩云…)

L囊何切, 泥母, 歌자모운

(郶凶惡也周禮方相氏率百隷時難以索室驅疫通作儺 史記…)

H乃旦切, 泥母, 旰자모운(且也廣韻患也增韻阨也寇也憂也禮記臨難無苟

免

又[書]而難任人注拒也孟子禽獸又何難焉 注 責也)]

[역훈] L난, H난, L녀

‘難’은 대부분 평성으로 나타나지만 거성을 취하는 경우도 있다. 즉『법
화경언해』의 경우 ‘어렵다’는 의미로 쓰일 때에는 평성으로, ‘힐ᄒ다(詰難)’
의 의미로 쓰일 때에는 거성으로 나타나는 것이다. 이것이『광운』거성의
‘患’ 자석(字釋)와 대응하는지는 검토해 볼 수 있을 것이다.『한어대사전』
에 따르면 ‘患’의 새김 중에 ‘厭惡’가 있는데, ‘難’의 새김에도 역시 ‘厭惡’가 있
다. 이로 미루어 ‘難’을 거성으로 주음한 것은『광운』의 자석(字釋)까지 그

연원을 올라갈 수 있을 가능성이 있다.[149]

한편『석보상절』권23('八塗法難')의 경우도 의미의 차이에 따른 것인지는 논란이 될 수 있다. 다만 이 경우도『한어대사전』의 풀이를 참고하면 의미에 따른 성조 분화의 정칙(正則)대로 주음된 것이라 할 수 있다.[150]

요컨대『동국정운』'難'의 복수음은 그 의미의 차이에 따라 실제 문헌에서 평성과 거성으로 정연하게 구분되고 있다.

(4) [觀]

[동운] L관(44회)〈석상6-43ㄴ(十一面觀自在經), 44ㄱ(觀自在菩薩)/석상9-18ㄴ(觀自在菩薩)/석상13-5ㄱ(觀自在菩薩)/석상서33ㄴ(四門遊觀 逾城出家)/월석서23ㄱ(觀者ㅣ 猶難於讀誦커니와)/월석2-69ㄴ(五岳 十八山觀大山)/법서22ㄴ(觀音ㅅ조ᄎ 應ᄒᆞ샴과)/법언1-41ㄱ(觀世音菩薩), 84ㄱ(2, 觀諸法性들ᄒ 시혹 覺觀으로 道 求ᄒᆞ샤미오)/능활1-8ㄱ(金剛觀察)/영험1ㄱ(觀世音菩薩)/남명상15ㄱ(觀照로 힝뎍 닷그면)/남명하5ㄴ(趙州禪師 겨신 觀音院이)〉

H관(6회)〈월석2-49ㄱ(太史ᄂᆞᆫ 書雲觀 ᄀᆞᄐᆞᆫ 벼스리라)/법서22ㄱ(그 觀에 드로미 불고미 쵸 자ᄫᆞᆫ 듯다 ᄒᆞ니라)/법언1-84ㄱ(心無所着들ᄒ 敎觀을 여희시며), 149ㄱ(3:三觀,觀智,十如三觀ᄋᆞᆫ 보야ᄒᆞ로)〉

[SK] L관, H관(『훈몽』, 집 관), R관

[광운] 古丸切, 山合1L桓見(視也)

古玩切, 山合1H換見

(樓觀釋名曰觀者於上觀望也說文曰諦視也爾雅曰觀謂之闕亦姓…)

[거요] L沽歡切, 見母, 官자모운(視也 增韻 諦視也 穀梁傳曰常事曰視非常曰

---

149)『한어대사전』에서 '難'의 거성 용법으로 '責難, 詰問'도 제시하고 그 용례로『맹자(孟子)』를 제시하고 있다. 이는 위에서 보인『거요』의 자석(字釋) 끝부분의 '責也'와도 통한다.

150) 變亂.《左傳·文公二年》"吾與女爲難, 楊伯峻注" "難, 去聲"(『한어대사전』難2 條).

觀…)

H古玩切, 見母, 貫자모운(說文諦視也…爾雅曰觀謂之闕…廣韻樓觀…)

[역훈] L권, H권

‘觀’은 평성과 거성 모두 문헌음으로 나타난다. 그러나 그 용법이 분명한 차이가 있는 것인지는 판단하기 어렵다. 『광운』에서는 거성의 자석(字釋)이 ‘樓觀’ 즉 궁궐 앞부분의 높은 누각을 가리키는데,[151] 이것은 훈몽자회의 거성 條 자석(字釋)과도 통한다. 이 연구에서 확인한 문헌에서는 거성을 취한 용례가 분명히 ‘樓觀’의 의미로 쓰였기 때문이라고는 말하기 어렵다. ‘書雲觀’은 천문(天文)을 다루는 관직을 가리키는 것이고, ‘敎觀’, ‘三觀’ 등도 평성의 새김 즉 ‘視也’라는 의미와 구분된다고 말하기 곤란하다.

따라서 ‘觀’을 거성으로 주음한 것은 방점의 혼란으로 보인다.

(5) [斷]

[동원] R돤{16회} 〈월석서15ㄱ(決斷)/월석2-3ㄱ(斷結)/법언1-25ㄴ(知斷功德이사), 194ㄱ(決斷)/남상76ㄴ(斷見外道)/남명하40ㄱ(修行ᄒ리 斷常ㅅ 구데딜가저헤니), 47ㄱ(外道ㅣ斷에브트며常에븓고)〉

H돤{5회} 〈법언1-156ㄴ(決斷), 194ㄱ(決斷), 200ㄴ(決斷)/능활1-13ㄴ(決斷)〉

R똰{2회} 〈법언1-190ㄱ(斷見常見), 법언1-211ㄴ(若無는 斷見이니)〉

H똰

[SK] R단

[광운] 都管切, 山合1R緩端(斷絶)/徒管切, 山合1R緩定(絶也)

丁貫切, 山合1H換端(決斷)

---

151) 『한어대사전』에 따르면 『예기(禮記)』 정현주(鄭玄注)가 ‘觀 闕也’다.

240

[거요] R覩緩切, 端母, 管자모운(說文絶也 增韻截也…)

R杜管切, 定母, 管자모운(絶也)

H都玩切, 端母, 貫자모운(決斷)

H徒玩切, 定母, 貫자모운(說文截也…增韻 絶也)

[역훈] R둰, R뙨, H둰

'斷'은 현실음에서는 음이 한 가지이나 『동국정운』에서는 넷으로 나타 난다. 또 문헌에서는 세 음으로 주음하고 있다. 문헌의 음은 뚜렷이 그 규 준을 구분하기 어렵다. 일단 '決斷'의 용례가 'R둰, H둰'으로 혼기(混記)되고 있는데, 이것은 『광운』이나 『거요』에서는 거성(去聲)으로만 표시되고 있 는 것과 대조된다. 동국정운 문헌음의 분포가 자석(字釋)의 차이에 따랐다 고 말하기 곤란한 것이다.

출현 빈도로 보건대 '決斷'의 주음에서 『법화경언해』가 다른 문헌과 달 리 주로 거성에 'ㄷ' 성모(中古 旦暮)를 취하고 있다고 지적할 수 있다. 같은 『법화경언해』에서 'R둰'으로 1회 출현한 것은 편찬자의 오류로 보인다. 이 것이 194면에 나온다는 점이 이러한 추론을 뒷받침한다. 같은 면에 'H둰' 이 나오기 때문이다.

『법화경언해』 한자음의 또 한 가지 특색은 'R뙨'이라는 주음도 출현한 다는 것이다. 그 용례가 '斷見'이었다는 점에 주목할 만하다. 『법화경언해』 의 편찬자가 '斷'의 용례에 따라서 'R둰(知斷功德), H둰(決斷), R뙨(斷見)'으 로 구분하였다고 생각할 수 있는 것이다. 다만 'R둰(決斷)'이라는 주음 1회 는 오류가 된다. 그렇지만 이렇게 구분한 것이 어디서 근거하였는지는 아 직 파악하기 어렵다. 『광운』에서도 자석(字釋)의 차이가 있긴 하지만 그 의미 차이가 분명하지는 않다. 『광운』 상성 定母의 자석(字釋)인 '斷絶'과 상성의 자석(字釋) '絶也'의 차이가 무엇인지 좀 더 연구해야 하기 때문 이다.

(6) [先]

[동원] L션{11회}〈석19-25ㄱ(先佛ㅅ經中에 니ᄅ샨 배리라)/월석서15ㄴ(先考
所製시니, 先은 몬제오)/능활1-14ㄴ(先後 一定호미 올티 몯ᄒ니라),
娑毗迦羅先梵天呪로/영험16ㄱ(先世)〉

R션

H션{1회}〈법언1-198ㄱ(欲性과 先世옛 善惡業을)〉

[SK] L션

[광운] 蘇前切, 山開4L先心(先後也又姓…) / 蘇佃切, 山開4H霰心(先後猶娣姒又
姓…)

[거요] L蕭前切, 心母, 堅자모운([說文]前進也…徐曰之往也…一曰始也故也又姓
…)

R穌典切, 心母, 繭자모운(前也…)

H先見切, 心母, 見자모운

(相導前後曰先之也又先事而爲曰先…[廣韻]又娣姒曰先後…)

[역훈] L션, R션, H션

『광운』의 자석(字釋)에 기대면 평성은 '앞뒤'를 나타내는 일반적인 쓰임
이며, 거성으로 쓰일 때에는 '여자 동기의 손위와 손아래를 부르는 말'이라
풀이할 수 있다.[152] 그러나 동국정운 복수음 중『법화경언해』에 1회 나타
난 거성은 그러한 의미로 보기 어렵다. 이것은 의미의 차이에 따른 파음자
용법이라 할 수 없다. 현재까지의 연구로는『법화경언해』의 오류로 볼 수
있을 것이다.

---

152)『거요』의 자석(字釋)이 이를 뒷받침해 줌.

(7) [傳]

      L뒨{58회}〈법언서6ㄱ(洪은 너필 씨오 傳은 옮길 씨라), 7ㄴ(東으로 震旦
애 傳컨디 삼백 나ᄆᆞᆫ ᄒᆡ니)/법언1-100ㄴ(妙法의 傳持ᄒᆞ야), 113ㄱ(傳
ᄒᆞ야)/능활1-30ㄴ(傳ᄒᆞ욘 幻呪ㅣ 일후미 先梵天이니)/영험12ㄴ(呪
心을傳ᄒᆞ샤)/남명서1ㄱ(法傳ᄒᆞ시논바ᄂᆞᆫ)/남상1ㄱ(各別히 傳ᄒᆞ샨 ᄒᆞᆫ
가짓 佛法법이라)/남명하7ㄱ(일즉 消息식을 傳ᄒᆞ야)〉

      H뒨{3회}〈법언1-9ㄱ(傳記, 傳은 經通호ᄆᆞ로 뜯삼논디라)〉

        ■ 월곡L뒨〈15ㄴ(永世를 流傳ᄒᆞᅀᆞᇦ니)〉

[SK] L뎐, R뎐, H뎐

[광운] 直攣切, 山合3L仙澄(轉也)

      直戀切, 山合3H線澄(訓也釋名曰傳傳也以傳示後人也)

      知戀切, 山合3L線知(郵馬釋名曰傳傳也人所止息於後人復來軌轉相傳無
常人也)

[거요] L重緣切, 澄母, 涓자모운(說文遞也古謂奉使傳驛馬爲傳遞大夫稱傳遞之
臣…一曰轉也…)

      H株戀切, 知母, 睊자모운

        (驛遞也釋名傳傳也人所止息去於後人不來軌轉相傳無常人也…廣韻又
郵馬…)

      H柱戀切, 澄母, 睊자모운(訓也釋名云傳也所以傳示人春秋三傳…)

　‘傳’은 동국정운에서 복수음 셋으로 나타나는데 문헌에서는 『법화경언
해』 한 면(권1-9ㄱ)을 제외하면 모두 한 음(평성, 澄母[153])으로 주음되었
다. 'H뒨(법언1-9ㄱ)'으로 쓰인 것은 ‘傳記’의 주음인데, 자석(字釋)를 참고

---

153) 동국정운 성모로는 땀모(覃母 ㄸ).

하면『광운』의 거성 징모(澄母) 혹은『거요』의 거성 징모(澄母)와 대응한
다. 의미의 차이에 따라 주음을 달리한 것이다.

　그런데『광운』의 평성 징모(澄母)에 주기된 자석(字釋)인 "轉也"가 문헌
음 절대다수의 용례와 통하는지는 더 검토할 필요가 있다. 우선『한어대
사전』에 따르면 '轉'은 "飜轉, 移動, 轉運, 變化"의 뜻을 가지는데. 이것은 "傳
은 옮길 씨라(법언서6ㄱ)"의 용례와 잘 대응한다고 볼 수 있다. 다만 나머
지 용례들은 대부분 '傳하다, 傳受하다'의 뜻인데 이것은『광운』평성 澄母
의 자석(字釋)보다는 오히려 평성 지모(知母)나 거성 징모(澄母)의 자석(字
釋)에 가깝다고 여겨진다. 덧붙여『광운』이나『거요』에서는 '驛馬, 遞'의 의
미가 복수음 여럿에 걸쳐 혼재되어 있다는 점도 특이하다. 중국어에서는
'傳'의 의미 분화가 분명하지 않은 점이 있지만, 적어도 이 연구가 조사한
문헌음에서는『법화경언해』한 곳이 의미의 차이(傳記)를 구분하여 달리
주음되었다는 점만은 분명한 것이다. 이것을 한국 문헌 고유의 파음자 용
법이라 할 수 있을지, 아니면『법화경언해』편찬자만의 특색인지는 속단
하지 않기로 한다.

　(8) [轉]

　　　[동원] R뒴{43회}〈석상6-18ㄱ(梵天이 轉法ᄒ쇼셔), 23ㄱ(轉輪王)/석상9-2ㄱ(像
　　　　　法이 轉홀 時節에)/석상13-13ㄱ(轉輪聖王), 58ㄱ(轉法)/석상서3ㄴ
　　　　　(鹿苑轉法　雙林涅槃이라)/월석서10ㄴ(薦拔이　無如轉經이니)/월석
　　　　　1-19ㄴ(轉輪王, 轉은 그울씨오 輪은 술위뻐니 轉輪은 술위를 그우릴
　　　　　씨니)/월석2-3ㄴ(轉輪聖王)/법언1-57ㄴ(成道ᄒ실쩍과　轉法輪ᄒ실
　　　　　쩍과), 93ㄱ(ᄀ듸업시 轉ᄒ실씨오), 104ㄱ(轉輪聖王)/능활1-3ㄴ(곧
　　　　　藥王 轉ᄒ샨 法輪에, 轉은 옮길씨오)/영험11ㄴ(法輪을 轉ᄒ시며)〉
　　　H뒴{9회}〈석상9-2ㄱ(像法이 轉할 時節에), 20ㄴ(像法 轉홀 時節에)/석
　　　　　상13-32ㄱ(轉輪聖王)/석상19-6ㄱ(轉輪王)/석상23-7ㄱ(轉輪王)〉

■ 월곡H뒨{1회} 〈34ㄴ(法을 轉ᄒ샤뒤)〉

[SK] R뎐, H뎐

[광운] 陟兗切, 山合3R獮知, R뎐(動也, 運也)/知戀切, 山合3H線知(流轉也)

[거요] R柱兗切, 澄母, 畎자모운(輾轉反側也[廣韻]動也運也[增韻]又旋也自運也
…)

H柱戀切, 澄母, 睭자모운

([說文]運也…[廣韻]流轉[增韻]又選轉又車上衣裝曰轉…)

[역훈] R쿼, H쿼

‘轉’은 동국정운에서 복수음 둘을 가지는데 문헌에도 두 음으로 갈려 나타난다. 그러나 그 음의 구분이 어떤 의미나 기능 차이에 의한 것인지 판단하기 어렵다. 소수의 용례인 거성(H뒨)이 ‘법을 전하다’는 의미나 ‘轉輪王’의 주음에 쓰이긴 했지만, 이것은 다수의 용례인 상성(R뒨)에도 중복되어 나타나고 있다.

참고로 『광운』의 복수음은 의미의 구분을 비교적 명확히 하고 있는데, 이 연구에서 확인한 우리 문헌에서는 그 구분이 반영되어 있지 않다. 『광운』 상성 음의 자석(字釋)(動也, 運也)에 해당하는 용례가 상성과 거성으로 혼재하여 나타내고 있기 때문이다.

따라서 ‘轉’의 문헌음은 방점의 혼란을 보인 것이라고 풀이할 수밖에 없다. 특히 ‘H뒨’이 『월인천강지곡』은 물론 『석보상절』에도 나타나고 있음을 주목할 필요가 있다. 『석보상절』(권6, 9, 13, 19)은 음의 교정 작업에 각별히 주의를 기울인 문헌이지만 ‘轉’의 주음에는 이러한 혼동을 보인 것이다. 덧붙여 『월인석보』에서는 문헌음이 단일하게 나타났다는 점도 중요하다. 『월인석보』에서는 이전 문헌에서 보인 방점의 혼동을 모두 바로잡았다고 풀이할 수 있다. 『월인석보』가 한자음을 충실히 주음한 문헌임을 다시 한 번 확인할 수 있다.

(9) [散]

[동원] L산

    R산〈능활1-40ㄱ(土木과 空散과를 더니)〉

    H산〈영험13ㄴ(衆生이 散亂ᄒᆞᄆᆞᆺ매)/남명상52ㄴ(이 散亂과 無記왜라)/남명하14ㄴ(虛空은 쟜간도 離散ᄒᆞ며)〉

[SK] R산, H산, H솬

[광운] 蘇旱切, 山開1R旱心(分離也布也[說文]作橵分離也散雜肉也今通作散)

    蘇旰切, 山開1H翰心

    (散誕[說文]作橵分離也又作橵雜離也今通作散又姓史記文王四友散宣生)

[거요] L相干切, 心母, 干자모운(闌散也又琴曲廣陵散又白居易詩…)

    R蘇旱切, 心母, 笴자모운(說文本作散雜肉也…[廣韻]散誕也

    [增韻]疏離也不聚又穴散閑散又莊子…又姓文王四友…)

    H先旰切, 心母, 旰자모운([說文]雜肉也本作散…[廣韻]又分離也布也又飲器

    [禮記]賤也獻以散注鄭玄曰五升曰散孔曰散訕也…)

[역훈] L산, R산, H산

'散'은 『동국정운』에는 복수음 셋(平上去)으로 나타나는데 문헌에서는 상성과 거성이 보인다. 『광운』 역시 복수음을 가지는데 상성과 거성이며, 『거요』는 평성이 늘어났다. 그러나 『광운』과 『거요』 모두 복수 독음의 자석(字釋)에 큰 차이가 없이 '흩어진다(分離, 闌散)'는 뜻이 중복되어 나타난다.

따라서 이 연구에서 추출한 문헌 복수음의 의미 차이를 이들 운서에서 찾기는 어렵다. 다만 문헌 복수음 중 소수음인 'R산'의 용례인 '空散(『능횔』)'이 구체명사로 쓰인 것으로 볼 때,[154] '허공' 정도의 뜻으로 쓰였다고 풀이할 수 있을 것이다. 그렇다면 명사(R산)와 동사(H산)의 차이로 설명할 수

246

있을 것이다. 그러나 '空散'의 의미를 좀 더 조사할 필요가 있기 때문에 현재로서는 파음자 용법이라 단정하지 않는다.

8) 효섭(效攝)

효섭(效攝)에서는 '勞'가 문헌 속 복수음으로 나타나는데, '慰勞'의 의미로 쓰일 때에는 대체로 거성으로 주음하되, '勞苦'의 의미로는 평성으로 주음하였다. 인명으로 쓰인 '勞度差'도 평성으로 주음하였는데, 이 역시 '勞苦'의 의미로 풀이해도 큰 문제는 없을 것이다. 한 가지 특이한 것은 『월인천강지곡』의 경우 '慰勞'의 뜻으로 쓰인 경우에도 거성으로 주음하였다는 사실이다. 이것은 단 1회 출현하는 것으로 보아 『월인천강지곡』 편찬자 혹은 판각자가 오류를 범한 결과라고 풀이한다.

[勞]

[동원] L롱{12회}〈석상6-31ㄱ(弟子 勞度差ㅣ 幻術을 잘 ᄒ더니)ㄴ(舍利弗이 이
　　긔여 다 勞度差ㅣ 坐 呪ᄒ야), 32ㄱ(勞度差ㅣ 坐 ᄒᆫ 龍을 지스니)ㄴ
　　(2, 勞度差155))/법언1-93ㄴ(塵勞에 이대 드르샤), 95ㄴ(三世塵勞安
　　念이)/능활1-38ㄴ(3, 塵勞降伏, 侵勞)/남명하71ㄱ(塵勞)ㄴ(塵勞)〉
[동원] H롱{6회}〈석상23-21ㄱ(慰勞)/법언1-123ㄴ, 124ㄴ, 236ㄴ, 238ㄱ, 246ㄴ
　　(이상 慰勞)〉
　■ 월곡H롱{4회}〈48ㄱ(慰勞), 58ㄱ, 59ㄴ, 61ㄴ(이상 勞度差)〉
[SK] L로, H로

---

154) 문맥으로 보아 '空散'은 '하늘, 허공' 등을 가리킨다고 생각된다.
155) 이상 'L롱'에서 교정함.

‘勞’는『광운』및『거요』에서도 복수음으로 수록되었는데, 그 의미는 ‘慰勞’의 의미일 경우 거성으로 읽히도록 분화하였다.

[광운] 魯刀切, 效中1L豪來, L로(倦也勤也病也又姓…)

　　　郎到切, 效中1H號來(勞慰)

[거요] L郎刀切, 來母, 高자모운([說文]劇也…用力也…)

　　　H郎到切, 來母, 誥자모운(慰也[廣韻]勞慰也…)

　　요컨대 ‘勞’의 문헌음은 의미의 차이에 따른 파음자 용법에 충실하게 주음되었다. 다만『월인천강지곡』이 ‘慰勞’가 아닌 경우 즉 인명(人名) ‘勞度差’로 쓰일 때에도 주음한 예가 3회 보인 것이 주목할 만하다.『월인천강지곡』은 파음자 용법을 무시하고 주음하였다고 생각된다.

9) 과섭(果攝)

여기서 다룰 것은 ‘坐’가 있다.

[坐]

[동원] R쫭{7회}〈월석1-5ㄴ(2, 坐禪ᄒ시다가, 坐禪은)/법언1-55ㄱ(3, 結跏趺坐ᄒ샤, 坐ᄂᆞᆫ 안줄씨니 結跏趺坐ᄂᆞᆫ), 103ㄴ(結跏趺坐ᄒ샤)/남명하4ㄱ(靈山애 坐애 據ᄒ샤)ㄴ(坐애 據ᄒ시다 모든)〉

[동원] H쫭{4회}〈석상13-12ㄱ(結跏趺坐ᄒ샤), 31ㄱ(結跏趺坐ᄒ샤)/석상24-15ㄱ(坐禪호ᄃᆡ)/능활1-32ㄱ(結跏趺坐ᄒ샤)〉

　■ 월곡H쫘(2회)〈상-31ㄴ(坐禪ᄒ시다가), 71ㄱ(坐禪은 안자이셔 기픈 道理ᄉ랑 홀씨라)〉

[SK] R좌, R자

[광운] 徂果切, 果合1R果從([釋名]曰坐挫也骨節挫屈也)

徂臥切, 果合1H過從(被罪)

[거요] R徂果切, 從母, 果자모운([說文]㘴, 止也…[釋名]挫也骨節挫屈也…)

H徂臥切, 從母, 過자모운([說文]㘴, 止也…行所止處也…[廣韻]又被罪也

…)

염재웅(2013:21-24)에 따르면 '坐'는 中古 한어 운서와 자서에서 상성과 거성, 두 독음을 가지는데, 상성은 동사(앉다)로 쓰이고 거성(자리, 좌석)은 명사로 쓰인다.

본 연구에서 확인한 문헌음에서도 '坐'는 상성과 거성으로 분포하지만 그 용례가 과연 中古 한어 시기와 일치하는지는 의문이 든다. 모두 '坐禪, 結跏趺坐'의 용례로 쓰였지만 이들 용례는 모두 동사라고 할 수 있으므로 中古 한어의 구분과는 대응하지 않기 때문이다. 적어도 이들 문헌에서 '坐'는 의미 차이에 따른 구분이라 할 수 없다.

흥미로운 점은 『석보상절』, 『월인천강지곡』, 『능엄경언해』가 모두 거성을 취했다는 사실이다.

10) 류섭(流攝)

류섭(流攝)에 속하는 한자 중 여기서 다룰 것은 '授'가 있다. '授'의 주음 중 'H쓩'는 불일치음에서 다룬 바 있다. 여기서는 나머지 주음, 즉 『동국정운』 복수음(R쓩, H쓩)의 문헌 속 양상을 중심으로 살펴본다.

[授]

[동운] R쓩〈남명상54ㄴ(授記)/남명하22ㄴ(授記), 25ㄱ(傳授)〉

H쓩〈석상6-46ㄴ(그리 다 모다 부텻 敎授 듣ᄌᆞᄫᅡ)/석상13-25ㄴ(授記를

호려 ᄒᆞ시ᄂᆞᆫ가), 34ㄴ(授記)/석19-30ㄴ(授記)/석상24-33ㄱ(授記)/
월석1-4ㄱㄴ, 16ㄱ(이상 授記)/월석2-9ㄱ(授記)/법언1-6ㄴ(五百弟
子授記品中에), 88ㄴ, 110ㄴ, 125ㄴ, 199ㄴ(이상 授記)/능활1-14ㄴ
(4), 15ㄱ(이상 授記)〉

■ 월곡H쓩〈상-3ㄴ(授記), 64ㄱ(授記)〉

[SK] H슈

[불일치ᄋᆞᆷ] H슝〈영험-11ㄴ〉

[광운] 承呪切, 流中3H有禪(付也又姓出河氏姓苑)

[거요] R是酉切, 禪母, 九자모운([說文]予也…[增韻]付也)

　H承呪切, 禪母, 救자모운([說文]予也…[廣韻]付也又姓出河氏姓苑…)

‘授’는 대부분 ‘授記ᄒᆞ다’를 용례로 쓰였으며 그밖에 ‘傳授ᄒᆞ다(남명하25
ㄱ)’로도 쓰였다. ‘授’의 독음은 『광운』에서는 거성뿐이며, 『거요』에서 상
성이 늘기는 했지만 그 의미는 동일하기 때문에 동의이음자(同義異音字)
라 하기 어려움을 알 수 있다.

『동국정운』 수록 복수음은 『거요』의 복수음과 대응하는데, 문헌 속 복
수음은 유독 『남명집언해』가 상성을 취했기 때문에 생겨난 것이다. 그런데
『남명집언해』의 용례는 ‘授記, 傳受’로서 다른 문헌의 경우와 다르지 않다.

따라서 ‘授’의 문헌 속 복수음은 『남명집언해』라는 문헌의 특수성으로
이해하고자 한다.

11) 탕섭(宕攝)

탕섭(宕攝)에 속하는 字 중에서 『동국정운』 복수음이 실제 문헌에서도
복수로 주음된 것은 ‘將’, ‘長’, ‘相’이 있다.

(1) [將]

[동운] L장(上同 戕)

　　L쟝{3회}〈남명하68ㄴ(3, 모두 將軍)〉

　　L챵

　　R쟝(上同 獎)

　　H쟝{19회}〈석상9-38ㄴ(6, 열 두 夜叉大將이 모든 座애 잇더니, 大將은
　　　　큰 將軍이라), 39ㄱ(10), 40ㄴ(이상 大將)/월석2-16ㄴ(將軍)/능활1-4
　　　　ㄱ(大將의 여러 가지 兵馬ㅅ 힘 아로미 곧ᄒ니라)〉

[SK] L쟝, R쟝, H쟝

[광운] 卽良切, 宕開3AL陽精(送也行也大也助也辭也姓…)/子亮切, 宕開3AH漾
　　　精(將帥)

[거요] L資良切, 精母, 莊자모운

　　　(說文本將帥字注見漾韻將字一曰有漸之辭…又送也…又領也廣韻又助
　　　也…)

　　　L千羊切, 淸母, 莊자모운(請也…)

　　　H卽亮切, 精母, 誑자모운(…帥也[廣韻]將帥[增韻]將之也…)

　　‘將’은『동국정운』에서 상동(上同) 音을 포함하여 5개의 독음이 있으며,
문헌에서는 두 개의 음으로 나타난다. 그런데 문헌 복수음은 의미로 뚜렷
이 구분이 되지 않는데, 모두 ‘將帥, 將軍’의 용례로 나타나면서도 유독『남
명집언해』에서만 주음이 달리 나타나고 있다(L쟝).『남명집언해』의 주음
은 자의(字義)의 측면에서는『광운』이나『거요』와 대응하지 않는다. 모두
‘將軍’을 용례로 쓰인 것인데 中古 운서인『광운』이나 근고 운서인『거요』
에 따르면 이러한 의미로 쓰일 때에는 거성이 되어야 하는 것이다. ‘L쟝’은
『남명집언해』에서만 나타나는 특수한 주음이다.

(2) [長]

‘長’은 중국어에서도 의미의 차이가 나타나는 다음자(多音字)다. 편의상 『광운』과 『거요』의 음 정보와 자석(字釋)을 먼저 보인다.

> [광운] 直良切, 宕開3L陽澄(久也, 遠也, 常也, 永也)
>
> 知丈切, 宕開(R養知(大也又漢複姓…)
>
> 直亮切, 宕開3H漾澄(多也)
>
> [거요] L仲良切, 澄母, 岡자모운([說文]久遠也…)
>
> R展兩切, 知母, 旎자모운(孟也凡齒高位尊曰長…[廣韻]又大也…)
>
> H直亮切, 澄母, 鋼자모운(度長矩曰長…[廣韻]多也穴也剩也…)

『광운』에 따르면 ‘멀다, 오래가다, 지속하다’의 뜻은 평성으로, ‘크다’는 의미로는 상성으로, ‘많다’는 뜻은 거성으로 읽혔음을 알 수 있다.

『동국정운』에서도 ‘長’은 복수음 셋으로 수록되었는데, 실제 문헌에서 는 두 음으로 주음되고 있다.

> [동운] L땽(32회)〈석상6-44ㄱ(須達이 長常 그리ᅀᆞᄫᆞ)/석상9-15ㄴ(長常), 16ㄴ,
> 23ㄴ, 29ㄴ, 34ㄴ(長壽ᄒ고)/석상13-38ㄱ(長常)/석상19-11ㄴ(長常),
> 38ㄴ, 39ㄱ(이상 廣長舌)/석상23-8ㄱ(비록 涅槃ᄒ야도 舍利 長常이
> 셔), 28ㄱ(無量劫으로셔 長常 母子ㅣ ᄃᆞ외야 오다니)/석상24-42ㄴ(長
> 常 쌀아 잇더라)/월석서3ㄱ(恒은長常이오), 3ㄴ(長常業報애 미여, 長
> 夜ᄂᆞᆫ 긴 바미라)/월석1-12ㄴ(長常땅썅 주그락살락ᄒ야)/월석2-15ㄴ
> (長常), 56ㄱ(2, 長常)/법언서-8ㄴ(長安)/법언1-122ㄴ(長行이 略ᄒ
> 면, 長行이 仔細ᄒ면), 151ㄴ(長行)/능활1-13ㄴ(長水璿師, 長慶山獻
> 師), 79ㄱ(長跪合掌)ㄴ(長跪)/남명상28ㄱ(長安)〉
>
> H땽

　　　　R댱{22회}〈석상6-13ㄴ, 14ㄴ, 26ㄱ, 44ㄱ(師羅長者ㅣ 킈셕자히러니)/석
　　　　　상13-6ㄱ(增長天王)/석상24-33ㄱ(長者), 36ㄱ(長者), 45ㄱ(給孤長子
　　　　　ㅣ 쫀리 부텨와比丘들 홀請하사바)/월석서13ㄴ(長嗣ㅣ 夭亡ᄒ니),
　　　　　14ㄱ(長ᄋᆫ 무디오)/월석1-19ㄱ, 30ㄴ(2, 이상 增長天王), 41ㄱ(長
　　　　　生)/월석2-4ㄴ(鼓摩王ㄱ 위두ᄒᆫ 夫人ㅅ아들 長生이 사오납고), 23ㄱ
　　　　　(3, 長者), 44ㄱ, 46ㄱ(이상 長者)/능활1-26ㄱ, 31ㄴ(이상長者)/남명
　　　　　상34ㄴ(長蘆ㅣ 니르샤디), 35ㄴ(2, 長蘆ㅣ 니르샤디, 長蘆ㅣ 니르샨)〉
　　　　■ 월곡R댱{4회}〈4ㄴ(長生), 9ㄴ, 23ㄴ, 62ㄱ(이상 長者)〉
　[SK] L댱, R댱, H댱

　　용례를 살펴보면 '맏(孟)'의 의미로 뜨인 것은 상성으로, 나머지는 평성
으로 주음되었다. 거성은 『광운』과 『거요』에 의하면 '많다(多也)'의 의미
로 쓰이는데, 이 연구에서 조사한 문헌음에서는 그러한 용례가 없기 때문
에, 문헌의 편찬자들이 거성음까지 구분하였던 것인지는 아직 분명하지
않다.
　　적어도 현재 파악된 문헌음의 양상은 문헌의 편찬자들이 '長'의 주음을
파음자 용법에 충실하게 실행하였다고 할 수 있다.

　(3) [相

　[동원] L상{5회}〈훈언1ㄴ(不相流通)/법언1-10ㄱ(相考)/능활1-18ㄴ(相考), 24ㄱ
　　　　　(相考)/남명하65ㄱ(一句에相應티 몯 ᄒ릴시니)〉
　　　　H상156)〈석상6-12ㄱ(三十二相이, 제 겨집 됴ᄒᆫ 相이 굿고)/석상9-4ㄱ(三
　　　　　十二相 八十種好로), 24ㄱ(사르미 모딘 쭈믈 어더 구즌 相ᄋᆯ 보거
　　　　　나), 34ㄴ(大臣이며 宰相이며, 相ᄋᆫ 도볼 씨니)/석상13-13ㄱ(부톄 眉

---

156) 'H상'으로 주음된 예가 많아 출현 횟수는 생략함.

間 白毫相앳 光名을 펴샤), 14ㄱ(種種 相貌로, 相貌ᄂᆞᆫ 양ᄌᆡ라)/석19-7ㄴ(一切 믜본 相이 업서, 사ᄅᆞ믜 相이 ᄀᆞᆺ고)/석상23-9ㄴ(三十二相 八十種好ㅣ ᄀᆞᄌᆞ)/석상24-2ㄴ(부텻 陰藏相 보ᄉᆞᆸ긔 호미오)/석서3ㄱ(八相)/월석서1ㄴ(色相), 24ㄱㄴ(宰相)/월석1-18ㄱ(因緣은 네 쟝ᄎ 부텨 ᄃᆞ욇 相이로다)/월석2-10ㄱ(微妙ᄒᆞᆫ 相好 일우샴 닷ᄀᆞ샤몰, 相好ᄂᆞᆫ 양ᄌᆞ 됴ᄒᆞᆫ샤미라)/법언서21ㄱ(實相ᄋᆞᆯ 뵈시니), 22ㄱ(名相ᄋᆞᆯ아ᄉᆞ며, 相ᄋᆞᆫ 얼구리라)ㄴ/법언1-3ㄱ(實相 妙法을)/능활1-3ㄴ(다ᄋᆞᆫ 相이 업슬씨, 健相ᄋᆞᆫ 健壯ᄒᆞᆫ 相이오)/영험9ㄴ(三十二相과)/남명서1ㄴ(相)/남명상7ㄱ(實相, 相, 體相)ㄴ(實相, 名相)/남명하3ㄴ(亂相), 10ㄴ(色相)28ㄴ(名相)〉

- ■월곡H샹〈11ㄱ(瑞相)ㄴ(뫼호ᄒᆞᆫ 相師 보ᄉᆞᆸ고), 29ㄴ(샷 相이 드러치니)〉

[SK] L샹, R샹, H샹

[광운] 息良切, 宕開3L陽心(共供也瞻時也…)/息亮切, 宕開3H漾心(視也助也扶也…)

[거요] L思將切, 心母, 江자모운([說文]省視也…又共也又質也…)

H息亮切, 心母, 綱자모운(視也助也[廣韻]又扶也[增韻]又儐也導也…)

‘相'은『동국정운』에 평성과 거성이 수록되어 있으며 문헌에서도 모두 나타난다. 평성의 용례는 ‘서로'라는 의미로 쓰인 것이고 거성의 용례는 모두 ‘相貌, 宰相' 등의 의미로 쓰인 것이다. ‘相'이 문헌에 출현한 횟수는 매우 많지만 단 한 곳도 어긋남 없이 의미에 따라 독음을 구분하고 있다.

이렇게 문헌에 나타난 ‘相'의 용법은『광운』과『거요』복수음의 자석(字釋)와도 잘 대응한다.『한어대사전』에 따르면 독음의 이런 분화는 중고음 시기 이전부터 존재했던 것으로 보인다. 아래는『한어대사전』의 풀이 중 일부를 보인 것이다.

相1(平聲)(1)交互; 互相; 共同.《易·同人》:"大師相遇, 言相克也."《史記·廉頗
　　藺相如列傳》"臣以爲布衣之交尙不相欺, 況大國乎"(2)遞相, 先後.《史
　　記·魏其武安侯列傳》:"天下者, 高祖天下; 父子相傳, 此漢之約也(後略).
相2(去聲)(1)看, 觀察.《書·無逸》:"相小人, 厥父母勤勞稼穡, 厥子乃不知稼穡
　　之艱難."(中略) (6)古官名. 百官之長. 後通稱宰相(後略).

평성은 '交互', 거성은 '觀, 官名'이라는 점에서『광운』,『거요』와 궤를 같
이 하며, 동국정운 문헌음과도 같은 양상이다. 요컨대 '相'의 동국정운 문
헌 속 복수음은 전통적인 파음자 용법을 철저히 따른 것이라 보인다.

12) 경섭(梗攝)

경섭(梗攝)에서는 '更, 行'이 문헌 속 복수음으로 나타난다.

(1) [更]

　　[동원] L깅〈남상60ㄱ(나지 三更이오, 三更과 半夜왜), 77ㄴ(三更)/남명하22ㄴ
　　　　(들기 五更을 向ᄒ야 우ᄂ다)〉
　　　　H깅〈월석서18ㄴ(隳括更添於新編ᄒ야), 19ㄱ(更은 다시 홀씨오)〉
　　[SK] L경, L깅, R깅
　　[광운] 古行切, 梗開2L庚見(代也償也改也) /古孟切, 梗開2H映見(易也改也)
　　[거요] L居行切, 見母, 經자모운(改也一曰歷也…)
　　　　H居孟切, 見母, 勁자모운([설문]개야…[增韻]再也…)

'更'은『동국정운』에 수록된 평성과 거성이 모두 문헌에서 나타나는데,
평성은 시각을 나타내는 단위로 쓰였으며, 거성은 '다시'의 의미로 쓰였다.
이 역시 파음자 용법이라 할 수 있다.『광운』이나『거요』에서는 '改也'가 평

성과 거성에 모두 나타나는 등 자석(字釋)만으로는 의미 상의 분화를 짐작하기 쉽지 않다. 그러나『송서(宋書)』에서 시간을 나타내는 양사(量詞)로서의 용법을 찾을 수 있으므로 중국어에도 이미 그러한 의미 분화가 있었음을 알 수 있다. 다음의『한어대사전』풀이와 그 용례다.

> 更: 量詞. 夜間計時的單位 一夜分爲五更. 每更約兩小時.『宋書·律曆志中』:"到十五日四更二唱丑初始蝕, 到四唱蝕旣." 唐王度《古鏡記》:"至一更，聽之. 言笑自然."

(2) [行]

'行'은 중국음에서든 한국 현실음에서든 대표적인 다음자로 꼽힌다. 대체로 경섭(梗攝) 음을 취할 때에는 '행동, 행적, 행하다' 등의 의미로 쓰이고, 탕섭(宕攝) 음으로 읽힐 때에는 '열(列), 순서' 등의 뜻으로 쓰인다. 논의의 편의를 위하여『광운』,『거요』의 음 정보와 자석(字釋), 현실한자음을 먼저 보인다.

> [광운] 戶庚切, 梗開2L庚匣(行步也適也往也去也又姓⋯)
>
>   下更切, 梗開2H映匣(景迹又事也言也)
>
>   胡郎切, 宕開1L唐匣(伍也列也)/下郎切, 宕開1H宕匣(次第)
>
> [거요] L寒剛切, 合母, 岡자모운(列行)
>
>   L何庚切, 匣母, 行자모운([說文]人之步趨也⋯[廣韻]又適也往也去也[增韻]又用也又路也⋯)
>
>   R下耿切, 匣母, 杏자모운(覽察巡視也[禮記]月令巡行縣鄙)
>
>   H合浪切, 合母, 鋼자모운(次也一曰行行剛健貌又輩行也⋯)
>
>   H下孟切, 匣母, 行자모운([說文]言迹也⋯[廣韻]行迹又事也[增韻]言行又巡視也⋯

[禮記]月令巡行縣鄙[漢書]安行行部)

[SK] L힝, R힝, H힝, L항, R항

위의 내역에 따르면 확실히『광운』은 세 음의 의미 차이가 뚜렷하며,『거요』역시 이를 반영하되 상성음이 새로 생겨 '巡視'의 의미가 분화되었음을 알 수 있다.『광운』을 중심으로 살펴보면, '行하다'를 기본 의미로 하는 평성음은 동사적 용법의 독음이라고 할 수 있으며, '행적, 일' 정도의 의미로 새길 수 있는 거성음은 명사적 용법의 독음으로 보인다.

한편『동국정운』은 '行'의 복수음 다섯을 수록하고 있는데, 문헌에서는 넷(L헹, R헹, H헹, L향)이 주음되었다. 이중 'L향'은 '列, 伍'의 뜻이 분명하지만, 'L헹, R헹, H헹'은 의미의 차이가 어떠한지 파악이 쉽지 않다. 아래에 모든 용례를 제시한다.[157]

[동원] L헹〈석상6-8ㄴ(劫劫에 發願行ᄒᆞ노라)/석상9-2ㄱ(法이 처엄 盛히 行ᄒᆞ야), 3ㄴ(菩薩ㅅ道理行ᄒᆞ실 쩌긔), 5ㄴ(道理行ᄒᆞ리 잇거든, 聲聞辟支佛乘을 行ᄒᆞᆯ 사ᄅᆞ미 잇거든), 6ㄱ(法中에 修行ᄒᆞ리 잇거든,[158] 됴ᄒᆞᆫ 이ᄅᆞᆯ 行ᄒᆞᆯ 씨오, 修行ᄒᆞ시논즈릃길히라[159]), 10ㄱ(藥師瑠璃光如菩薩ㅅ 道理行 ᄒᆞ실 쩌긔), 15ㄱ(漸漸修行ᄒᆞ야[160])), 21ㄴ(이 經 流行홇 싸해, 行은 녈씨라), 37ㄱ(山行을ᄒᆞ거나)/석상13-8ㄱ(婬欲行 ᄒᆞᆯ 時節에), 14ㄱ(菩薩ㅅ道理行(L헹)ᄒᆞ시논양을보며), 37ㄴ(道法을 다 行ᄒᆞ야)/석19-24ㄴ, 25ㄱ(行ᄒᆞ욤), 29ㄱ(보살ㅅ道理行ᄒᆞ야), 36ㄴ(無我行을 디니시니), 37ㄱ(妙行이ᄀᆞᄃᆞ기), 42ㄱ(上行等菩薩大衆)/석상23-12ㄱ(道行을 ᄉᆞ랑ᄒᆞ라)/석상24-25ㄴ(善容이 뫼해 山行 갯다가 보

---

157) 출현 횟수는 생략함.

158) 묵서(墨書)로 방점 지움.

159) 묵서(墨書)로 방점 지움.

160) 교정(H방점을 필획으로 가위표).

니)/월석1-35ㄴ(行蘊), 37ㄴ(行識)/월석2-3ㄱ(善行(인명), 宅行(인
명), 14ㄴ(色受相行識, 行陰), 20ㄱ(緣은 行이오, 行緣은 識이오), 20
ㄴ(行이 滅하고, 滅이 行ㅎ면), 21ㄱ(일후미 行이니, 行은 녈씨라), 21
ㄴ(受想行識), 22C(行으롯), 22D(無明緣行으로), 24ㄴ(修行), 25ㄱ
(修行은 닷가 行홀씨라), 26ㄴ(同行, 同行), 34ㄱ(周行), 67ㄱ(行幸ㅎ
신대, 行은 녈씨오), 67ㄴ(行幸, 行幸)/법언1-7ㄱ(미러 行ㅎ면), 8ㄴ
(世間애 盛히 行ㅎ야), 43ㄱ(悲를 行ㅎ시고), 61ㄱ(祥瑞 나토샤 行홀
싸르미), 63ㄴ(菩薩道行ㅎ시ᄂ닐 보ᅀ오며), 64ㄱ(四衆의 修行得道
로브터 버거), 76ㄴ(布施를 行홀씨), 79ㄱ(修行-有行施), 83ㄴ(菩薩道
行ㅎ시논), 119ㄴ, 125ㄴ(큰 道를 行ㅎ야), 126ㄴ(묘흔 業을 行ㅎ야,
큰 道를 行ㅎ야), 137ㄱ(道法을 다 行ㅎ며), 150ㄴ(道를 行ㅎ야), 151
ㄴ(於億劫行道로), 162ㄴ(行ㅎ샨 道를), 164ㄴ(이 行ㅎ시던 道ㅣ잇
가), 165ㄱ(行ㅎ시던 道는), 190ㄱ(行이 내 中에), 198ㄱ(種種行ㅎ
논), 199ㄱ(本來ㅅ行으니르샤), 200ㄱ(妙道를 行티 아니ㅎ야), 201
ㄱ(妙道를 行ㅎ면), 206ㄱ(慈를 行ㅎ시며), 212ㄱ(佛子ㅣ行道ㅎ면)
ㄴ(能히이道를行ㅎ면), 224ㄴ(내行혼 佛道를), 235ㄴ(過去佛ㅅ行ㅎ
샨), 237ㄴ(順ㅎ야, 行호리라)/능활1-17ㄱ(다 行홇사), ㄴ(修行方便,
모든 行홀 사르미), 18ㄱ(眞實修行), 26ㄴ(平等한 慈를 行ㅎ야), 27ㄴ
(行止를), 28ㄴ(慈行ㅎ던), 31ㄱ(學과 行괘), 69ㄱ(修行), ㄴ(종일토
록 行ㅎ야), 70ㄱ(行홀 쓰라미), 73ㄴ(一體ㅅ어려이 行홇法엣), 74ㄱ
(行호매), 80ㄱ(修行), 92ㄱ(行客), 96ㄱ(갓ᄀ로이 이를 行ㅎ야), 97
ㄱ(갓ᄀ로 일 行호미니)/남상11ㄴ(六度萬行이), 12ㄱ(萬行), 16ㄴ
(一行), 19ㄱ(修行), 20ㄱ(諸行, 諸行, 行), 28ㄱ(샹녜 하오ᄉ아 行ㅎ야),
30ㄴ(行티 몯ㅎ릴 病 아니로라 ㅎ야늘), 49ㄴ(行脚), 59ㄱ(行人)ㄴ(4
行藏, 行脚, 行은, 行커나), 63ㄱ(檀을 行호딕), 66ㄱ(萬行)/남명하2
ㄴ(行李), 6ㄴ(行李), 20ㄱ(4, 逆行, 順行, 거스리 行ㅎ며 順히 行ㅎ며)
ㄴ(行李), 34ㄴ(助道加行功), 35ㄴ(住티 아니ㅎ며, 行티아니ㅎ며, 行

티 아니호문 途中에 行티아니홀시라), 40ㄱ(修行ᄒ리), 45ㄴ(蹭蹬은
行ᄒ야나ᅀᅡ가디몯홀시라), 54ㄴ(修行ᄒ야, 禪那行ᄒ요문, 禪을行ᄒ
야), 60ㄱ(庵子짓고修行호ᄃᆡ)/영험12ㄱ(呪心을行ᄒ야), 14ㄱ(末世
옛修行홀사름들히)〉

R형〈남상50ㄴ(蒙山道明禪師ㅣ盧行者ᄅᆞᆯ坚차, 行者ㅣ곧道明의오ᄂᆞᆫ돌보
시고)〉

H형〈석상6-4ㄴ(여슷히를 苦行ᄒ샤), 17ㄴ(六年苦行ᄒ샤), 41ㄱ(2, 苦
行), 42ㄴ/석상9-3ㄱ(明行足, 明行足은 불근 힝뎌기 가ᄌ실씨라), 28
ㄴ, 29ㄱ(그지 업슨 菩薩行과/부텻人行과)/석상13-3ㄱ(密行第一이
오), 14ㄱ(修行ᄒ야), 18ㄱ(修行ᄒ야), 27ㄴ(號를 日月燈明如來等應
供正徧知明行足善逝世間…. 이러시니), 28ㄱ(梵行앳相이ᄀᆞᆺ더시니),
51ㄱ, 54ㄱ(菩薩行, 聲聞行, 人天行)/석19-8ㄱㄴ, 25ㄴ(이상 修行),
27ㄱ(知明行足), 28ㄴ(知明行足), 43ㄱ(修行)/석상23-9ㄱ(難行苦行
ᄒ야), 13ㄱ(修行ᄒ야), 30ㄱ(無上行을살펴보쇼셔)/석상24-17ㄴ(修
行), 26ㄱ(苦行)ㄴ(苦行), 30ㄱ(修行), 36ㄱ(苦行), 46ㄱ(梵行)/월석
2-59ㄴ(十行), 60ㄱ(四加行), 60ㄴ(行은 힝뎌기오), 61ㄱ(十行, 大悲
行), 61ㄴ(十行)/법언1-4ㄴ(4:妙行ᄋᆞ로), 6ㄴ(安樂行品中에), 7ㄱ(智
行을, 거름마다 普賢行門이라), 9ㄱ(ᄒ나닌 仁義行애 기우다ᄒ니
라), 15ㄱㄴ(安樂行애, 功行), 16ㄱ(行境을 나토아 뵈샤, 일후미 行
ᄋᆞ로 脂를流通ᄒ시니), 25ㄴ(德行의올며), 26ㄱ(行홀 사ᄅᆞ문 아롤
디니라), 32ㄱ(羅云密行괘), 43ㄴ(萬行用이요), 44ㄱ(普賢行이어
신), 64ㄴ(菩薩諸佛人行相을 보습고), 71ㄴ(種種行홀 닷가), 73ㄴ
(種種行ᄋᆞ로 用삼고, 行이 慧의 일우믈 得ᄒ야), 84ㄱ(六度衆行, 實
相妙行), 91ㄱ, 93ㄱㄴ, 95ㄴ, 97ㄴ, 99ㄱ, 116ㄱ(梵行을 닷더니), ㄴ
(無量道를 行ᄒ시면), 151ㄴ(ᄌᆞ갓行을 ᄢᅧ려 나토시니라), 189ㄴ(내
이 行이라 혜며, 내 行과 달오라 혜며, 내 行中에 잇다 ᄒ며), 199ㄱ
(本來人行을니르샤), 201ㄱ(心行을), 201ㄴ(妙道를行ᄒ면우 橫行티

아니ᄒᆞ매), 202ㄴ(行ᄋᆞᆯ 싸ᄒᆞᆫ 후에), 203ㄱ(行ᄋᆞᆯ 싸커니와), 206ㄴ(安樂行에), 215ㄴ(여러 行ᄋᆞᆯ), 216ㄱ(ᄒᆞᆫ 行 ᄒᆞᆫ 相이 妙行 아니니 업스릴씨), ㄴ(聲聞行, 賢聖行), 223ㄴ(모ᄃᆞᆫ 行애 처ᅀᅥᆷ 드러 니ᄅᆞ샤), 228ㄱ(여러 行과), 243ㄴ(如來ㅅ正ᄒᆞᆫ 行 닷골 길흘)/능활1-3ㄴ(行相), 7ㄱ(4, 뉘萬行이 ᄃᆞ외리오, 因업스며 行업스며)ㄴ, 15ㄱ(菩薩萬行), 16ㄴ(學과 行 둘히오라), 33ㄴ(幻觀ᄋᆞᆫ 定ᄋᆞᆯ 브터 行을 낼씨니), 42ㄱ(萬行이), 80ㄴ(行實ᄋᆞᆯ)/남명상18ㄱ(功行), 80ㄱ(行ᄋᆞᆯ 닷골디니)/남명하11ㄴ(行位 ,行位, 行業), 12ㄱ(行業ᄋᆞᆫ 行과 善과 惡괏業이니), 15ㄴ(三絃ᄋᆞᆫ 十住와 十行과 十回向괘라), 20ㄴ(行李ᄂᆞᆫ 逆거나 順커나 올커나 외어나 호매 變化ᄒᆞ미 다ᅀᆞᆳ 업슬시라), 41ㄴ(行닷고ᄆᆞᆯ), 74ㄴ(妻子ᄅᆞᆯ 다리고 나마곰 업슨 行ᄋᆞᆯ 지스면)〉

L향〈법언1-151ㄴ(나ᄆᆞᆫ 長行 ᄀᆞᆮᄒᆞ니라), 122ㄴ(長行이 略ᄒᆞ면, 長行이 仔細ᄒᆞ면)/남상35ㄴ(2, 빗근 行앳 印字ᄂᆞᆫ 나톨시오 션 行앳 印字ᄂᆞᆫ 실ᄋᆞᆯ알시니)〉

H향

■ 월곡L힝〈8ㄱ(周行七寶)〉

월곡H힝〈19ㄴ(修行), 20ㄴ(雪山苦行林), 22ㄴ(苦行), 30ㄴ(前生修行), 42ㄱ(過劫苦行), 51ㄴ(苦行), 67ㄱ(頭陀行)〉

월곡L향〈67ㄱ(七寶行樹間에)〉

용례가 대단히 많지만 대체로 다음 세 가지를 알 수 있다.

첫째, 탕섭(宕攝)에 속하는 'L향'은 '列, 伍'의 의미로 쓰였으며, 다른 음으로 주음된 경우는 없다. 출현 용례는 6회뿐이지만 의미 있는 양상으로 보인다.[161]

둘째, 경섭(梗攝) 음 중 'R힝'은 '行者'의 독음으로만 쓰였다. 이 용례 역시

161) 『월인천강지곡』의 '七寶行樹間'에서 '行樹'는 '늘어선 나무들' 정도로 새길 수 있을 것이다.

다른 음으로 주음된 경우는 없다. '行者'는 '出行者, 出家者, 修行者' 정도의 의미로 볼 수 있을 텐데, '行'의 의미가 평성 및 거성과 달리 구분되는 것인지는 분명히 말하기 어렵다. 적어도 문헌에서 이를 구별한 것은 분명하다.

셋째, 경섭(梗攝) 음 중 평성과 거성(L형, R형)의 용례는 의미의 차이를 분명히 구분하기가 쉽지 않다. 대체로 동사 '行ᄒ다'로 쓰일 때에는 평성으로, 명사 '行'으로 쓰일 때에는 거성으로 주음되고 있어서 전통적인 파음자 용법이 관철되고 있다. 그러나 다른 한자와 결합하여 다음절 단어로 쓰일 때에는 동사와 명사라는 품사적 차이로 말하기 어렵다. 가령 '發願行(석상 6-8ㄴ)'은 평성으로 주음되었지만, '安樂行(법언1-206ㄴ)', '聲聞行, 賢聖行 (법언1-216ㄴ)'은 거성으로 나타나다. 그런데 이 때 '行'의 문법적 속성이 과연 다른 것인지 의문인 것이다. 또 '苦行'과 '修行'에서 '行'의 의미나 문법적 속성은 큰 차이가 없다고 할 수 있는데, 실제 문헌에서는 '苦行'이 거성으로만 주음될 뿐 아니라, '修行'은 평성과 거성 모두로 나타난다.

적어도 다음절 한자 속의 '行'은 문헌에서 분명한 의미 구분이 이루어지지 않고 있다고 할 수 있다.

13) 증섭(曾攝)

증섭(曾攝) 속하는 문헌 속 한자 중에는 '興'이 복수음으로 나타난다.

[興]

'興'의 문헌음은 『동국정운』에 수록된 복수음 셋 중 둘을 취하여 주음되었다.[162] 그 용례를 보면 다음과 같다.

---

162) 『동국정운』 수록음 중 'H힌'은 '鬺'의 상동자(上同字) 즉 이체자로서 음이 추가된 것이다.

[동원] L흥〈법언서-10ㄴ(大興善寺 北天竺沙門 闍那笈多의 後에)/법언1-17ㄴ
(姓은 姚ㅣ오 일후믄 興이니 秦國ㅅ 王이 두외니라)〉
H흥〈남명상49ㄱ(江海예 혜 둗니니 기픈 근원에 ᄀ장 드롤 興이 오히려
잇도다163))〉
H힌(上同 釁)
[SK] L흥

평성으로 쓰인 것은 고유명사(절 이름, 인명)에 들어간 용례인데, 의미
로 보면 '盛하다, 起하다' 정도로 풀이해도 좋을 것이다. 거성으로 쓰인 용
례 속 '興'은 문맥으로 보아 '흥취' 정도의 뜻을 가진다고 생각된다. 의미의
차이와 주음의 차이가 대응한다고 할 수 있다.

'興'의 이러한 주음 양상이 중국어에서의 용법과 대응하는지 살펴 볼 필
요가 있다. '興'은 『광운』과 『거요』에서 각각 평성과 거성으로 나타나는데,
자석(字釋)의 측면에서 보면 평성으로 읽히는 것이 '盛也'이며, 거성으로
읽히는 경우는 '象, 比喩'의 의미를 띤다고 할 수 있다.

[광운] 虛陵切, 曾開3L蒸曉(盛也擧也善也[說文]曰起也…)
許應切, 曾開3H證曉(字釋 없음)
[거요] L虛陵切, 曉母, 經자모운([說文]起也…廣韻又盛也作也…)
H許應切, 曉母, 勁자모운
(象也又比興[主禮]注比者比方於物興者…注興是比喩之名意有不盡…
[增韻]興況意思也…)

여기서 동국정운 문헌음 『남명집언해』(상-49ㄱ)에서 파악되는 '흥취'라
는 의미와 『거요』의 자석(字釋)인 '比喩'와 대응한다고 볼 수 있을지 생각해

---

163) 구결문 "遊江海ᄒ니 窮極淵源홀 興酉在ᄒ도다"에 대응하는 언해문이다.

볼 필요가 있다. 일단 『한어대사전』 ‘興’ 거성 條에서 ‘비유, 즐거움(희환), 흥취’로 풀이한 것을 참조하면 그 개연성이 충분하다고 여겨진다.[164]

지금까지 운모 혹은 성조가 복수 문헌음으로 출현하는 51字의 양상을 하나씩 살펴보았다. 이들 중 ‘宿, 降, 比, 出, 興, 疎, 處, 去, 車, 解,[165] 切, 乾, 便, 難, 長, 相, 更, 興’ 등 18字는 의미나 문법적 속성의 차이에 따른 파음자들이며, 문헌음에서도 이에 따라 잘 구분되었다. ‘散’도 파음자 용법으로 쓰였을 가능성이 있다.[166]

따라서 특별한 양상은 보이지 않는다. 나머지 32자는 파음자이긴 하지만 문헌에 따라 양상을 달리 나타내거나, 단일음에 가깝지만 특정 문헌에서 오류이거나 혹은 어떤 이유에서인지 복수음을 취한 경우들이다. 이들을 한 字씩 요약한다.

(1) 動

자동사적 용법과 타동사적 용법에 따라 상성과 거성으로 나뉘는데, 문헌음은 모두 자동사적 용법으로 사용되었으면서도 유독 『남명집언해』에서 거성으로 1회 주음되었다. 이는 오류이거나 오각일 가능성이 있다.

(2) 衆

동국정운 복수음 중 ‘무리’를 뜻하는 용법은 ‘H쥬ᇰ’으로 나타나는 것이 정칙이지만 『법화경언해』에서 ‘衆生’의 ‘衆’을 ‘L쥬ᇰ’으로 주음한 예가 3회 나타났다. 이것은 오류로 보인다.

---

164) 『한어대사전』: ‘興’(去聲) (1)譬喩. 『論語 · 陽貨』 “詩, 可以興.” 何晏集解引孔安國曰 : “興, 引譬連類.” ”(3)喜歡. 『禮記 · 學記』 “不興其藝, 不能樂學.” 鄭玄注 “興之言喜也. 歆也.” (4)興致. 『晉書 · 王徽之傳』 “乘興而來, 興盡便返.”
165) 다만 『법화경언해』에 불일치음이 있다.
166) ‘空散’의 용례로 쓰일 때(R산:ᄂᆞᆼ활)와 다른 용례로 쓰일 때(H산)가 구분된다.

(3) 重

의미에 따라 平(중첩됨), 上(두터움, 신중함), 去(다시 행함) 세 성조로 구분되는 것이 정칙인데, 『법화경언해』는 상성과 거성의 용법을 구분하지 않고 거성으로 주음하였다. 이것은 『법화경언해』에서만 나타나는 특색이며, 『거요』의 복수음 자석(字釋)과도 대응한다는 점이 특징이다.

(4) 縱

'바르다, 곧다'는 의미로 쓰일 때에는 평성으로 나타나는데, 『남명집언해』에서는 거성으로 주음하였다. 이것은 『남명집언해』가 혼란을 보인 것이다.

(5) 供

대부분의 문헌은 대부분 평성(L공)을 취하는데, 『법화경언해』에서는 '應供'의 표기용으로 거성(H공)을 취한 예가 3회 나타났다. 이것은 『법화경언해』라는 문헌의 특수성으로 볼 수 있다. 다만 1회는 평성으로 주음하였다.

(6) 奇

『석보상절』 권24에서 다른 문헌(L껭)과 달리 전청 성모(L깅)로 나타난 것인데, 의미의 차이로 인하였다고 볼 수 없다. 이것은 『석보상절』 권24가 교정을 거치지 않은 문헌이기 때문에 생긴 결과라고 여겨진다.

(7) 施

'布施, 勇施'의 표기에 쓰였는데, 문헌에 따라 두 음으로 나뉜다.

평성은 『석보상절』, 『월인석보』, 『영험약초』에, 상성은 『법화경언해』, 『능임경언해』(활자본), 『남명집언해』에 나타난다. 그러나 의미의 차이는 말하기 어렵다. 문헌 속의 복수음은 문헌 편찬자의 성조 인식에서 나타난 결과라 할 수 있다.

(8) 爲

문법적 속성에 따라 음이 나뉘는데, 대체로 파음자 용법에 따라 정칙(正則)으로 주음되었다. 다만 『법화경언해』에서 'H윙'로 주음할 곳을 'H윙'로 표시한 것이 6회, 'L윙'로 나타낸 것이 1회 발견된다. 이것은 『법화경언해』 편찬자의 혼란이라고 생각된다.

(9) 離

본래 평성과 거성으로 나뉘는 파음자이지만 문헌 복수음이 그 의미에 따른 구분인지 판단하기 어렵다. 다만 거성은 『법화경언해』에만 보이는데, 『법화경언해』는 평성과 거성 음을 모두 주음하고 있다.

(10) 梨

『광운』과 『거요』에서는 파음자로 취급하지 않으나 동국정운 문헌음에서는 복수음으로 나타난다. 그러나 문헌 복수음이 의미에 따른 차이라고는 할 수 없으며 문헌의 차이에 따른 것으로 보인다. 즉 『법화경언해』와 『능엄경언해』가 다른 문헌과 달리 주음하고 있다. 한편 『석보상절』 권6은 인출 후에 'L렝'를 묵서로 'L링'로 바로잡은 흔적이 역력한 데 비해 권23·24는 처음부터 오각 없이 'L링'로 刊印하였다는 점이 자못 흥미롭다. 권23·24나 앞선 권들보다 정칙으로 주음된 예도 볼 수 있는 것이다.

(11) 期

『광운』과 『거요』 본래 단일음(中古 군모 群母)인데 동국정운에서는 복수음(L끵, L킹)을 취한다. 'L끵'는 『석보상절』과 『월인석보』의 음인데 중국음을 기준으로 하면 이것이 정칙이다. 한편 'L킹'은 『법화경언해』에만 나타난다는 점이 특색이다. 덧붙여 이것이 현실한자음과도 일치한다는 점도 주목된다.

(12) 使

　여러 문헌에서 의미나 용법에 따라 상성, 거성으로 구분하는 파음자인
데『남명집언해』에서는 그 구분을 취하지 않는 주음을 하고 있다.『남명
집언해』의 편찬자가 이러한 파음자 용법을 무시한 결과라고 생각된다.

(13) 意

　『동국정운』에 복수음(평, 거, 입)으로 나타나지만 파음자 용법은 없는
字로서, 대부분의 문헌에서도 거성으로만 주음하고 있다. 그러나『법화경
언해』에서 유독 평성으로 주음한 용례가 있다. 편찬자가 방점에 혼란을
일으킨 결과라고 생각된다.

(14) 部

　동국정운에 복수음으로 나타나지만 파음자로 보기는 힘들다. 문헌음
은 둘로 나뉘는데,『월인천강지곡』의 주음만 구분되고 있다. 다른 문헌들
의 용례로 볼 때『월인천강지곡』의 주음이 특이한 것으로 보인다.

(15) 聚

　복수 문헌음으로 나타나지만 의미의 차이로 보기는 힘들다. 문헌의 차
이로 보인다.『석보상절』과『법화경언해』가 상성을,『능엄경언해』와『영
험약초』가 거성을 취한다.

(16) 在

　『석보상절』과『월인석보』가 거성을,『법화경언해』,『능엄경언해』,
『남명집언해』,『영험약초』가 상성으로 나타난다. '在'가 파음자 용법을
가지고 있기는 하나 문헌의 복수음이 그에 따라 구분된 것이라 보기 어

렵다. 문헌의 차이로 볼 수 있다.

(17) 塞

불교인명 '憂婆塞'의 표기에서 복수로 나타났다(H슥, H싱). 그런데『석보상절』권6, 9, 13에서는 'H슥'을 'H싱'로 교정하였는데, 권19에서 그러한 교정 없이 그대로 남은 것이다. 이것은 권24가 '婆色奇王'을 'H싱'로 주음한 것과 대비된다. 권19 역시 교정 작업이 불충분했음을 반증한다. 또 권24도 알려진 바와 달리 어떤 부분에서는 판각 과정부터 한자음이 바로 잡힌 부분이 있음을 말해준다.

(18) 背

『능엄경언해』(H뼁)와『남명집언해』(H빙)의 주음이 엇갈리고 있다. 방점의 혼란으로 보인다. 어느 쪽이 정칙인지는 판단하기 어렵다.

(19) 論

『법화경언해』의 경우 특별한 용법의 차이 없이 평성과 거성(1회)으로 혼기하고 있다. 한편『석보상절』권19와 23이 다른 권과 달리 거성을 취하고 있다.

『법화경언해』는 방점의 혼란으로 보이며『석보상절』권19, 23은 교정 작업이 완전하지 않은 결과라고 판단된다.

(20) 近

'親近'의 주음에서 문헌에 따라 상성(석상, 월석)과 거성(법언, 영험)으로 엇갈리고 있다. 문헌에 따른 차이로 보인다.

(21) 分

'분간하다, 구별하다'는 의미로는 'L분', '조각, 분량, 부분'의 의미로는 'H

뿐'으로 구분되어 나타나는 파음자다. 대부분의 문헌이 이를 구분하여 엄격하게 주음하고 있다. 다만『석보상절』권19는 여기에 혼동을 보인다. 권19의 특징이라고 할 수 있다.

(22) 蘊

『월인석보』의 주음이『남명집언해』및『법화경언해』와 성조를 달리하여 나타난다. 의미의 차이로 보기는 어렵다. 문헌의 차이일 수 있다.

(23) 觀

문헌음은 평성(L관:석상, 월석, 법언, 영험, 남명)과 거성(L관:월석, 법언)으로 나타나는데 의미의 구분이 분명하지 않다. 방점의 혼란으로 생각된다. 다만 이럴 경우『월인석보』가 방점의 혼란을 보인 결과가 된다.

(24) 斷

『동국정운』복수음은 'R돤, H돤, R뙨, H뙨'인데, 문헌에서는 'R돤, H돤, R뙨'으로 나타난다. 그런데 문헌 속의 복수 3음이『법화경언해』에만 나타난다는 사실이 특색이다. 적어도『법화경언해』의 'R돤'은 오류라고 생각된다.

(25) 先

『광운』과『거요』에서는 의미의 차이에 따라 성조가 다른 다음자(多音字)지만, 문헌음에서는 그러한 구분이 보이지 않는다. 문헌의 복수음은『법화경언해』에서만 다른 문헌과 달리 나타난다. 파음자 용법이라기보다는『법화경언해』의 오류라고 생각된다.

(26) 傳

역시『광운』과『거요』에서는 파음자로 주기되지만 이 연구가 조사한 문헌에서는 대부분 단일음(L뤈)으로 나타난다. 오직『법화경언해』만 이와 달리 'H뤈'으로 주음한 것이다.『법화경언해』의 용례가 다른 문헌과 다른 파음자적(破音字的) 쓰임이라 할 수도 있지만 판단하기 어렵다.

(27) 轉

『석보상절』에서 '轉輪王' 등의 주음이 상성과 거성(H뤈:석상)으로 출현한다.『석보상절』 편찬자의 혼란이라고 생각된다.

(28) 勞

'老苦'의 의미로 쓰일 때에는 평성, '慰勞'의 의미로 쓰일 때에는 거성으로 나타나는 것이 일반적이다. 다만『월인천강지곡』에서 '慰勞'로 쓰이지 않은 경우도 거성으로 주음하였다. 이것은『월인천강지곡』이 파음자 용법을 무시하고 주음한 결과라고 생각된다.

(29) 坐

'H쫭'(석상, 월곡, 능엄)과 'R쫭'(월석, 남명)로 나뉜다. 파음자 용법이라 보기는 어렵다. 문헌에 따른 차이라고 생각된다.

(30) 授

다른 문헌들(H쓩:석상, 월석, 법언, 능활)과 달리『남명집언해』만 'R쓩'를 취한다.『남명집언해』의 특수한 태도로 보인다.

(31) 將

『동국정운』은 음이 다섯인데, 문헌에는 'L쟝'과 'H쟝'이 쓰인다. 그러나 모두 '장수'의 의미로 쓰이고 있기 때문에 파음자 용법이라 하기 어렵다. 이것은『남명집언해』에서만 다른 문헌과 달리 주음했기 때문이다.『남명집언해』의 특수성이라고 생각된다.

(32) 行

‘行’은 ‘列, 순서’를 의미할 때에는 ‘L행’(宕攝)으로, ‘行者’로 쓰일 때에는 ‘R행’으로 충실히 주음된다.

그러나 ‘L행, H행’으로 쓰일 때에는 의미에 따른 구분이 분명하지 않다. 동사(행하다: L행)로 쓰일 때와 명사(행동, 행함: H행)로 쓰일 때가 구분되어야 하나 실제 문헌에서는 혼기되고 있다. ‘L행, H행’의 혼기는 여러 문헌에서 나타난다.

이제까지 살펴본 바를 다시 문헌별로 정리하면 다음과 같다.

① 다른 문헌에 비하여 특이한 주음이 가장 많은 문헌은 『법화경언해』다. 그중 ‘衆, 爲, 意, 論, 斷, 先, 傳’의 주음은 편찬자의 오류이거나 오각(誤刻)으로 보인다. 또 ‘解脫’의 주음에서는 동국정운 불일치음이 나타난 것도 눈에 뜨인다. 일관된 주음이긴 하지만 다른 문헌과 다른 음을 취한 경우도 있다. ‘供, 離, 期’가 그것이다.

② 『남명집언해』에서는 ‘動, 縱, 使, 授, 將’의 주음이 특이한데, 이중 ‘動, 縱, 授’는 편찬자의 오류이거나 오각으로 보인다. ‘使’는 파음자 용법을 무시하고 한 음으로 표시한 것이다.

③ 『석보상절』은 권19에서 ‘塞, 論, 分’의 주음에서 다른 문헌과 다른 음을 선택하였는데, 이는 편찬자의 오류로 보인다. 이제까지 알려진 바와 달리 권19에서도 교정이 불완전한 경우가 나타난 것이다. 권23은 ‘塞’의 주음은 정칙대로 실시하였으나 ‘論’의 주음에서 오류가 나타난다. 또 권24는 ‘奇’를 다른 문헌과 달리 주음하였는데 이는 오류로 보인다. 한편 ‘轉’은 ‘轉輪王’의 주음에서 여러 卷에 걸쳐 방점의 혼란이 나타난다.

④ 여러 문헌에 걸쳐 복수음이 분화되거나, 특정한 문헌의 잘못이라고 보기 어려운 경우도 있다(施, 梨, 聚, 在, 背, 近, 蘊, 觀, 坐, 行). 이는 오류

일 수도 있지만(특히 '觀, 行'의 경우) 문헌에 따른 차이일 수도 있다. 이에 대해서는 더 세밀한 검토가 필요하다.

⑤ 그 밖에 『월인천강지곡』(勞), 『월인석보』(觀)의 방점 혼란으로 보이는 경우도 있다(觀). 이들 문헌에서 방점의 혼란이 나타나는 것은 매우 이례적이다.

4.3.4. 소결: 『동국정운』 복수음 한자음의 문헌 속 실현 양상과 그 함의

한자음이 역사적으로 변화하는 것은 언어학적 필연성에 따른 과정이다. 복수음의 분화나 합류 또한 당연한 일이다. 한편 한국 한자음에서도 그 변화가 반영되기도 하되, 그 음의 분화를 일관되게 지키기는 어려운 일이다.

문헌 속의 복수음을 일일이 조사해 본 결과 과연 파음자적 정칙 용법이 아닌 경우가 더 많았다. 성모의 경우 9字 중 파음자 용법에 충실하다고 인정할 수 있는 것은 2字였고, 운모 및 성조의 경우 총 51字 중 18字가 파음자 용법을 확실히 따랐다고 인정할 수 있었다.

나머지 경우는 대부분 한자음의 혼란이거나, 특정한 문헌이 다른 문헌과 다른 음을 선택하는 태도를 보인 경우도 적지 않았다. 특히 『법화경언해』와 『남명집언해』에서 이런 경향이 두드러졌다. 『남명집언해』의 경우는 주로 한자음의 혼란에서 일어난 복수음이 많았는데, 이 문헌이 15세기 후반의 보수적 자료인 만큼 당연한 결과라고 말할 수 있다. 자못 흥미로운 것은 『법화경언해』다. 단순히 한자음의 혼란이나 오류로 보기 어려운 주음도 있었기 때문이다. 다음 장(5.2.)에서 계속 언급하겠지만 이 문헌의 한자음은 여러 모로 주목할 가치가 있다. 이는 이 자료를 이해하는 경로의 하나가 될 것이다.

제5장 동국정운식 한자음의 문헌 및 시기별 특징

  제2장에서 연구 대상 문헌을 고찰하면서 한자음 표기의 특성도 개략적으로 살펴본 바 있지만, 제5장에서는 이제까지의 논의를 바탕으로 각 문헌의 특징을 종합적으로 고찰한다. 그리고 동국정운식 한자음의 시도와 정착, 변화와 쇠퇴라는 역사적 관점에서 일정한 시기 구분을 시도한다.

5.1. 문헌별 종합 검토

각 문헌별로 나타난 한자음 양상을 종합한다.

1) 훈민정음언해(訓民正音諺解, 세종 29년, 1447년 추정)

  특이한 양상은 발견되지 않았다. 문헌의 양이 워낙 적을 뿐더러 교육용으로 각별한 정성을 들여 만든 문헌이니 만큼 주음에서 특이한 사항은 나타나기 어려웠을 것이다.

2) 월인천강지곡(月印千江之曲, 세종 29년, 1447년 추정)

『월인천강지곡』에서는 미수록자 6字(葐, 妺, 鬘, 袈, 裟, 嗖)가 발견된다. 불일치음으로는 성모 불일치음으로 '堀(콣), 恩(은)'이 있고 운모 불일치음은 '巍'가 나타나며, 성조 불일치음으로 '在'가 발견된다. 성모 불일치음에서는 현실음 성모와 달리 주음을 하긴 하였으되 동국정운 음과 합치되지 않는데, 이것은 현실음(全淸)에 이끌리지 않는 대신 그와 구별되는 유표적인, 그러나 변칙의 주음을 한 결과로 나타난다. 이는 어떻게든 현실음을 교정하려는 태도로 나타난 결과라고 생각할 수 있다.

성조의 불일치를 보인 '在'는 오류 혹은 오각일 수 있다. 그러나 운모 불일치음인 '巍'의 주음은 『월인천강지곡』은 첫 가사에 나타나는 것이기 때문에 단순한 오류라고 생각되기 힘들다. 이것은 당시 찬불(讚佛) 의식에서 불리던 음을 그대로 존중했기 때문일 수 있다.[1] 게다가 『월인천강지곡』은 세종이 직접 지은 것임을 감안해야 한다.

한편 문헌 복수음의 경우, 『월인천강지곡』 '勞'가 파음자 용법에서 벗어나는 용례를 보였다. 정칙을 따르지 않은 용례가 비록 1회이긴 하지만 15세기 초기 문헌에서도 나타난다고 하겠다.

중요한 점은 『월인천강지곡』이 개음절 종성 'ㅇ'을 표기하지 않았다는 사실이다. ㅱ 및 ㅭ종성을 철저히 주음하였으면서도 개음절 종성 표기를 하지 않았다는 사실은 『월인천강지곡』을 동국정운식 표기를 모색하는 초기의 문헌이라 부를 만한 근거라고 생각된다.

3) 석보상절(釋譜詳節, 세종 29년, 1447년)

개음절 종성을 'ㅇ'로 표기하였다는 점에서 『월인천강지곡』과 가장 큰

---

1) '巍'의 주음은 『월인석보』에도 그대로 이어지다가 15세기 후반 문헌이 『남명집언해』에서 교정된다.

차이가 있다. 동국정운식 한자음을 비로소 온전히 적용하려 시도한 문헌이라 할 수 있다. 그러나 여기서도 미수록자, 불일치음은 물론 오류나 오각으로 짐작되는 경우가 발견된다. 다만 권6·9·13과 권23·24는 구별될 필요가 있다. 권6·9·13은 간본(刊本)에 직접 묵서(墨書)나 주묵(朱墨)으로 교정을 본 흔적이 역력하기 때문이다. 이 교정은 뒤의 문헌이 『월인석보』에서는 거의 대부분 관철되고 있다. 반면에 권23과 권24는 권6, 9, 13의 교정 작업이 적용되지 않은 채로 전해지고 있다. 따라서 교정 이전의 오류가 그대로 남아 있다. 그렇다고 해서 권23·24가 오류로 일관한 것은 아니다. 가령 '塞'의 경우는 간본(刊本) 자체가 정칙으로 주음되고 있는 것이다. 한편 권19도 권6·9·13과 같은 양상이지만 이들과 달리 교정되지 못한 한자음이 일부 발견된다는 점을 놓칠 수 없다.

아래에서는 권6·9·13·19와 권23·24로 나누어 살펴보되, 필요한 대목에서는 권19에 대해 별도로 서술한다.

(1) 권6, 9, 13, 19

우선 미수록자가 10字(苦, 䁔, 囑, 瑪, 鬘, 碑, 櫃, 錠, 儞) 나타난다.

불일치음으로는 성모 불일치음이 1字, 운모 불일치음이 2字(耨, 堀) 보인다.[2] '耨'는 출현 빈도가 높은 편인데 불교용어인 '阿耨多羅三藐三菩提'를 표기하는데 쓰였다. 불교 용어의 경우는 동국정운 음에 이끌리지 않고 당시 통용음을 그대로 사용할 수 있음을 말해주는 것이다.

성조 불일치음은 '琥, 化' 두 字인데 이들은 권19에서만 나타나는 특색이 있다. 여기서 '琥, 化'의 주음(R황)은 현실음(R화)과 같은데, 현실음에 이끌렸을 가능성을 시사한다. 특히 '化'는 권6, 9, 13에서 여러 차례 墨書로 교정되었는데 권19에서는 교정을 거치지 않은 채 남아있는 것이다. 이제까지

---

2) '堀'은 중복.

는 권19 역시 前卷들과 마찬가지로 사후 교정을 철저히 거친 문헌으로 알려졌지만 그 반대의 면모를 보인 것이다. 권19는 또한 '塞, 論, 分'의 주음이 다른 문헌과 다른 동국정운 음을 취하였는데, 이는 파음자 용법으로 보기 어려운 오류로 간주된다. 특히 '塞'은 인명표기 '憂婆塞'에서 '싱' 대신 '슥'으로 주음한 것인데, 이는 권6·9·13에서 본래 주묵으로 교정한 바를 받아들이지 않은 채로 남은 것이다. 이런 점에서 권19는 권6·9·13과 권23·24 사이에 놓인 문헌이라고 할 수 있다. 앞으로 『석보상절』 연구에서 감안해야 할 점이다.

반면에 권6·9·13은 불일치음도 적고, 매우 안정된 표기를 보인다.

(2) 권23, 24

『석보상절』 권23, 24에서는 미수록자가 6字(菩, 眹, 姝, 壞, 袈, 裟) 나타난다.

불일치음의 경우, 성모에서 '堀, 貧'이 불일치하며, 운모에서는 '耨, 部, 堀'이 동국정운 음과 일치하지 않는다. 성조에서는 '化'가 불일치음으로 주음되었다. 이들 불일치음 중 '化', '部'는 현실한자음에 이끌렸을 가능성이 있다. 특히 '部'는 권6, 9, 13에서 교정 흔적을 보인 것과 달리 오각인 채로 남은 상태다.

한편 '論'은 동국정운 음을 취하긴 하였으되 다른 문헌과 달리 주음하였는데, 이는 오류로 보인다.

권23, 24의 가장 큰 특징은 권6, 9, 13에 비하여 '化', '部' 등의 교정을 거치지 않은 점이다. 반면에 '塞'은 간인(刊印) 시점부터 바로 잡힌 상태를 보인다. 이 점에서 권19와 차이가 있다.

4) 월인석보(月印釋譜, 세조 5년, 1459년)

『월인석보』에도 역시 미수록자가 나타난다. '菩, 眹, 囑, 姝, 瑪, 鬟, 碑, 錠,

哩'등이 그것이다.

불일치음은 성모에서 '沾, 編, 新, 聿'이 있고, 운모에서는 '耨, 巍, 卯'가 나타난다. 성조에서는 불일치 주음이 발견되지 않는다. 『월인석보』의 동국정운 불일치음에서 나타나는 특징은 현실음에 이끌렸으리라 보이는 예가 드문 것이다. 물론 불일치음의 수도 적지만, '聿' 하나만 현실음과 대응한다.[3] '巍'는 『월인천강지곡』의 첫 行을 그대로 전재하여 싣는 과정에서 주음도 고정된 것으로 보이는데, "巍巍釋迦佛"로 시작하는 찬불독송음(讚佛讀誦音)이 전승된 음으로 기록되었을 가능성이 높다.

한편 제4장에서 문헌 속 복수음의 양상을 살펴보았거니와 『월인석보』에서는 '觀'의 주음에서 방점의 혼란을 보인 경우를 제외하고는 특이한 용례가 발견되지 않는다.

이와 같은 점을 종합하면 『월인석보』는 동국정운식 한자음 표기를 대단히 안정적으로 적용한 문헌이라 해도 과언이 아니다.

그런 면에서 불일치음 '沾, 編'과 복수음 '觀'은 자못 이채롭다. 단순히 현실음의 영향이라 보기는 어려움이 있는 것이다. 연구가 더 필요하다.

5) 능엄경언해(楞嚴經諺解, 활자본 세조 7년, 1461년) 목판본(세조 8년, 1462년)

『능엄경언해』에서는 미수록자가 6자(菩, 囑, 卍, 玲, 膀, 胱) 나타난다. 이전 문헌에 없던 미수록자(卍, 玲, 膀, 胱)가 생겼다는 점이 이채롭다.

불일치음은 '耨, 般(밣), 阿(핳), 受' 정도인데 그 숫자에 비해 그 양상이 상당히 특이하다. 즉 '阿難, 般若'를 '항난, 반샹'가 아니라 '핳난, 밣샹'로 주음한 것이다.[4] 이것은 목판본 『능엄경언해』에서만 나타나는데 활판본이 먼

---

3) 聿(륣), SK(륣), 동운(윻).
4) 성조는 생략함.

276

저 발간된 것을 생각하면 이 주음의 근거는 『법화경언해』에서 유추할 수 있다. 『법화경언해』권1의 한문부 가운데 인명 阿㝹樓馱에 '阿-安葛'이라는 반절이 소자(小字)로 새겨 있고(권1 27ㄴ, 29ㄴ) 거기에 대응하는 언해부에서 '앓'을 발견할 수 있다. 불교인명의 반절자 주음을 동국정운식으로 표기한 것이다.

'受'의 주음도 흥미롭다. 동국정운에 따라 'ㅿ쓩'로 주음할 것을 활판본 『능엄경언해』에서 'ㅎ쓩'로 주음하였는데,[5] 목판본에서는 이를 동국정운에 따라 상성으로 바로잡았다는 사실이다. 『능엄경언해』목판본 편찬자는 한자음 교정에 대하여 대단히 엄격한 태도를 지니고 있었다는 반증이 된다.

6) 법화경언해(法華經諺解, 세종 9년, 1463년 추정)

미수록자가 5字(菩, 暎, 囑, 瑪, 橽, 鈤) 있다.

불일치음은 상대적으로 많은 편이다. '權, 殊, 吒'가 성모 불일치음인데, '權, 殊'는 현실음에 이끌렸을 가능성이 있되[6] '吒'는 『거요』의 지모(知母) 음가와 일치하기 때문에 극히 이례적이다. 운모 불일치음은 '解, 般, 阿'가 있는데 그 주음 양상이 매우 흥미롭다. '解'는 '解脫'의 주음으로 빈번히 쓰였는데 다른 문헌들과 달리 유일하게 동국정운과 다른 음을 취한다(ㅿ행ㅎ 뢇). 또 '般, 阿'는 앞서 살펴본 『능엄경언해』(목판본)와 같은 음으로 주음되었다.

한편 성조 불일치음은 6字(在, 雉, 後, 子, 現, 强)가 발견되었는데, 이들 모두 편찬자의 오류이거나 판각자의 誤刻으로 보이며 '雉, 子, 强'은 현실음의 영향일 가능성도 배제하기 어렵다.

---

5) 이는 현실음 성조의 영향일 수 있다.
6) '殊'는 이체자 관계로 처리할 수도 있다.

복수 문헌음의 양상에서도 흥미로운 점이 발견된다. 다른 문헌들과 유독 구별되는 동국정운 음을 선택하는 경우가 있기 때문이다. '供, 圡, 離, 期'가 그러한데 뚜렷이 이 음을 선택해야 하는 근거를 찾기 어려우면서도 일관되게 표기하고 있다. 한편 '衆, 爲, 意, 論, 斷, 先, 傳'도 문헌 복수음으로 선택하고 있으나 주음 오류 혹은 오각(誤刻)일 가능성이 있다.

이런 점들을 종합하면『법화경언해』는 문제적인 문헌이다. 실험적인 불교역음 표기를 시도하는가 하면, 현실음에 이끌린 듯한 오류도 나타난다. 이 문헌에 대한 별도의 연구가 요청된다고 하겠다.

7) 남명집언해(南明集諺解, 성종 13년, 1482년)

『남명집언해』에는 미수록자가 9字(菩, 袈, 裟, 鉆, 鵬, 卍, 蹭, 靼, 鍱) 나타난다. 15세기 후반의 문헌이니만큼 미수록자가 출현한 것도 당연하다고 하겠다.

불일치음에서는 성모가 다른 것 4字(頃, 驗, 醍, 昭), 운모가 다른 것 2字(霧, 垓), 성조가 다른 것 7字(醒, 矩, 水, 損, 拜, 徧, 驗)가 있다. 불일치음에서 나타나는 특징은 현실음에 이끌린 듯한 양상이 많이 보이면서도 어떤 면에서는 교정음을 고수하고 있다는 것이다. 가령 '霧(H뭉)'는 본래 'L몽'가 동국정운 수록음인데 중성을 'ㅜ'로 교정한 것은 현실음(L무)이 영향일 가능성이 있다. 그러면서도 종성 ㅁ은 오히려 과도교정으로 표기하였다.[7] '垓'(L깅) 역시 성모는 동국정운과 일치하되 운모는 현실음과 대응한다.

'昭'의 주음에서는 성모는 현실음을 따랐으되 운모는 'ㅸ'를 그대로 유지하고 있다. 종성 ㅸ는 흔들리지 않는 것이다. '頃'도 성모는 현실음의 영향일 수 있으나 합구 개음은 교정음대로 유지하고 있다. 한편 '醒'(L뼁)는 동국정운 수록음 'R텡'를 오교정(誤校正)한 결과로 보인다. 평성과 구별되는 성모

---

7) '霧'는 우섭(遇攝) 字이므로 종성은 'ㅇ'로 표기하여야 동국정운에 부합한다.

로 교정은 하되 정칙인 차청이 아니라 전탁으로 주음한 것이다. 이것은 과
도교정과는 다소 다르다고 하겠다. 전탁 성모를 의식한 오류라 할 수 있다.

한편 복수 문헌음의 양상에서는 '動, 縱, 使, 授, 將'의 주음을 다른 문헌과
달리 취하였다. 특히 '動, 縱, 授'는 이들은 편찬자의 오류거나 판각자의 오
각으로 보인다. '使'는 전통적인 파음자인데 다른 문헌과 달리 이를 한 음
으로 표시하였다.

이상의 사항들을 종합하면『남명집언해』는 동국정운식 한자음 교정 원
칙을 의식적으로 적용하되, 현실음의 영향을 피할 수는 없던 양상을 보인
다. 교정 한자음의 현실성이 멀어진 15세기 후반의 시대적 압력을 피할 수
없었을 것이다.

8) 영험약초(靈驗略抄, 1485년 추정)

분량이 적은 문헌이기 때문에 주음의 특이점은 그리 많이 발견되지 않
는다. 그러나 그 양상은『남명집언해』와 비슷하다.

불일치음은 '菩, 蜀, 殀'이 있고('殀'은『영험약초』에서만 발견되었다), 불
일치음으로는 성모가 다른 것 3字(隨, 授, 殃), 성모 및 운모가 모두 다른 것
1字(驗)가 나타난다. 성조 불일치음은 '九, 度, 報' 등 3字가 발견되었다.

흥미로운 점은『영험약초』의 위 불일치음은 모두 현실음의 영향으로
설명할 수 있다는 사실이다. 단정할 수는 없으나 현실음의 성모, 운모 혹
은 성조와 일치하는 양상을 보이기 때문이다. 다만 '授, 九'는 종성 ㅱ를 끝
까지 유지하고 있다.

5.2. 개간법화경언해의 한자음 – 과도기 문헌의 일면

『개간법화경언해』(1500, 연산군 6년)는 원간본(原刊本)『법화경언해』

를 바탕으로 하되 새로 변개하여 간행한 문헌이다. 단순한 복각본이 아니기 때문에 내용과 판식은 물론 문자와 표기법에서 차이가 크다. 한자음 또한 당연한 변화를 보인다.

일부 연구에서는 이 문헌을 동국정운 한자음에서 현실한자음으로 바뀐 문헌으로 언급하기도 한다. 가령 伊藤智ゆき(2007)은『개간법화경언해』의 한자음을 현실한자음으로 분류하여 한자음 목록에 포함시켰다. 그런데 개간본에는 동국정운식 한자음이나 특이 한자음이 나타나는 예가 적지 않기 때문에 이 문헌을 현실한자음 자료로 단정하고 사용하는 것은 적합하지 않다. 개간법화경은 동국정운에서 현실한자음으로 넘어가는 과도기적 성격을 가진다. 특히 그 과도기적 성격이란 한자음이 무원칙하게 흔들리거나 혼란을 빚는 것이 아니라 오히려 일정한 원칙을 견지하고 있다는 것이다.

한자음 위주로 전환한 문헌으로 이 문헌에서 주목되는 점 중 하나는 한자음이 당시의 현실한자음으로 곧바로 전환한 것은 아님을 보여준다는 사실이다.

그 특징은 대략 다음과 같다.8)

① 불청불탁 종성 'ㅇ' 표기를 폐지하였다.

이제 셰존(世尊)을 좃ᄉᆞ와(개법2-1ㄱ)
셔릭(如來) 디견(知見)과 무소외(無所畏)ᄅᆞᆯ (개법2-35ㄱ)

---

8)『개간법화경언해』한자음에 대한 집중적인 연구는 차익종(2015)를 참조하라. 차익종(2015)에 따르면『개간법화경언해』권1, 2에 수록된 한자는 자종(字種)을 기준으로 824字인데, 동국정운식 한 자음을 취한 경우가 1회라도 나타나는 것이 67字, 동국정운도 현실한자음도 아닌 주음이 나타나는 경우가 82字였다.

② 인위적인 표기로 지적되던 ᄚ종성을 폐기하고 ㄹ종성으로 표시하였다.

그 ᄢ 샤리불(舍利佛) 이 ᄂ소사 깃거 즉재 니러(개법2-1ㄱ)

③ 초성 'ᅙ'(읍모 邑母)이 사라졌으며, 전탁 성모도 나타나지 않는다.

이와 같은 점만 주목하면 사실상 개간법화경언해는 현실한자음과 동일하다고 여겨질 수도 있다. 그러나 아래와 같은 점은 현실한자음과 다른 양상으로, 지금까지 연구에서는 충분히 지적되지 못하였다.

④ 초성 'ㆁ'(業母)을 표기한 경우가 많이 나타난다.

아래는 업모(業母) 즉 'ㆁ'을 성모로 주음한 한자의 예인데, 'ㅇ'(欲母)와 혼용한 경우가 많긴 하지만, 업모(業母)로 주음되는 경향이 높은 비율이다. 가령 '王'은 권1에 69회 출현하는데, 그중 51회가 'ㆁ'이었다(이상 차익종 2015:216-217).

	개간본	원간본	동운음	현실음
王	L왕(51) L앙(5) L왕(5) X왕(8)	L왕	L왕	LRH왕
玩	R완(6)	?	H완	R완
月	H월(4) H월(7) L월(15)	H웛	H웛	H월
願	H원(4) H원(19) X원(4)	H원	H원	RH원
嚴	L엄(3) L엄(8) X엄(2)	L엄	L엄	L엄
義	H의(2) H의(4) L의(4)	H욍	H욍	RH의
樂	H악(2)H락(6)L락(1)H요(1)	H악H락H욜	H악H락H욜	H악H락 RH요
蚖	L완(2)	?	L완L원	L원
業	H업(2)H업(4)X업(1)	H업	H업	H업

〈표 1〉 ㆁ(業母)이 2회 이상 출현한 예(차익종 2015:216)

⑤ 'ㅕ' 계통의 중성, 즉 촬구호(撮口呼)를 보존하고 있다.

傳 [동원] L뎐(문헌음), H뒨, H뛴 [SK]L뎐 R뎐 H뎐 [개법] L뒨

緣 [동원] L원(문헌음), R원, H퇀(上同 椽) [SK] L연 [개법] L원

永 [동원] R윙 , H윙(上同 詠)　　　　　[SK] R영　　　[개법] R윙

⑥ 한어 근대음에 나타나는 강섭(江攝) 2등 설치음의 합구성 개음을 취한 한자들이 보인다. 이는『동국정운』의 뚜렷한 특징 중 하나다.

窓 [동원] L창 [SK] 창 [개법] L창(3회)[9] L촹(1회)

濁 [동원] H똭 [SK] 탁 [개법] H뙉(7회) H탁(1회)

⑦ 현실한자음에서는 'ㅠ, ㅖ',『동국정운』에서는 'ㆎ'로 나타나는 중성이 동국정운 음대로 유지된 경우가 보인다.

隨 [동원] L쒱(문헌음), L휑H휑R퇑 [SK] L슈　[개법] L쉬

瑞 [동원] H쉬　　　[SK] R셰, R셔　　　[개법] L쉬

⑧ 방점은 혼란을 보이는 경우가 있는데 현실음 성조와 반드시 일치하지 않는다.

漢 [동원] H한　[SK] R한, H한　[개법] L한

⑨ 운모가 현실음과 달리 나타나는 경우가 있다.

塞 [동원] H싱 H슥 [SK] H싀, H식 [개법] 식(優婆塞)~슥(優婆塞)

---

9)『개간법화경언해』권1, 2에 출현한 횟수를 가리킨다.

특히 ⑤~⑨는 중성에 나타나는 양상으로,『개간법화경언해』에 일관된다. 이점을 감안한다면 이 문헌에서부터 한자음이 완전히 현실음로 교체되었다고 말할 수는 없는 셈이다.

따라서 본 연구는『개간법화경언해』를 동국정운식 한자음에서 현실한자음으로 넘어가는 과도기 문헌으로 파악한다.

이와 같은 사실이 의미하는 바는 무엇일까? 이는『개간법화경언해』라는 문헌의 개별적 특성을 말해 줄 뿐 아니라, 이른바 동국정운식 한자음이라는 것도 균질적인 한자음 체계는 아님을 깨닫게 한다. 오랜 세월동안 많은 인원들이 혼신의 노력을 기울인 결실로 얻어진『동국정운』이었지만 15세기 현실한자음과 들어맞지 않는 교정음 체계였기에 문헌의 편찬자들은 일정한 혼란을 피할 수 없었고 또 전승된 음을 완전히 무시할 수 없는 경우도 맞이하였을 것이다. 비록 반세기 남짓한 짧은 시기동안 시도된 교정한자음이라 하더라도 문헌별로 여러 시행착오는 피할 수 없는 법이었다. 게다가 언어의 본질에 따른 필연적 결과로서 현실 언어도 변화할 수밖에 없으니, 살아있는 언어의 구사자이자 담지자이기도 한 편찬자들이『동국정운』과 괴리가 있는 한자음을 주음하는 일은 어쩔 수 없이 일어나기 마련이다.

아무리 강력한 국가적 뒷받침으로 실시되는 언어 정책이라 하더라도 현실언어의 압력은 결코 피할 수 없는 법이므로, 동국정운식 한자음에 대한 연구도 여러 문헌들의 이질적인 주음을 당연히 전제해야 함을 일깨워준다고 하겠다.

5.3. 동국정운식 한자음 표기의 시기별 특징

여기서는 동국정운식 한자음 전체의 시기 구분을 시도하고 그 특징을 서술한다. 동국정운식 한자음이 채택된 것은 시기적으로는 반세기에 불과하지만 앞에서 살펴본 문헌별 특징을 고려하면 이 짧은 시기도 다시 구분하여 볼 수 있다.

이 시기를 동국정운식 한자음의 정립, 안정, 이완이라는 큰 틀에서 구분해 본다. 덧붙여 동국정운식 한자음이 완전히 폐지되기 직전 일종의 과도기를 나타냈던 『개간법화경언해』의 특정도 대비하여 서술한다.

1) 제1기: 정립기

『동국정운』을 완성하고 이를 실제 문헌에 적용하는 단계다. 훈민정음언해, 『월인천강지곡』, 『석보상절』이 그에 해당한다. 『월인천강지곡』을 이 시기의 문헌으로 보는 이유는 개음절 종성을 표기하지 않았다는 점을 중요하게 본 것이다. 그 밖의 측면에서는 비교적 충실하게 동국정운식 한자음을 보이고 있다.

『석보상절』은 대표적인 동국정운식 한자음 문헌이지만 정립기의 문헌에 포함시키는 것이 온당할 듯하다. 구현된 한자음은 충실한 편이지만 여러 한자의 주음에서 나타나는 오류와, 이를 바로잡은 교정 작업이 꽤 나타나 있기 때문이다. 특히 교정을 거치지 못한 한자음이 『석보상절』 권19·23·24에서 발견되는 점을 고려하였다.

흥미로운 점은 '巍', '呴'와 같이 동국정운 수록음과 다른 주음이 이 기기에도 나타난다는 점이다. 단순히 현실음에 이끌리거나 단순히 혼란을 일으켰다기보다는 전승된 불교음이나 관행으로 유지되어오던 연기(年期) 주음에서 그러한 경우가 나타났다. 동국정운 한자음을 숙지하고 있으면서도 의식적으로 선택한 결과라고 할 수 있다.

2) 제2기: 안정기

이 시기는 『월인석보』가 대표적이다. 『석보상절』에서 보인 한자음 오류가 거의 바로잡혔다. 동국정운식 한자음 표기를 대표할 만한 문헌이라 할 수 있다. 『월인석보』의 발간과 함께 동국정운식 한자음은 자리를 잡았다고 하겠다.

3) 제3기: 이완기

『남명집언해』와 『영험약초』를 들 수 있다. 이 문헌들에서는 한자음의 혼란을 적은 수이지만 관찰할 수 있고, 그 결과로 나타난 주음은 대부분 현실음에 이끌린 것이다. 그렇지만 현실음에 이끌린 경우에도 ㅱ 종성이나 업모(業母)의 사용 등은 일관되게 유지되었다. 특히 이런 과정에서 과도교정이 일어나기도 했다. 주지하다시피 동국정운식 한자음 표기는 오랜 기간에 걸쳐 서서히 쇠퇴한 것이 아니라 조정의 정책적 입장 변화에 따라 거의 일시(一時)에 이뤄진 것이었다. 동국정운식 표기의 시기 구분에서 쇠퇴기, 혼란기, 해체기 따위의 개념을 쉽사리 구사하기 어려운 이유도 이 때문이다. 심지어 제3기에서 한자음의 혼란이나 과도교정을 논의하고 있지만, 전체 주음 중에서 극히 일부만 보이는 특징임은 염두에 둘 필요가 있다. 그만큼 소수의 전문 주음자가 아니면 견지되기 어려웠고 그런 만큼 담당 주체가 존재하는 한 주음 작업이 비교적 일관되게 나타날 수 있는 것이 동국정운식 한자음 표기라 하겠다.

한편 『법화경언해』와 『능엄경언해』는 제2기와 제3기 사이의 과도기적 문헌이라 할 수 있다. 이 두 문헌(『능엄경언해』는 활자본을 가리킴)은 훈민정음 자모를 이용하여 불교음역 표기를 시도하였다는 점에서 이채롭다(앓난 阿難, 밣샹 般若). 특히 『법화경언해』는 불일치음이나 복수음에서 다른 문헌과 뚜렷이 구분되는 태도를 보인다. 심지어 동국정운에서 철저히 외면했던 『거요』 지모(知母, 설상음이 치찰음화된 것)를 'ㅈ'로 주음하는 예까지 나타난다. 『법화경언해』의 한자음이 편찬자의 어떤 음운학적 태도를 반영하였는지, 더 나아가 『법화경언해』의 편찬자가 (혹은 편찬자들이) 어떤 사람(들)이었는지 등에 대해 별도의 연구가 요청된다고 할 것이다.

4) 과도기: 『개간법화경언해』의 경우

마지막으로 『개간법화경언해』(1500)에 대하여 간략히 덧붙인다.

동국정운식 한자음이 폐지된 기점으로 『육조법보단경언해』를 드는 것이 보통이다. 경우에 따라서는 『개간법화경언해』를 언급하기도 한다. 그러나 『개간법화경언해』는 한자음을 전면적으로 현실화한 문헌이 아니었으며, 특별한 유형을 말하기 어려운 혼란된 양상을 보이지도 않는다. 오히려 어느 측면에서는 현실한자음대로 표기하고 또 어떤 점에서는 동국정운식 한자음의 특성을 견지하고 있다. 즉 초성과 종성 표기는 현실한자음대로 표기하되(전탁 성모의 폐지, ㆁ, ㆆ의 폐지, ㅱ 종성과 이영보래의 폐지), 중성에서는 합구 개합 특히 촬구호를 그대로 유지하였다. 가령 '緣, 慧' 같은 한자는 동국정운식 한자음대로 '웡,฿'로 주음하였다. 개음절 종성 표기를 폐기한 것만 제외하면 '慧'는 동국정운식 한자음과 하등 다를 바 없는 것이다. 이러한 한자음은 『육조법보단경언해』에 이르러 '연, 혜'로 주음함으로써 완전히 폐기되었다.

『개간법화경언해』의 이러한 주음 양상은 무엇을 말해주는가? 제3장(동국정운의 이해)에서 지적한 '개합 교정의 철저함'을 상기할 필요가 있다. 동국정운은 전탁 성모, 류섭(流攝)과 효섭(效攝) 운미의 ㅱ 종성 표기, 개음절의 'ㅇ' 종성 표기, 초성 'ㆆ, ㆁ'의 표기, 이영보래 표기 등이 먼저 눈에 뜨이곤 하지만 합구 개음을 철저히 복원하였다. 실제 문헌에서도 개합 표시에 오류를 보인 예가 단 하나도 보이지 않았다. 이는 『월인천강지곡』을 비롯한 초기 문헌에서부터 오류를 피할 수 없었던 지난한 과정 속에서도 끝까지 관철된 원칙이었다. 이러한 원칙은 『개간법화경언해』에서도 살아남아서, 다른 표기 원칙과 달리 의연히 자리를 잡고 있었다고 할 것이다. 개간법화경언해가 과도기적 문헌이라는 것은 바로 이러한 이유 때문이다.

제6장 결론 – 동국정운식 한자음이란 무엇인가

이 연구는 실제 문헌 속에 나타난 한자음을 귀납하여 동국정운식 한자음의 정의를 내리는 것을 목적으로 이루어졌다. 이에 따라 15세기 초반부터 후반까지의 대표적 문헌을 대상으로 거기 수록된 한자음을 전수 조사한 후 그 양상을 분석하였다. 즉 총 8종(『개간법화경언해』 제외)의 문헌에서 1,940여 字의 한자음을 추출하고, 이들 중 미수록자 26字를 발견하고 그 주음 양상을 분석하였으며, 운서『동국정운』과 불일치한 주음이 이루어진 45字도 발견하여 그 양상을 논하였다. 덧붙여『동국정운』속 복수음이 문헌음으로 선택되는 양상도 살펴보았는데, 특히『동국정운』속 복수음이 문헌 속에서도 복수로 나타나는 경우를 60字(성모 복수음 9字, 운모 및 성조 복수음 51字)를 발견하여 그 양상을 분석하였다. 그리고 이러한 양상을 다시 문헌별, 시기별로 종합하였다. 이렇게 연구된 내용을 정리하면 다음과 같다.

첫째, 동국정운 한자음과 동국정운'식' 한자음은 구분되어야 한다. 이는 동국정운 미수록자의 주음, 동국정운 불일치음 등에서 확인될 수 있다. 미수록자의 주음이나 불일치음의 양상은 15세기 언해본이 편찬자들이 운서 동국정운을 기계적으로 참고하여 이를 서사(書寫)하는 수준이 아니라 모종의 적극적인 한자음 체계를 내면화하고 있었음을 말해준다.

둘째, 이 연구에서 조사한 문헌에서는 한자음의 절대 비율이 동국정운에서 교정하고자 한 음에 따라 주음되었다. 현실음과 일치하지 않았으며 그러면서도 당시 통용되던 운서 속의 중국음과도 부합하지 않던 한자음을 정착시키는 일은 매우 어려웠을 것이다. 그러한 조건에서도 짧은 기간 안에 무수한 문헌에서 비교적 성공적으로 동국정운식 한자음을 적용시켰던 성과는 세종과 세조는 물론 당시의 여러 음운학자들이 혼신의 힘을 다한 결과였다고 경의를 표해야 할 것이다.

셋째 그러나 극히 미미한 비율이겠지만, 동국정운 미수록자, 불일치음, 혼란된 복수음이 나타난다. 이들의 양상을 분석한 결과 적잖이 흥미로운 점이 발견되었다. 미수록자의 주음은 전승된 불교음으로 추론할 수 있는 경우가 제법 있으며, 그밖에도 대부분 중고음까지 소급할 수 있는 대응관계를 보인다. 특히『동국정운』속의 다른 字에서 직접 유추한 것으로 보인 주음은 거의 발견되지 않았으며 현실음과도 거리가 먼 경우가 많았다. 이것은 당시 문헌의 편찬자들이『동국정운』이라는 운서를 단순히 열람하고 암기하는 것을 넘어서 일정한 원리를 채득하고 있었음을 말해준다.

한편 불일치음은 현실음에 이끌린 경우가 적지 않았다. 현실음에 이끌린 주음은 대부분『남명집언해』나『영험약초』등 후기의 문헌에서 나타난다.

또 복수 문헌음은 파음자(破音字) 용법보다는 한자음의 혼란이나 문헌의 특수성에 따라 나타난 경우가 더 많다. 총 60字 중 파음자 용법에 충실한 것은 20字에 불과했으며, 나머지는 대부분 편찬자의 혼란이거나 문헌의 특수한 주음 태도로 여겨지는 경우들이었다. 특히『법화경언해』는 불일치음은 물론 문헌 복수음도 다른 문헌에 비해 상대적으로 두드러진다. 이는 이 문헌의 발간 경위나 주체에 대하여 별도의 연구가 필요함을 말해준다.

역으로 말하면, 동국정운식 한자음이란 그 자체가 균일한 속성을 견고하게 가지고 있기보다는 문헌에 따라 혹은 시기 및 편찬자들의 인식에 따라 일정한 선에서 유동하고 있는 한자음 체계라 할 수 있다. 주음의 오류나 과도 교정이 나타난 것은 현실음의 압력을 뿌리칠 수 없는 언어의 본질적 속성을 다시 한 번 환기시켜준다.

넷째, 그러나 이러한 특이한 주음이나 혼란상에 전혀 영향을 입지 않은 것이 있었으니 바로 개합의 철저한 복원 교정, ㅱ종성, 전탁 성모, 이영보 래 표기 등이 그것이다. 본 연구에서 조사한 15세기 문헌 중에서 이와 같은 점에서 예외를 보인 경우는 거의 없다 해도 과언이 아니다. 다만 전탁 성모 의 표기는 약간 흔들리는 경우가 있다. ㅱ종성의 표기도 오류를 보이기는 하나, ㅱ 종성을 생략한 것이 아니라 'ㅇ' 종성을 'ㅱ' 종성으로 과도 교정한 예가 있다는 점이 특징이다. 덧붙여 동국정운식 한자음 폐지로 넘어가는 과도기적 문헌인 『개간법화경언해』에서 중성의 합구 개음, 특히 촬구음 만은 유지하고 있었음에 주목할 필요가 있다. 동국정운식 한자음의 여러 특징 중에서 가장 끈질기게 살아남은 것들이 이들이었다.

다섯째, 이 연구가 동국정운 음운체계에 대해서도 약간의 논의를 더한 바가 있다. 즉 동국정운은 어떤 점에서는 철저히 중국음을 표기하고(전탁 성모, ㅱ 종성, 운모의 개합, 설내입성의 표시 등), 어떤 점에서는 중국음과 명시적으로 거리를 두고 있다(설상음과 설두음 구분의 불인정, 치두음과 정치음 구분의 불인정 등). 이런 모순된 태도에 대한 설명은 기존 연구에 서 미흡하였다. 이 연구에서는 『동국정운』 서문에서 '語音'과 '字音'을 구분 하고 있다는 점, 『동국정운』 서문과 『홍무정운역훈』 서문, 『훈민정음』 서 문의 대비를 통하여 당시 음운학자들이 '칠음청탁사성(七音四聲淸濁)' 및 '개합'의 원리를 언어보편 차원에서 절대시했다는 점을 확인하였으며, 아 울러 여기서 벗어나는 점에 대해서는 풍토(風土)의 특수성이라는 차원에 서 받아들이지 않았다고 설명하였다. 동국정운 편찬자들은 자신들이 제 시한 교정 원칙을 중국음운체계의 도입이 아니라 언어일반의 불변 원리 로 생각한 것이고, 그 이외의 특성은 중국어 고유의 것이기 때문에 도입할 수 없다고 생각했던 것이다. 이에 따라 어음의 특수성은 인정하되 '칠음사성청탁, 개합'의 원리와 관련된 자음(字音)은 철저히 견지한 것은 바로 이러한 까닭으로서, 이른바 '정음관(正音觀)'이 바로 그러한 언어학적 세계관이라고 주장하였다.

  마지막으로 최종적인 질문에 답하고자 한다. '동국정운식 한자음'이란 무엇인가?

  '동국정운식 한자음'이란 운서『동국정운』에 수록된 한자음 체계를 바탕으로 실제 문헌에 주음된 한자음을 말한다. 구체적으로 말하면 다음과 같다.

  첫째, 운모 개합(開合)을 한어 中古는 물론 근고음에 맞게 교정한 한자음이다.

  둘째, 칠음사성청탁(七音淸濁四聲)을 언어보편적인 원리로서 한국 한자음에도 적용한 교정음이다. 이는 칠음사성청탁(七音淸濁四聲)에 해당하지 않는 한자음 요소는 교정음으로 반영하지 않았음을 의미한다. 한자음의 나머지 측면에서는,『고금운회거요』에 나타난 아음(牙音) 및 후음(喉音)의 변화를 받아들여『동국정운』업모(業母, ㅇ)로 수용한 것을 제외하면 대체로 당대(唐代) 장안음(長安音) 혹은 그 이전 시기의 음을 복원하려는 경향을 보인다. 특히 운모 면에서는 류섭(流攝)과 효섭(效攝)의 운미를 ㅸ로 표시한 것을 제외하면 15세기 한국 현실음에 가까운 점이 있다.[1]

  셋째, 운서『동국정운』에 수록된 음 중에서 실제로 문헌에 주음된 한자음을 동국정운식 한자음으로 간주한다. 또『동국정운』에 수록되지 않았더라도 위와 같은 원리에 따라 주음된 한자음, 마지막으로『동국정운』수

---

1) 특히 운모 면에서는 류섭(流攝)과 효섭(效攝)의 운미를 'ㅸ'로 표시한 것을 제외하면 15세기 한국 현실음에 가까운 섬이 있다. 그러나 이것은 한국의 현실한자음 자체가 가지는 특징에서 크게 어긋난 것이 아니기 때문에 동국정운식 한자음, 당대음(唐代音), 한국 현실한자음 3자 간의 관계에 대한 별도의 연구를 밟은 후에 해명될 문제다.

록음과 불일치하더라도 위의 원리와 합치하는 한자음은 모두 동국정운식 한자음으로 볼 수 있다.

종합하자면 동국정운식 한자음을 단순히 '복고적' 한자음이라 말할 수는 없다. 특히 근고음 시기에 발생한 합구 개음을 체계적으로 반영했다는 점에서 그러하다. 중국의 특정 운서나 특정 시대의 음이 아니라 『동국정운』 편찬자들의 언어관에 따른 결과로 보아야 하는 것이다.

끝으로 이 연구의 한계와 앞으로의 과제에 대하여 덧붙인다. 이 연구는 비록 15세기 동국정운식 한자음 표기 문헌 8종을 대상으로 한 것이었으나 이 시기 문헌이 워낙 방대하기 때문에 여전히 대표성에서는 한계가 있다. 앞으로 남은 문헌을 하나하나 전수 조사해 나가면 이 연구에서 단편적으로 혹은 거칠게 다루었던 내역을 풍부하고 깊게 밝힐 수 있을 것이다. 가장 아쉬운 점은 『동국정운』 속 복수음이 문헌에서 단일음으로 나타나는 경향을 극히 일부만 언급한 것이다. 이에 대해서는 앞으로 시간을 두고 정리해 가면 국어음운사에 기여할 수 있는 결실도 얻을 수 있으리라고 생각한다. 나아가 『거요』 이외에도 『홍무정운』, 『사성통해』와 같은 운서는 물론 15, 16세기 현실한자음 및 한어음 자료(노걸대, 박통사 등)까지 대비하는 연구도 필요할 것이다.

참고문헌

(한국어 논저는 특별한 경우를 제외하면 한글로만 표기한다.)

원전(原典), 자서(字書) 및 사전류(事典類)

周祖模(1960/2004),『廣韻校本』, 北京: 中華書局.

黃公紹, 雄忠,『古今韻會擧要』江西本, 北京: 中華書局 (2000년 영인).

申叔舟 등,『東國正韻』, 건국대학교 출판부 (1973년 영인).

丁度,『宋刻集韻』, 北京: 中華書局 (2005년 영인 2판).

李珍華・周長楫(1993),『漢字古今韻表』, 北京: 中華書局.

邵雍,『皇極經世書』, 北京: 商務印書館 (1965년 영인).

弘法院 編輯部 編(1988),『佛敎學大辭典』, 弘法院.

남광우 (1993),『古今漢韓字典』, 仁荷大學校 出版部.

羅竹風 主編 (1990~1993),『漢語大詞典』, 北京: 漢語大詞典出版社.

국내 논저

강신항(1992), 훈민정음 중성체계와 한자음,『春岡柳在泳博士華甲紀念論叢』, 春岡柳在泳博士華甲紀念論叢 간행위원회 편.

______(1996), 한자음을 통해서 본 국어음운사연구 문제,『국어학』27, 국어학회.

______(1997),『동국정운』음계의 성격,『국어학 연구의 새 지평』, 성재이돈주선생화갑기념논총 편집위원회, 강신항(2000)에 수록.

______(2000),『한국의 운서』, 태학사.

______(2003),『훈민정음연구』(수정증보판), 성균관대학교 출판부.

______(2009), 조선초기한자음과 동국정운한자음 비교표,『한국어연구』6, 한국어연구회.

______(2011), 한국한자음(15・16세기 현실음)과 위진남북조시대음과의 비교,『진단학보』112.

강혜근(2001), 이체자란 무엇인가 - 正字와 상대되는 개념과의 비교를 중심으로,『중국학논총』11, 중국문화학회.

국립국어원(2002),『한국 한자 이체자 조사 : 표준 코드(KS C 5601) 한자를 중심으로』, 국립국어원.

권인한(1997), 한자음의 변화,『국어사연구』, 국어사연구회 편.

＿＿＿＿(2009가),『中世韓國漢字音音訓集成(개정판)』, 제이앤씨.

＿＿＿＿(2009나),『중세한국한자음의 분석적 연구(자료편)』, 박문사.

권혁준(1995),《古今韻會擧要》의 음운 체계 연구 -《사성통해》의 韻會音을 중심으로, 고려대학교 박사학위 논문.

＿＿＿＿(1997), 동국정운과 고금운회거요의 通 · 宕 · 曾 · 梗攝 음운 체계 비교,『중국어문논총』12, 한국중국어문연구회.

＿＿＿＿(2000), 동국정운과 고금운회거요의 止 · 蟹攝 음운 체계 비교,『중국언어연구』12, 한국중국언어학회.

＿＿＿＿(2004가), 近古漢語 성모 疑 · 魚 · 喩모의 대립 문제,『중국어문논총』26, 중국어문연구회.

＿＿＿＿(2004나), 近古漢語 성모 ㅿ母, 合母 출현의 음운학적 의의,『중국어문논총』27, 중국어문연구회.

김동소(1997), 월인석보 卷4 연구,『월인천강지곡 第四 석보상절 第四』, 경북대학교 출판부.

김무림(1996),『동국정운』의 編韻에 대하여,『한국어학』3, 한국어학회.

＿＿＿＿(1999),『홍무정운역훈 연구』, 월인.

＿＿＿＿(2008),『홍무정운역훈』, 신구문화사.

김민수(1980),『전정판 신국어학사』, 일조각.

김성규(1994),『중세 국어의 성조 변화에 대한 연구』, 서울대학교 박사학위논문.

김시연(2000), 이체자의 정의, 분석 및 考釋 방법에 관하여,『중어중문학논집』15, 한국중어중문학회.

김영배(2000),『국어사자료연구 - 불경언해 중심』, 월인.

김완진(1994),『중세국어 성조의 연구』, 국어학회.

김철헌(1958), 동국정운 초성고,『국어국문학』19, 국어국문학회.

＿＿＿＿(1959), 동국정운 운모고,『국어국문학』21, 국어국문학회.

남광우(1966),『동국정운식 한자음 연구』, 한국연구원

남풍현(1972/1973), 남명천계송언해 해제,『남명천계송언해 영인본』, 1-5.

민지원(2009), 중고한어 3·4등운의 개음 연구, 고려대학교 중어중문학과 석사학위 논문.

박경송(2002), 동국정운에 나타난 조선음운학자들의 중고한어 음운 연구,『중국언어연구』15, 한국중국언어학회.

박병채(2004),『(보정판) 국어발달사』, 세영사.

사재동(2010), 훈민정음 창제·실용의 불교문화학적 고찰,『국학연구총논』5, 택민국학연구원.

신용권(1994), 노걸대언해의 한어음 연구,『언어학연구』22호, 서울대학교 대학원 언어학과.

______(2003),《고금운회거요》,《몽고자운》과《동국정운》,『알타이학보』13호.

______(2011),『飜譯老乞大·박통사』에 나타난 正俗音의 개념에 대한 재검토,『한글』293, 83-115.

______(2012),《번역노걸대·박통사》의 한어음 표기와 관련된 몇 가지 문제에 대하여,『언어학』21, 33-67.

심경호(1998),『한국 한문문헌의 正字와 이체자 변별에 관한 연구』,『연구보고서:국제문화코드 제안 한자의 표준화에 대한 연구(상권)』, 문화관광부.

심소희(1996),『《황극경세성음창화도》연구 - 정음관과 음운체계를 중심으로 -』, 연세대학교 중어중문학과 박사학위 논문.

______(2001), 동아시아에서의 정음관 형성과 발전,『한국어정보학』제4집.

______(2011), 홍무정운 序를 통한 정음관 고찰,『중국언어연구』제35집.

______(2013),『한자 정음관의 통시적 연구』, 이화여자대학교출판부.

안병희(1971가), 개간법화경언해에 대하여,『동방학지』12, 연세대 동방학연구소.

______(1971나), 월인석보 해제,『국어학자료선집』, 일조각.

______(1973), 중세국어 연구 자료의 성격에 대한 연구,『어학연구』9-1, 서울대학교 언어교육원.

______(1974), 석보상절의 교정에 대하여,『국어학』2, 국어학회.

______(1979), 중세어의 한글 자료에 대한 종합적인 고찰,『규장각』3, 서울대 도서관.

______(1981), 월인천강지곡의 교정에 대하여,『石靜李承旭先生回甲紀念論叢』, 石靜李承旭先生回甲紀念論叢 編.

294

______(1998), 법화경언해의 서지,『서지학보』22, 한국서지학회.

엄익상(1996),「多音漢字의 중국음운학적 분석」,『중국어문학논집』, 중국어문학회.

염재웅(2013), 조선시대 한자음 異讀字 소고,『제14회 한국한자음연구회발표집』, 한국한자음연구회.

유창균(1966가),『동국정운연구』연구편, 형설출판사.

______(1966나),『동국정운연구』복원편, 형설출판사.

유호홍(2010), 순경음 ㅸ의 종성 표기에 대하여,『국어사연구』10집.

이경원(1998), 正字와 異體字에 관한 고찰,『중어중문학』23집, 한국중어중문학회.

이기문(1963),『국어표기법의 역사적 연구』, 한국연구원.

______(1972),『국어사개설』(개정판), 탑출판사.

______(1977),『국어음운사연구』, 탑출판사.

이달현(1997), 법화경언해의 표기사적 고찰,『불교어문논집』2, 불교어문학회.

이돈주(1995),『한자음운학의 이해』, 탑출판사.

______(2004), 소옹의 황극경세성음창화도와 宋代 한자음,『국어학』43집, 국어학회.

이동림(1959),『주해 석보상절』, 동국대학교출판부.

______(1967가),『동국정운연구』연구편, 동국대학교국어국문학연구실339호.

______(1967나),『동국정운연구』재구편, 동국대학교국어국문학연구실339호.

이병주(1967), 석보상절 제23,24 해제,『동악어문논집』5, 동악어문학회.

이숭녕(1958), 세종의 언어정책에 관한 연구 - 특히 운서편집과 훈민정음제정과의 관계를 중심으로 하여,『아세아연구』1-2. 고려대학교 아세아문제연구소.

______(1959), 홍무정운역훈의 연구,『진단학보』20, 진단학회.

______(1981),『세종대왕의 학문과 사상』, 아세아문화사.

이준석 · 이경원(1999), 한자 異體字典 편찬 연구 - 편찬 체제를 중심으로,『새국어생활』9-1, 국립국어원.

이현선(2008), 동국정운 한자음 연원 연구, 이화여자대학교 석사학위논문.

이호권(1993), 법화경언해,『국어사 자료와 국어학의 연구』, 문학과지성사.

이호권(2001),『석보상절의 서지와 언어』, 태학사.

임진호 · 김하종 역(2011),『문화문자학』, 문현; 劉志成(2003),『文化文字學』, 成都, 巴蜀書社.

장형실(1994),《번역노걸대》의 중국어 주음에 관한 연구, 고려대학교 석사학위논문.

정경일(2002),『한국 운서의 이해』, 아카넷.

정연찬(1972),『홍무정운역훈의 연구』, 일조각.

______(2010),「동국정운 九十一韻의 배열과 그 중성 배정」,『한국어연구』7, 한국어
　　　　연구회.

정우영(1999), 15세기 국어표기법의 성립과 개정에 대하여,『동국어문논집』8, 동국
　　　　대학교 인문과학대학 국어국문학과.

정인승·성원경(1973), 동국정운 연구,『건대 학술지』, 건국대학교.

조규태(1999), 두음법칙 표기에 대하여,『배달말』25-1, 배달말학회.

조운성(2010가), 동국정운의 운류와 고음운회거요의 반절하자,『인문연구』58, 영남
　　　　대학교 인문과학연구소.

______(2010나), 동국정운의 운류와『擧要』의 자모운,『서강인문논총』28, 서강대학
　　　　교 인문과학연구소.

______(2011가), 동국정운의 業母와 欲母,『구결연구』26, 구결학회.

______(2011나),『《동국정운》한자음의 성모와 운모 체계 연구』, 연세대학교 국어국
　　　　문학과 박사학위논문.

정진강(1999), 절운어음체계의 검토(1),『中國語文論譯叢刊』3, 中國語文論譯學會.

조희무(1998),『《고금운회거요》연구』, 전남대학교 중어중문학과 박사학위논문.

차익종(2014), 동국정운의 중성 배열 원리에 대하여 - 훈민정음 해례본의 제자·합
　　　　용·상합의 관점에서,『국어학』70.

______(2015), 개간법화경언해의 한자음에 대하여,『한국어학』68,

______(2016), 동국정운 복수음의 문헌 속 단일화 양상: 고금운회거요와의 관계를 중
　　　　심으로,『국어학』77.

______(2018), 중세한국한자음 ‘ㅓ~ㅖ’, ‘ㅕ~ㅖ’ 형에 대하여-遇攝 魚韻의 ‘ㅣ’ 덧남
　　　　변칙음을 중심으로,『국어학』86.

______(2021), 以影補來 표기의 동기와 ㅭ종성 음절의 음운론적 성격에 대하여,『인
　　　　문학연구』61, 조선대학교 인문학연구원,

______(2023), 이중문자체제 텍스트로서 동국정운식 한자음 표기 문헌-세종의 한자
　　　　음 개신 정책에 대해 다시 생각하기, 제31회 유럽한국학연합학술대회
　　　　(31th AKSE) 발표문.

최미현(2006),『한국한자음의 이중음 연구-전운옥편의 복수 한자음을 중심으로』, 동
　　　　의대학교 박사학위논문.

최영애(1999), 한국한자음에 나타난 重紐 현상과 해석,『중국언어연구』9, 1-63.

______(2000), 『중국어음운학』, 통나무.

한태동(1985), 동국정운 연구, 『연세논총』, 연세대학교 대학원

허웅(1985), 『국어음운학』, 샘문화사.

홍기문(1946), 『정음발달사』 上下, 서울신문사 출판국.

국외 논저

有坂秀世(1957), 『國語音韻史の研究』增補新版, 東京, 三省堂.

伊藤智ゆき(2007), 『朝鮮漢字音研究』本文篇, 資料篇, 東京, 汲古書院.

河野六郎(1968), 『朝鮮漢字音の研究』, 東京, 天理時報社.

藤堂明保(1957), 『中國語音韻論』, 東京, 江南書院.

花登正宏(1997), 『古今韻會擧要研究 - 中國近世音韻史の一側面-』, 東京, 汲古書院.

平山久雄(1967), 中古漢語の音韻, 『中國文化叢書 1 - 言語』, 東京, 大修館書店.

________(1993), 邵雍 「皇極經世聲音唱和圖」の音韻體系, 『東洋文化研究所紀要』
        120, 東京大學 東洋文化研究所.

________(1998), 隋唐音系里的唇化舌根音韻尾和硬顎音韻尾, 『語言學論叢』20.

林茶英(2019), 『東國正韻漢字音研究- 中聲の修正を中心に』, 東京大 博士論文.

董同龢(1968), 『漢語音韻學』, 臺北, 文史哲出版社.

陸志韋(1946), 記邵雍《皇極經世》的'天聲地音', 『燕京學報』31.

馬文熙·張歸璧(1996), 『古漢語知識詳解辭典』, 北京, 中華書局.

邵榮芬(1997), 《集韻》音系簡論, 『邵榮芬音韻學論集』, 首都師範大學出版社.

______(2011), 『集韻音系簡論』, 北京, 商務印書館.

愼鏞權(2002), 《古今韻會擧要》研究, 南京大學 博士學位論文.

唐作藩(2002), 『音韻學教程』(제3판), 北京, 北京大學出版社.

周祖模(1984), 『廣韻校勘記』, 臺北, 世界書局.

Cha(2015), Open and Closed Mouth in Dongguk jeong'un style Sino-Korean
        readings, *Scripta* 2014, the Hunmin jeongum Society.

[부록]

2023년 6월 제31회 유럽한국학대회(AKSE)에서 발표한 내용으로, 독자의 편의를 위하여 싣는다. 동국정운식 한자음을 텍스트 전체 속의 존재 양상이라는 관점에서 접근하였다.

이중문자체제 텍스트로서 동국정운식 한자음 표기 문헌
-세종의 한자음 개신 정책에 대해 다시 생각하기

1. 머리말

1447년 세종의 명으로 완성되어 1448년에 배포된 동국정운은 그때까지 조선에서 통용되던 한자음(전승한자음)을 표준음으로 개신(이기문 1998, 김민수 1980, 강신항 2003)하려는 취지로 발간된 흠정운서다. 동국정운식 한자음은 이 운서 동국정운에 수록된 한자음을 바탕으로 한 한자음을 가리킨다. 그런데 '전승한자음의 개신'이라는 사업의 대상이나 범위를 더욱 엄밀히 규정할 필요가 있다.

동국정운식 한자음을 채택한 문헌을 엄밀히 관찰하면 '한자 형태소로 생성된 모든 음절 음'을 개신한 것이 아니었다. 가령 15세기 문헌에서 빈번하게 나타나는 한자어인 '爲頭'는 '윙뜯' 또는 '위두'로 나뉘어 출현하는데, '윙뜯'는 한자어 '爲頭'와 함께만 나타나며 한자 표기가 없을 때에는 철저히 일관되게 '위두'로만 나타날 뿐이다. 즉 동국정운식 한자음은 한자로 표기된 단어 또는 형태에만 주음된다. 게다가 같은 문헌 속에서 같은 한자어에 주음되는 어음에도 차이가 발견된다. 즉 한자로 표기되었느냐의 여부가 이를 좌우한다.

이러한 현상에 대해 필연적인 의문이 생긴다. 동국정운은 결국 한자어의 어음 표기를 개혁하려는 목적이었는데, '모든 한자어의 어음'을 개혁하는 것이 목적이 아니란 말인가? 이러한 의문에 따라 15세기 한국인의 문자생활 속에서 동국정운 혹은 동국정운식 한자음 정책의 성격을 분석하는 것이 이 연구의 목적이다.

동국정운에 대한 탁월한 연구가 축적되어 왔음이 분명하지만 주로 음운체계의 성격(유창균 1966, 이동림 1970, 강신항 2003, 조운성 2011나, Cha 2016, 林茶英 2019)에 집중되었다. 이 연구는 실제 동국정운식 한자음이 주음된 문헌을 집중적인 관찰대상으로 한다는 점에서 남광우(1966), 차익종(2014, 2016)의 흐름과 맞닿아있다. 특히 문헌 속의 한자 주음이 이중구조에 주목한다는 점에서 차이점을 두고 있다.

2. 동국정운식 한자음의 실제

2.1. 연구 대상과 연구 방법

1443년 창제된 훈민정음은 표음문자의 특성에 맞게 중세 한국의 고유어 표기 이외에도 다면적 기능을 수행했다. 이를 텍스트별로 구분하면 다음과 같다.

[한국어 텍스트]

(1) 15세기 한국어 속의 고유어

(2) 15세기 한국어 속의 외래어 특히 한자어

[동아시아 고전 텍스트]

(3) 고전 중국어 문헌 속의 한자 독음

(4) 불경 언해 속의 산스크리트어 이른바 진언(眞言)

[동아시아 당대 언어 텍스트]

(5) 중세 중국어, 일본어, 만주어, 몽골어 등 동아시아 여러 언어의 어음

(1)과 (2)는 15세기 한국어의 어휘 집합을 이룬다. 현대 한국어에서 한자어는 이미 외래어의 일부이며 한국어의 부분집합이기 때문에 고유어 표기와 따로 구분하는 것은 기이해 보인다. 그러나 실제 15세기 문헌 속에서는 한자어의 표기가 독특한 양상을 띤다. 즉 이 한자어의 음이 동국정운식 표기를 적용한 대상의 일부가 된다. 한편 (3) 즉 고전 중국어(즉 한문) 문헌 속의 한자음은 당대 구어로서의 한국어가 아니라, 주로 경전이나 당송대 한시를 텍스트로 하는 '한자 학습, 한문 텍스트의 습득 및 암송'을 위한 목적을 위해 발화되는 어음이었다.

한편 (4)는 한문으로 번역하지 않은, 그들이 생각한 인도 원음으로서의 진언을 표기하는 수단이었다.[2] (5)는 당시 중국어, 일본어, 만주어, 몽골어. 외교 및 문화교류를 목적으로 하는 통역 사업의 일환으로. 소수의 통역 종사자를 위한 용도의 표기였다.[3]

동국정운의 편찬은 일견 (2)의 한자어와 (3)의 중국고전문어 텍스트에 적용되는 것으로 이해될 수 있다. 그러나 실제 문헌을 관찰하면 (2)에 해당하는 모든 한자어에 동국정운식 한자음이 주음된 것은 아니었다. 다음의

---

2) 진언 텍스트가 수록된 대표적인 문헌으로 오대진언(五大眞言, 1476), 진언권공(眞言勸供, 1496)을 들 수 있다.

3) 번역노걸대(飜譯老乞大, 1517?), 박통사언해(朴通事諺解, 1517?), 몽어노걸대(蒙語老乞大, 1741), 청어노걸대(淸語老乞大, 1704), 인어대방(隣語大方, 1790) 등이 대표적인 문헌이다. 한편 이런 용도로 편찬된 운서가 홍무정운역훈(洪武正韻譯訓)이다.

예를 보자. 한자음과 방점은 논의의 편의를 위해 문제가 되는 항목에만 표시한다.4)

[常例 (쌍·롕 ↔ 샹·녜, 샹녯)

變은 [常例쌍·롕] 예셔 다룰 씨오 (월인석보 1-15ㄱ)

弟子ㅣ [샹·녜] 갓가비 이셔 經 비호아 외올씨니 (석보상설 6-15ㄱ)

行ᄒ요ᄆᆫ [샹·녯] 이롤 조차 ᄒᆞᄂᆞᆫ ᄆᆞᅀᆞ미요 (석보상절6-24ㄴ)

[爲頭 (윙뜯 ↔ 위두)

이름난 옷 [爲頭윙뜯]ᄒᆞᆫ 오시 갑시 千萬ᄊᆞ니와 (법화경언해 1-82ㄴ)

龍은 고기 中에 [위두]ᄒᆞᆫ 거시니 (월인석보1-14ㄱ)

[僧 (승 ↔ ·승, 즁)

[즁]과 [僧승]과 어러 子息나ᄒᆞ (석보상절 23-35ㄱ)

부텨씌와 [즁]의게 (법화경언해 1-82ㄴ)

그ᄢᅴ 波斯匿王ㅅ누의 [승H] ᄃᆞ외야 (석보상절 24-18ㄴ)

[暫間 (·짬간 ↔ :잢간)

아못 이리어나 [잢간] 니러날씨 作이오 (석보상절 13:41ㄱ)

[樣姿 (·양ᄌᆞ ↔ 양·즈, 양·지)

ㅎᆞ [양·지]ᄂᆞᆫ 아힛 時節와 엇더뇨 (능엄경언해 2-5ㄱ)

悽愴은 슬허ᄒᆞ논 [양·지]라 (월식석보 서-16ㄱ)

이러한 한자음 표기의 첫인상은 매우 복잡하며, 경우에 따라 다양한 형태로도 출현한다는 것이다. 가령 '常例'는 '쌍녱', '샹녜'뿐 아니라 'ㅅ'이 결합한 음절형인 '샹녯'으로도 나타난다. '잢간'은 暫間의 표기인 것이 분명한데 'ㅅ'이 삽입된 형태다. 이러한 표기에 어떤 규칙성이 있는가? 또 규칙성이 있다면 어떤 의미가 있는가. 이 연구는 이에 대한 해답을 찾고자 한다.

이를 위해 15세기에 출간된 대표적인 문헌을 연구자료로 삼아 한자음의 주음 양상을 관찰하고 일정한 공통점이나 규칙이 있는지 분석해 보았다. 연구 대상 자료는 다음과 같다.

훈민정음해례본(1446), 월인천강지곡(1447), 석보상절 권6, 9, 13, 19, 23, 24(1447 초간본), 월인석보 권1, 2(1456 초간본), 능엄경언해 권1, 2(1461), 법화경언해 권1, 2(1463 초간본), 선종영가집언해(1463), 몽산법어(1467), 삼강행실도 초간본(1481), 남명집언해(1482), 금강경삼가해(1483), 영험약초(1485)

2.2. 연구 결과

앞의 자료를 분석한 결과 한자어가 명백하면서 한자음이 주음된 어휘항 33개를 추출하였다. 일음절 한자어는 僧, 爲(ᄒᆞ다), 當(ᄒᆞ다, 맞當ᄒᆞ다), 番, 際, 錢 들이 발견되나 표기 양상이 다양한 '僧'만 선택하였다.

穀食, 公事, 鬼, 欺弄, 奇別, 乃終, 盜賊, 弄談, 每樣, 迷惑, 寶貝, 分別, 生計, 常例, 書房, 僧, 是惑, 樣姿(樣子), 爲頭, 飮啖, 潛潛(ᄒᆞ다), 潛着, 暫間, 將次, 衆生, 茶飯, 錢糧, 風流, 正帛, 行蹟, 便安, 僧

이들 중 常例, 爲頭, 樣姿, 將次, 風流, 衆生, 暫間, 盜賊, 僧, 樣 들의 한자음 표기 용례를 살펴본다.

(1) 常例 (쌍·롕 ↔ 샹·녜, 샹녯) [현대한국어: 상례]

變은 [常例쌍·롕] 예셔 다룰 씨오 (월인석보 1-15ㄱ)

샹녯 사ᄅᆞ문 (월인석보 1-12ㄱ)

弟子ㅣ [샹·녜] 갓가빙 이셔 經 빅호아 외올씨니 (석보상절 6-15ㄱ)

302

常例쌍·롕ㅅ 사룸과 달사ᄂᆞ니 져재 듕 저기어든 대롤 (석보상절 11-21ㄱ)

行ᄒᆞ요믄 [샹·녯] 이룰 조차 ᄒᆞ는 ᄆᆞᅀᆞ미요 (석보상절 6-24ㄴ)

'常例'는 중세 문헌 전반에 높은 빈도로 출현하는 한자어인데, 초기 문헌의 용례만으로 동국정운식 한자음의 특징을 잘 보여준다. 즉 한자가 출현하여 한글주음이 병행되는 구성에서는 철저하게 동국정운식 한자음 '쌍·롕'로 표시한다. 반면에 한자 표기가 없을 때에는 전승한자음인 '상·녜'가 된다. 더욱 주목할 점은 사이시옷 'ㅅ'가 나타나는 구성일 때 '한자 + 동국정운식 한자음'에서는 'ㅅ'이 별도로 분철되지만, 한자가 없을 때에는 '例'에 대응하는 '례'의 종성으로 합철되어 한음절 표기가 이루어지는 것인데, 이와 같은 표기는 동국정운식 한자음 표기에는 결코 출현하지 않는다.

이와 같은 표기 양상에 대해 "해당 한자어에 대한 편찬자의 인식이 달랐거나, 문헌의 편찬 목적과 관련"이 있거나, 혹은 "어휘 간의 유연성을 [편찬자가] 인식하니 못했을 것"으로 풀이하는 관점(이상 이호권 2001:180-182)이 있으나, 같은 문헌, 같은 권에서 이렇게 전혀 다른 한자음을 채택하고 있는 모습은 설명하기 어렵다. 결국 그 기준은 곧 한자로 적히느냐 아니느냐일 것이다.

(2) 爲頭 (윙뚷 ↔ 위두) [현대한국어: 위두]

　이름난 옷 [爲頭윙뚷]ᄒᆞᆫ 오시 갑시 千萬ᄊᆞ니와 (법화경언해 1-82ㄴ)

　龍은 고기 中에 [위두]ᄒᆞᆫ 거시니 (월인석보 1-14ㄱ)

역시 한자 표기가 있느냐에 따라 구분되고 있다. 즉 한자 표기가 없을 경우는 '위두'로 일관되게 적고 있다.

(3) 僧 (승 ↔ ·승, 즁) [현대 한국어: 승]

　[즁]과 [僧승]과 어러 子息나ᄒᆞ (석보상절 23-35ㄱ)

부텨끠와 [듕의게 (법화경언해 1-82ㄴ)

그쁴 波斯匿王ㅅ누의 [승H] 드외야 (석보상절 24-18ㄴ)

'僧'의 표기는 승(평성), ·승(거성), 즁(평성), 셋으로 나뉜다. 평성 '승'은 동국정운에 실린 한자음이고, '·승'(거성)은 그에 상응하는 전승한자음이다. 한편 '즁'은 성모가 'ㅅ〉ㅈ' 변화를 거친, 한국어 내부의 변화 결과로 판단되는데, 중국 원음과는 거리가 멀고 오직 '즁' 하나의 어휘로만 나타나는 음이라는 면에서 일종의 귀화어로 볼 수 있겠다.

(4) 衆生 (·즁싱 ↔ 즁싱) [현대한국어: 중생]

衆生[·즁싱]은 一切世間앳 사ᄅᆞ미녀 (월인석보 1-12ㄴ)

畜生은 사ᄅᆞ미 지븨셔 치는 [즁싱이래 (월인석보 1-46ㄴ)

여러 큰 [즁싱이] 다톼 와 머그며 (법화경언해 1-127ㄱ)

사ᄅᆞᆷ과 [즁싱괘] 다 物이라. (능엄경언해 2-34ㄴ)

'衆生' 역시 한자+훈민정음 표기 구성으로 나타날 때에는 동국정운식 한자음인 '·즁싱'이 되지만, 한자가 없을 때에는 '즁싱' 즉 전승한자음으로 표시된다. 흥미로운 점은 한자로 표시될 때의 의미는 '사람'이지만, 훈민정음으로만 표시될 때에는 '짐승'의 의미로 읽힐 때가 많다는 것이다. 이것은 의미 분화에 따라 표기를 달리한 경우라고 생각할 수 있다.

훈민정음으로만 쓰일 때 '즁싱 + ㅣ , 즁싱 + ~이라' 구성일 때에는 연철된다는 점도 이제는 낯설지 않다.

(5) 暫間 (·쟘간 ↔ :잢간)5) [현대한국어: 잠깬]

아못 이리어나 [잢간 니러날씨 作이오 (석보상절 13:41ㄱ)

____

5) 한자표기 '暫間'이 직접 출현하는 용례는 찾지 못하였다. 동국정운식 한자음의 표기일 뿐이다.

잠깐도 듣디 아니홀씨 (석보상절 6-6ㄱ9)

'暫間'은 이 연구가 조사한 바로는 오직 '잢간'으로만 표기되고 있다. 물론 한자와 병기되는 일은 없다. 이는 [잠+간] 구성 내부에서 이른바 사이시옷 현상이라 불리는 경음화 현상을 입은 결과로 보인다. 흥미로운 것은 한자어 내부의 음운현상을 'ㅅ' 문자 삽입으료 표시하고 있다는 사실이다. 이 음운현상이 경음화임은 '잠깐'이라는 표기에서 명백히 알 수 있다. 동국정운식 한자음 표기에서는 결코 나타날 수 없는 경우다.

(6) 樣子 (·양:중 ↔ 양·ㅈ, 양·지) [현대한국어에서는 쓰이지 않는 한자어]
ᄒᆞᆫ [양·지]ᄂᆞᆫ 아힛 時節와 엇더뇨 (능엄경언해 2-5ㄱ)
悽愴은 슬허ᄒᆞ논 [양·지]라 (월식석보 서-16ㄱ)
어버시를 일코 남ㄱ로 어버싀 樣子를 밍ㄱ라 사니 (삼강행실도 효자도 10)

'樣子'는 한자표기와 훈민정음이 같이 나타나는 경우가 많지 않지만 한자 + 훈민정음 ' 구성일 때에는 동국정운식 한자음으로 주음하는 방식이 일관된다. 주목되는 표기는 '양지'로서, 주격조사 'ㅣ'가 한자 음절 'ㅈ'에 결합하여 합철된 것이다. 이 역시 동국정운식 한자음 표기에서는 결코 볼 수 없는 용법이다.

(7) 將次 (쟝·충 ↔ 쟝ᄎ) [현대한국어: 장차]
드트른 [將次쟝·충] 긋고 光明은 [將次쟝·충] 發ᄒᆞ리니 (몽산법어 42ㄱ)
네 쟝ᄎ 네 쟝ᄎ 부텨 ᄃᆞ욇 相이로다 (월인석보1-18ㄱ)

'將次'는 몽산법어에서 한자로 출현하며, 대부분의 용례는 훈민정음 표기로만 나타난다. 역시 한자가 없을 때에는 동국정운식 한자음(쟝·충)와 달리 '쟝ᄎ'로만 표시된다. 이 경우 방점을 포함하여 두 항목의 음가는 동일하지만 종성 'ㅇ' 표기가 있고 없고의 차이가 분명하다.

(8) 風流 (봉륳 ↔ 풍류) [현대한국어: 풍류]

風流[봉륳]ㅣ 當흔 지븨셔 나는 들 아롤디니라 (금강경삼가해 4-10ㄴ)

乾達婆는 하눐 [풍류]ᄒᆞ는 神靈이니 (월인석보 1-14ㄴ)

그 잣 안햇 [풍륫]가시 절로 소리ᄒᆞ며 (석보상절 6-39ㄱ)

樂은 [풍:류]라 (월인석보 2-17ㄴ)

'風流'의 음도 앞의 경우와 일치한다. 한자가 함께 표기될 때에는 동국정운식 한자음으로 나타나지만, 한자가 없을 때에는 '풍류' 즉 전승한자음을 취하며, 주격조사 'ㅣ'와 합철하기도 한다. 또 주격조사 'ㅣ'는 동국정운식 한자음 뒤에서는 철저히 분철된다.

(9) 盜賊 (·똥·쪽 ↔ 도죽) [현대한국어: 도적]

殺은 주길씨니 煩惱 [盜賊·똥·쪽] 주길씨라 (월인석보 2-19ㄴ)

六賊(·륙쪽)은 여슷 도ᄌᆞ기니 (월인석보 2-21ㄴ)

[도죽] 五百이 (월인석보 1-6ㄱ)

부텻 엄니 흔 雙을 [도죽]ᄒᆞᅀᆞᄫᅡ (석보상절 23-48ㄴ)

'盜賊'의 동국정운식 한자음은 월인석보에서 발견되며 그 외의 문헌에서는 드물다. 대부분 한자 없이 훈민정음으로만 표기되었기 때문이다. 당연히 '도죽' 즉 전승한자음으로 나타나며, '-이다'와 결합하여 용언을 이룰 때에는 '도ᄌᆞ기니'와 같이 연철되는 경우가 있다. 한편 한자음에서는 분명 'ㄱ' 종성 음절이 입성이므로 거성 방점이 찍혀야 하나 한자 없이 표기될 때에는 예외 없이 평성, 즉 방점 없는 표기로 나타난다. 이것은 '도적'이 한자어이긴 하지만 한국어 내에서 '적〉죽' 변화가 일어난 결과라 할 수 있다.

3. 이른바 '한자음 개신' 정책의 재음미

이제까지 살펴본 결과 전승한자음을 표준한자음으로 개신한다는 사업
의 실제는 다음과 같다.

1) 한자음의 개신은 '모든 한자어'의 어음을 교정하는 것이 아니라, '한자
   가 표기되었을 때에만' 적용된다. 즉 15세기 한국어 속에 포함된 한자
   어의 모든 발음을 교정하는 것이 아니다.
2) 한편 전승한자음의 표기도 상당한 일관성과 통일성을 지닌다는 점
   에도 주목할 필요가 있다. 성조 방점 역시 예외 없이 일관되게 나타
   난다. 전승한자음 역시 당대의 통용음으로서 지배적인 형태가 존재
   했고, 각 문헌의 편찬자들은 이를 충실하게 표시하려고 노력했던
   것이다.
3) 특히 같은 문헌 안에서 같은 한자어의 주음이 동국정운식 한자음과
   전승한자음 형태로 일관되게 나뉘는 양상은, 문헌의 편찬자가 한
   자어라는 인식을 하지 못하였으리라는 기존의 연구와 합치하지 않
   는다.
4) 주목할 점은, 한자 표기 없이 오직 훈민정음으로만 표기될 때에는 고
   유어 표기와 거의 차이가 없는 양상을 보인다는 사실이다.

① 종성 즉 음절말 자음이 후행 초성으로 연철되기도 하고
② 한자형태소 사이 혹은 한자형태소와 고유어 형태소가 결합한 합성
   어 안에서 사이시옷 표기도 나타나며 (예: 잢간 [暫間], 풍룟가시)
③ 경음화 현상이 나타나고 (잠깐)
④ 주격조사 ㅣ, 계사 '-이다', 사이시옷 'ㅅ'와 같은 고유어 문법 형태과
   한 음절로 합철되기도 한다. 이 경우 방점의 변동도 고유어와 같이
   표시된다.

이와 같은 양상은 훈민정음으로만 표시되는 한자어는 이미 형태, 음운론적으로 고유어와 완전히 포섭되어 있었음을 말해준다.

반면에 동국정운식 한자음 표기의 양상은 이와 정반대의, 마치 거울 영상 같은 모습을 보여준다.

① 개별한자음을 철저히 분철한다.
② 한국어에 고유한 음운현상이 없다. 인접한 음소를 경음화시키기, 문법 형태소 합철에 따른 방점의 변화, 합성어 때의 음운-형태 현상(사이시옷)도 없다. 주격조사 'ㅣ'의 합철표기도 물론 없다.

이와 같은 모습은 표기법 정착 전의 혼란도 아니며, 한자어라는 유연성 인식의 문제도 아니다. 여기에는 텍스트의 종류 즉 한자가 출현하는 텍스트인가 아닌가가 중요한 기준으로 작용하고 있는 것이다. 텍스트의 성격이라는 점을 기준으로 다시 서술해 보면 다음과 같다.

즉 15세기 문헌 편찬자들에게는 두 종류의 이질적 텍스트를 의식하고 있었을 것이다. 첫째는 자연언어 그대로 충실히 표시할 텍스트, 둘째는 교정 한자음을 입력할 텍스트다. 첫째 텍스트는 순 한글 표시로 구성되며, 고유어 사이의 음운 형태 현상이 한자어에도 나타난다. 둘째 텍스트는 교정 한자음이 주음되어야 할 텍스트로서, 한자가 병기되데, 자연언어 속의 음운형태 현상 없다는 특징이 있다.

여기서 우리는 서론에서 서술했던 훈민정음으로 표시되는 텍스트의 종류로 돌아간다. 2장에서 분류했던 다섯 종류의 텍스트 중, (2)번 즉 한국어 속 한자어가 한자 표시 여부에 따라 다시 나뉘는 셈이다.

이 다섯 종류의 텍스트를 동국정운식 한자음 정책이라는 관점에서 다시 구분하면 다음과 같이 될 것이다.

[한국어 텍스트]

(1) 15세기 한국어 속의 고유어

(2-1) 15세기 한국어 속의 외래어 특히 한자어 중 한자로 표시되지 않은
  것들

(2-2) 15세기 한국어 속의 한자어 중 한자로 표시한 것들

[동아시아 고전 텍스트]

(3) 고전 중국어 문헌 속의 한자 독음

(4) 불경 언해 속의 산스크리트어 이른바 진언(眞言)

[동아시아 당대 언어 텍스트]

(5) 중세 중국어, 일본어, 만주어, 몽골어 등 동아시아 여러 언어의 어음

따라서 동국정운식 한자음이 적용된 텍스트는 (2-2)와 (3)이 된다. (2)의
항목이 다시 뚜렷이 구분되는 셈이다.

4. 마무리

결국 동국정운식 한자음이 주음된 문헌은 일종의 이중문자 텍스트 구
조를 지니는 결과가 되었다. 이로써 동국정운식 한자음이 세종은 물론 역
량있는 학자들의 노력에도 잠깐의 쓰임에 머물고 말았던 이유를 추론할
수 있다. 즉 한 언어의 음운, 형태적 속성을 고려하지 않은, 단한자 혹은 한
자텍스트 속에서만의 개신이었기 때문에 전승한자음에는 특별한 영향을
미치기 어려웠다는 점이다. 교정한자음 텍스트에서는 자연언어적 현상
이 전혀 없는, 고립된 단한자음절(單漢字音節)이라는 섬 속에 위치하게 되

었기 때문이다.

일단 이를 동국정운 한자음 사업의 한계라 평가할 수 있다. 다만 세종과 15세기 운학가들이 이처럼 처음부터 대상 텍스트의 경계를 명시적으로 설정했던 것이라면, '실패'라고 규정할 수는 없을 것이다. 거꾸로 생각하면 전통적인 한자어 집합에서 '한자로 표시하지 않을, 한국어에 완전히 포섭된 한자어'를 그렇지 않은 한자어와 분리한 행위라 할 수 있지 않을까? 후속 연구를 기약한다.

국어학총서 88

동국정운식 한자음 연구

초판 1쇄 발행 2026년 2월 27일

지은이 차익종

펴낸곳 (주)태학사
등록 제406-2020-000008호
주소 경기도 파주시 광인사길 217
전화 031-955-7580
전송 031-955-0910
전자우편 thspub@daum.net
홈페이지 www.thaehaksa.com

ⓒ 차익종, 2026

값 26,000원

ISBN 979-11-6810-394-8 (94710)
ISBN 979-11-90727-23-5 (세트)

국어학총서 목록

① 李崇寧　　　　　　(근간)
② 姜信沆　　　　　　한국의 운서
③ 李基文　　　　　　國語音韻史研究
④ 金完鎭　　　　　　中世國語聲調의 研究
⑤ 鄭然粲　　　　　　慶尙道方言聲調研究
⑥ 安秉禧　　　　　　崔世珍研究
⑦ 남기심　　　　　　국어완형보문법 연구
⑧ 宋　敏　　　　　　前期近代國語 音韻論研究
⑨ Ramsey, S. R.　　Accent and Morphology in Korean Dialects
⑩ 蔡　琬　　　　　　國語 語順의 研究
⑪ 이기갑　　　　　　전라남도의 언어지리
⑫ 李珖鎬　　　　　　國語 格助詞 '을/를'의 研究
⑬ 徐泰龍　　　　　　國語活用語尾의 形態와 意味
⑭ 李南淳　　　　　　國語의 不定格과 格標識 省略
⑮ 金興洙　　　　　　현대국어 심리동사 구문 연구
⑯ 金光海　　　　　　고유어와 한자어의 대응 현상
⑰ 李丞宰　　　　　　高麗時代의 吏讀
⑱ 宋喆儀　　　　　　國語의 派生語形成 研究
⑲ 白斗鉉　　　　　　嶺南 文獻語의 音韻史 研究
⑳ 郭忠求　　　　　　咸北 六鎭方言의 音韻論
㉑ 김창섭　　　　　　국어의 단어형성과 단어구조 연구
㉒ 이지양　　　　　　국어의 융합현상
㉓ 鄭在永　　　　　　依存名詞 'ᄃ'의 文法化
㉔ 韓東完　　　　　　國語의 時制 研究
㉕ 鄭承喆　　　　　　濟州道方言의 通時音韻論
㉖ 김주필　　　　　　구개음화의 통시성과 역동성
㉗ 최동주　　　　　　국어 시상체계의 통시적 변화
㉘ 신지연　　　　　　국어 지시용언 연구
㉙ 權仁瀚　　　　　　조선관역어의 음운론적 연구
㉚ 구본관　　　　　　15세기 국어 파생법에 대한 연구
㉛ 이은경　　　　　　국어의 연결어미 연구
㉜ 배주채　　　　　　고흥방언 음운론
㉝ 양명희　　　　　　현대국어 대용어에 대한 연구
㉞ 문금현　　　　　　국어의 관용 표현 연구